宋亚平 主编

湖北农业农村改革开放40年丛书
1978-2018

改革开放40年
湖北农村集体经济

GAIGE KAIFANG 40 NIAN:
HUBEI NONGCUN JITI JINGJI

赵丽佳 ○ 著

中国社会科学出版社

图书在版编目（CIP）数据

改革开放 40 年：湖北农村集体经济 / 赵丽佳著. —北京：中国社会科学
出版社，2018.12

（湖北农业农村改革开放 40 年（1978 - 2018）丛书 / 宋亚平主编）

ISBN 978 - 7 - 5203 - 3401 - 3

Ⅰ. ①改…　Ⅱ. ①赵…　Ⅲ. ①农村经济—集体经济—研究—湖北
Ⅳ. ①F327. 63

中国版本图书馆 CIP 数据核字（2018）第 252048 号

出 版 人	赵剑英	
责任编辑	赵　丽	
责任校对	杨　林	
责任印制	王　超	

出　　版	中国社会科学出版社	
社　　址	北京鼓楼西大街甲 158 号	
邮　　编	100720	
网　　址	http://www.csspw.cn	
发 行 部	010 - 84083685	
门 市 部	010 - 84029450	
经　　销	新华书店及其他书店	

印　　刷	北京明恒达印务有限公司
装　　订	廊坊市广阳区广增装订厂
版　　次	2018 年 12 月第 1 版
印　　次	2018 年 12 月第 1 次印刷

开　　本	710 × 1000　1/16
印　　张	17.5
字　　数	278 千字
定　　价	75.00 元

湖北农业农村改革开放 40 年
（1978—2018）丛书

编 委 会（按姓氏笔画为序）

孔祥智　杨述明　肖伏清　宋洪远　邹进泰

张忠家　张晓山　陈池波　郑风田　项继权

赵凌云　贺雪峰　袁北星　党国英　钱远坤

徐　勇　徐祥临　覃道明　潘　维　魏后凯

主　　编　宋亚平

学术秘书　王金华

序

2018 年是中国改革开放 40 周年。40 年前，党的十一届三中全会作出了把全党工作的重点转移到社会主义现代化建设上来，实行改革开放的伟大决策。40 年来，我国农村一直昂首阔步地站在改革前列，承载着重大的历史使命。农业农村持续 40 年的变革和实践，激发了亿万农民群众的创新活力，带来了我国农村翻天覆地的巨大变化，为我国改革开放和社会主义现代化建设作出了重大贡献。

湖北是全国重要的农业大省，资源丰富，自古就有"湖广熟、天下足"之美誉。改革开放 40 年来，在党中央、国务院的正确领导下，历届湖北省委、省政府高度重视"三农"工作，始终把"三农"工作放在重中之重的位置，坚定不移深化农村改革，坚定不移加快农村发展，坚定不移维护农村和谐稳定，带领全省人民发扬改革创新精神，不断开拓进取、大胆实践、求真务实、砥砺奋进，围绕"推进农业强省建设，加快推进农业农村现代化"，作出了不懈探索与实践，取得了令人瞩目的成就。特别是党的十八大以来，农业农村发展更是取得了历史性的成就。

2017 年，湖北粮食再获丰收，属历史第三高产年，粮食总产连续五年稳定在 500 亿斤以上，为保障国家粮食安全作出了积极贡献。农村常住居民人均可支配收入达到 13812 元，高于全国平均水平。城乡居民收入差距比 2.31∶1，明显低于全国的 2.71∶1。全省村村通电话、有线电视、宽带比例分别达到 100%、90%、95.5%。全省农村公路总里程达到 23.6万公里。从无到有、从有到好，公办幼儿园实现乡镇全覆盖，义务教育"两免一补"政策实现城乡全覆盖，社会保障制度实现了由主要面向城市、面向职工，扩大到城乡、覆盖到全民。2012—2017 年，全省 541.7万人摘掉贫困帽子。

　　知史以明鉴，查古以知今。回顾过去 40 年湖北农业农村发展之所以能取得如此巨大的成就，最根本的是始终坚持了一面旗帜、一条道路，不断解放思想、实事求是、与时俱进，把中央各项大政方针和湖北的具体实际紧密结合起来，创造性开展各项"三农"工作的结果。改革开放40 周年之际，《湖北农业农村改革开放 40 年（1978—2018）》这套丛书的编写出版，所形成的研究成果是对改革开放 40 年来湖北农业农村工作的全面展示。其从理论与实践相结合的高度，全景式展示了湖北农业农村发展所取得的辉煌成就与宝贵经验，真实客观记述了湖北农业农村改革开放 40 年走过的波澜壮阔的历程，深入分析了改革开放实践中出现的新问题、新情况，而且在一定的理论高度上进行了科学的概括和提炼，对今后湖北农业农村的改革和发展进行了前瞻性、战略性展望，并提出一些有益思路和政策建议，这对深入贯彻党的十八大、十九大精神，进一步深化农业农村改革，在新的起点开创农业农村发展新局面，谱写乡村振兴新篇章，朝着"建成支点、走在前列"的奋斗目标不断迈进，更加奋发有为地推进湖北省改革开放和社会主义现代化建设，都有着积极的作用。

　　作为长期关注农业农村问题，从事社会科学研究的学者，我认为这套丛书的编写出版很有意义，是一件值得庆贺的事。寄望这套丛书的编写出版能为湖北省各级决策者科学决策、精准施策，指导农业农村工作提供有益帮助，为广大理论与实践工作者共商荆楚"三农"发展大计，推动湖北农业全面升级、农村全面进步、农民全面发展提供借鉴。

　　　　　　　　　　　　　　　　　　　　　　　李雪松

　　　　　　　　　　　　　　　　　　　　　　　2018.9.12

湖北农业农村改革开放 40 年
（1978—2018）丛书简介

  2016 年 8 月，经由当时分管农业的湖北省人民政府副省长任振鹤同志建议，湖北省委、省政府主要领导给湖北省社会科学院下达了组织湖北省"三农"学界力量，系统回顾和深入研究"湖北农业农村改革开放40 年（1978—2018）"的重大任务，以向湖北省改革开放 40 年献上一份厚礼。

  根据任务要求，湖北省社会科学院组织由张晓山、徐勇等全国"三农"著名专家组成的编委会，经过精心构思，确定了包括总论（光辉历程）、农业发展、农村社会治理、农民群体、城乡一体、公共服务、集体经济、土地制度、财税金融、扶贫攻坚、小康评估在内的 11 个专题，共同构成本丛书的主要内容。丛书作者分别来自湖北省社会科学院、武汉大学、华中科技大学、华中师范大学、华中农业大学、中南财经政法大学、湖北经济学院等高等院校。

  本丛书立足现实、回望历史、展望未来，系统地回顾和总结了改革开放以来湖北省农业农村改革、创新与发展的历程，取得的成就、经验以及存在的不足，并从理论和实践相结合的高度，提出一系列切合湖北实际，具有前瞻性、指导性和可操作性的对策建议。所形成的研究成果兼具文献珍藏价值、学术价值和应用价值，是一幅全景展示湖北省农业农村改革 40 年光辉历程、伟大成就、宝贵经验的珍贵历史画卷。

目　　录

第 一 章

导　论

2017 年，习近平总书记在党的十九大报告中提出，在全面实现小康社会的基础上，"分两个阶段"全面建设社会主义现代化国家，在这个奋斗过程中，"必须坚持全面深化改革"，"坚决破除一切不合时宜的思想观念和体制机制弊端，突破利益固化的藩篱，吸收人类文明有益成果，构建系统完备、科学规范、运行有效的制度体系"[①]，不断完善中国特色社会主义制度。因此，全面深化改革将是未来几十年我国经济社会发展的主旋律。对改革开放 40 年来湖北农村集体经济发展的改革经验教训进行总结，是湖北下一步全面深化农村改革的应有之义。"磨刀不误砍柴工"，只有不断地总结归纳，才能避免走弯路，才能避免重蹈覆辙，才能更快更好地抵达目的地。

第一节　研究背景和意义

1978 年农村土地集体产权制度改革揭开了湖北改革开放的序幕。从此，湖北农村集体经济的发展路径、实现形式、功能，与改革开放之前相比，发生了深刻的变化。在经历了 40 年的改革发展后，湖北农村集体经济发展进入了关键期和历史机遇期。对改革开放 40 年来湖北农村集体经济发展进行全面、系统的总结回顾，从历史的视角分析成功经验和教训，明晰制约农村集体经济发展的体制因素，将为解决农村集体经济发

---

① 习近平：《决胜全面建成小康社会 夺取新时代中国特色社会主义伟大胜利——在中国共产党第十九次全国代表大会上的报告》，《党建研究》2017 年第 11 期。

展的现实困境和未来持续健康发展提供借鉴和思路，使农村集体经济的制度优势全面实现，使湖北农村集体经济发展进入快车道，从而进一步完善和巩固社会主义制度。

一 研究背景

作为社会主义公有制的重要组成部分，农村集体经济一直都受到党和国家领导人的高度重视。但是，改革开放以来，湖北农村集体经济发展却面临着实践和理论的双重困境。现实发展与目标追求之间的差距就是我们对湖北改革开放 40 年来农村集体经济进行研究的主要背景。

（一）农村集体经济受到党和国家领导人高度重视

历任中国共产党和国家领导人都非常重视农村集体经济发展。毛泽东认为，作为封建统治经济基础的小农个体生产是农民"陷于永远的穷苦"的根源，只有通过发展合作社，逐渐实现集体化，才能使农民摆脱穷苦。改革开放之初，邓小平提出"两个飞跃"的科学构想，在实行家庭联产承包责任制基础上实现第二个飞跃，即发展集体经济。江泽民和胡锦涛对农村集体经济的重要性、实现形式进行了阐述。习近平总书记在《摆脱贫困》一书中指出，集体与个人是辩证统一的关系，"偏废任何一方，都会造成重大损失"[①]。党代会报告多次提及农村集体经济，只是每次的侧重点不同。20 世纪 90 年代侧重于增强农村集体经济实力，进入 21 世纪后侧重于农村集体经济有效实现形式。2017 年党的十九大报告将"乡村振兴战略"作为未来国家发展的七大发展战略之一，其中，"深化农村集体产权制度改革，保障农民财产权益，壮大集体经济"是实现乡村振兴的重要举措。

（二）农村集体经济发展面临双重困境

目前，湖北农村集体经济发展面临着实践和理论的双重困境。

从具体实践来看，改革开放 40 年来，湖北农村家庭承包经营责任制得以确立和巩固，释放了农民的生产积极性，促进了农村生产力的发展。但是，原本是统分结合的双层经营体制，在实践中却更重视家庭承包，而忽视了集体统一经营，即重视"分"而忽视"统"，"分"有余

---

① 习近平:《摆脱贫困》，福建人民出版社 1992 年版，第 196 页。

而"统"不足。农村基本经营制度在实践上的偏差,导致农村集体经济组织无法适应农村产业结构、就业结构、人口结构和社会结构发生的变化,农村集体经营无所作为,不能满足一家一户的小规模分散经营农户对市场营销、技术信息、质量标准和产品品牌等生产经营统一服务的需要,以及对集体资产积累、子女教育、养老保障、社会治安、乡村治理等方面提出的新要求。集体经济在国民经济中的比重、地位和作用不断下降,双层经营体制低效运转。同时,由于农户和政府之间缺乏一个有效的沟通载体,政府只能直接面向农户出台政策,"三农"发展的宏观目标无法与农户的微观目标之间实现良好兼容,阻碍了农业现代化进程,导致农民贫富差距不断加大,乡村治理困难重重。

从理论发展来看,学术界对农村集体经济的争鸣不断,有强烈支持农村集体经济发展的,有坚决反对农村土地集体所有制而主张私有化的。同时,相关法律、法规及政策的缺失和缺位,使得农村集体经济发展面临较大的困难。

(三)农村集体经济发展进入关键期和历史机遇期

在经历了40年的改革发展后,湖北农村集体经济发展进入了关键期。目前,湖北农村迈入新的历史发展阶段,处在较为强烈的转型过程之中,农村经济社会改革的呼声越来越高。农村集体"三资"保值增值离不开农村集体经济组织的经营管理;农村公共设施和公共服务离不开农村集体经济支撑;农村贫困家庭及弱势群体离不开农村集体经济的帮扶。因此,农村集体产权制度改革是农村改革的核心和关键,发展农村集体经济是农村改革的总方向①。它关乎农民切身利益的实现,关乎农村社会的未来发展方向。

经过改革开放40年的发展,我国生产力水平大幅度提高,2017年国内生产总值达到80万亿元,以工补农、以城带乡已经具备坚实的物质基础。市场经济环境为新型农村集体经济发展提供了制度基础,农村生产

---

① 赵智奎:《邓小平的农业集体思想》,《毛泽东邓小平理论研究》2007年第5期。

力发展水平也基本达到了邓小平提出的集体经济巩固的四个条件①。同时，家庭农场、农民合作社和农业龙头企业等规模化经营主体无法有效化解小农户和市场之间的矛盾，个体经济和民营经济仍无法代替农村集体经济的功能。在社会主义市场经济的条件下发展农村集体经济具有相当的必要性、可能性和现实性。因此，当前湖北农村集体经济发展迎来了重要的历史机遇期。

二　研究意义

农村集体经济是实现农业现代化的重要保障，是实现农村治理现代化的重要基础，更是实现农民利益的重要途径。农村集体经济发展不仅关系到农业现代化能否实现，还关系到农村现代化和"两个一百年"奋斗目标能否实现。将湖北农村集体经济发展历程置于特定的历史维度和背景中进行梳理、总结，有助于进一步拓展农村集体经济研究的理论视域，进一步构建促进湖北农村集体经济发展的体制机制，从而对有效解决湖北"三农"问题，实现农业农村现代化具有重要的理论意义和现实意义。

（一）农村集体经济是实现农业现代化的重要保障

农村集体经济是农村统一经营的重要组成部分，最能体现双层经营体制总体框架和合理内核②。农村集体经济组织为农民生产生活提供各种有效服务，对于促进农业持续发展、农村社会稳定发挥了重要作用③。发

---

① 邓小平同志在 1980 年 5 月 31 日《关于农村政策问题》的谈话中谈道："关键是发展生产力，要在这方面为集体化的进一步发展创造条件。具体来说，要实现以下四个条件：第一，机械化水平提高了（这是说广义的机械化，不限于耕种收割的机械化），在一定程度上实现了适合当地自然条件和经济情况的、受到人们欢迎的机械化。第二，管理水平提高了，积累了经验，有了一批具备相当管理能力的干部。第三，多种经营发展了，并随之而来成立了各种专业组或专业队，从而使农村的商品经济大大发展起来。第四，集体收入增加而且在整个收入中的比重提高了。具备了这四个条件，目前搞包产到户的地方，形式就会发展变化。这种变化不是自上而下的，不是行政命令的，而是生产发展本身必然提出的要求。"参见《邓小平文选》第 2 卷，人民出版社 1994 年版，第 315—316 页。

② 韩敌非：《农村集体经济发展研究》，硕士学位论文，辽宁师范大学，2014 年，第 20 页。

③ 农业部课题组：《农村土地承包经营权流转调查分析》，《农村工作通讯》2009 年第 5 期。

展农村集体经济符合我国农业发展的规律，是我国农业发展的正确方向，也是促进农业"第二次飞跃"，实现农业现代化的必由之路。

习近平总书记在《摆脱贫困》一书中明确指出，"乡村集体经济实力的发展与农业的振兴是相互依存、荣衰与共的"①。因为集体经营具有规模化、集约化的优越性，一是"通过主要农作物的成方连片的集中种植，提高耕作质量，增加土地的有效产出"②；二是"壮大了的集体经济，能够为分户经营提供有效的产前、产中、产后服务"，"开展农业科技示范，以及组织、协调千家万户家庭经营的职责"③；三是农村集体经济可以在多种经营的基础上，实行产业收益互补，不断增加对农业生产的投入，用集体的公共积累装备农业，使农业生产者的收入得到保障，保护农业生产者的积极性；四是通过发展多种经营，提升农业生产的深度和广度，实现农村一、二、三产业融合发展。

（二）农村集体经济是实现农村治理现代化的重要基础

首先，农村集体产权和集体共同利益是村民自治的基础和根本条件。恩格斯认为共有产权是自治的基础④。共有产权的利益相关性最大，最易形成自治⑤。农村土地集体所有制的共有产权性质决定了公共权力的民主性质，即通过村民自治的形式实现村庄的公共利益。同时，由共有产权形成的集体经济共同利益是村民自治的根本条件。相关利益和利益相关性是自治有效实现最根本的条件和最深厚的基础，利益相关性越强，自治程度越高⑥。村民参与村庄自治的主动性与积极性是随着集体经济的增强而不断提高的。这也是中国以血缘关系为主的传统村落中宗族和家族的祠堂、庙产等共有经济延续至今的原因⑦。集体经济的发展扩大了共同的利益，增加了公共事务，使村民更加关注公共权力的运作，更有意识地监督村

① 习近平：《摆脱贫困》，福建人民出版社1992年版，第194页。
② 同上。
③ 同上。
④ 《马克思恩格斯选集》第4卷，人民出版社2012年版，第109—110页。
⑤ 邓大才：《村民自治有效实现的条件研究——从村民自治的社会基础视角来考察》，《政治学研究》2014年第6期。
⑥ 同上。
⑦ 陈敏：《村级集体经济的贫困与发展干预》，硕士学位论文，浙江师范大学，2013年，第1页。

干部的行为,防止村干部滥用集体资源造成集体资产的贬值与流失。

其次,集体经济收入为农村治理现代化奠定了物质基础。农村集体经济组织担负着社区服务和社会管理等公共职责,集体经济是农村组织运转和农村社会事业发展的经济基础。目前国家财政还无法包揽所有的农村社区公共事务开支,农村集体经济不仅要承担落实征兵、优抚、救灾救济等各项政策的社会管理职能,还在农村公共基础设施、农田水利建设、新农居建设、农村产业结构调整、农村劳动力转移、现代农民教育、村民福利保障等农村公益事业和公共服务方面发挥着重要作用。因此,发展农村社会事业和建立农业社会化服务体系都必须以强大的农村集体经济实力为立足之基。同时,自立是自主和自律的基础①。即使以后实现了公共财政对农村公共事务的全覆盖,集体经济的发展能够为村民自治提供经济上的自立。而这种自立不仅体现在相对于村庄外部主体——主要是地方政府的自立,还体现在村庄作为一个整体相对于村民个体的自立,对抗公权力的任何干预,限制私权的实现。

最后,农村集体经济组织形式影响基层民主政治建设。经济基础决定上层建筑,农村集体经济组织与农村治理组织形式具有一定的天然同构性,集体经济的结构和组织形式与民主的生长发育有着较强的关联性。村民自治程度并不是随着集体经济发展水平的提高自然就提高了,还受到集体经济本身的存在形式及其制度安排的影响。集体经济的发展和组织形式的创新,将会使中国乡村民主、乡村治理和乡村政治发展走出一条既不同于西方,又不同于改革前的道路②。同时,通过不断壮大农村集体经济实力,有助于农村基层党组织加强自身建设,增强农村基层组织的凝聚力和战斗力,不断提高带领群众参与和发展农村社会主义市场经济的能力,为充分发挥村党支部先锋模范作用和战斗堡垒作用提供基本的物质保障,有利于巩固村庄共同体和农村基层政权,维护农村政治稳定。

(三) 农村集体经济是实现农民利益的重要途径

农村集体经济具有促进道德文明和共同富裕的优势,只有农村集体

----

① 徐勇教授认为自治的内涵是自主、自立和自律。参见邓大才《村民自治有效实现的条件研究——从村民自治的社会基础视角来考察》,《政治学研究》2014 年第 6 期。

② 徐勇:《从中国实际出发探讨乡村治理之道的佳作——读〈集体经济背景下的乡村治理〉》,《中华读书报》2003 年 4 月 9 日。

经济组织才能带动农民持续增收和共同富裕。

首先，农村集体经济组织是表达、传递农民诉求的有效渠道。作为个体农民有效集合、组织团体和经济共同体，农村集体经济组织在集体讨论、协商协作过程中有效整合农民的个体意愿，并在农民个体和国家之间搭建沟通桥梁，传递农民个体对于自身利益和自身发展的价值诉求。因此，农村集体经济组织是形成农民价值体系，并将这种价值体系在全社会进行表达的组织基础。

其次，农村集体经济是提升农民素质的物质文化载体。一方面，在当前政府财力有限的情况下，文化、教育等公共产品硬件设施的投入主要还是依靠集体经济发展壮大；另一方面，集体经济发展的过程也是培育农民集体主义观念和民主合作意识的过程，是形成相互学习、交流技术等积极氛围的过程。农村集体经济发展的结果使农民在思想上更加认同集体经济，从而促使其行为上支持集体经济发展壮大，思想与行为的正向激励形成农村集体经济发展和农民素质提升的良性循环，使得农村集体经济的发展能够引领农村先进文化，构建社会主义核心价值理念。

最后，农村集体经济是实现农民利益的组织保障。集体经济作为公有制经济的重要组成部分，体现了共同富裕的社会主义根本原则。农村集体经济通过劳动联合和资本联合，以规模化、组织化、集团化的劳动协作，直接解决了农民的就业问题，做到"离土不离乡，就业不离家"；提供各种生产生活服务，增强农民个体抵御自然风险和市场风险的能力；以股份分红的形式对集体收益进行分配，增加农民的财产性收入；为农民获得医疗、养老和救助等社会保障提供最后一根"保险绳"。同时，以组织化的力量为农民争取各种利益，保障农民利益得以实现。大量实践表明，农村集体资产和集体经济收入越高的村，农民收入水平就越高，贫富差距就越小，越容易实现共同富裕的目标。

第二节　研究思路与方法

一　研究思路
本书对于农村集体经济的研究是界定在"湖北省"这个地域范围和

"改革开放 40 年"这个时间跨度内的，遵循了一条"产权制度—组织形态—经济效益—资产管理"的由里及表的分析路径，每部分都有经验教训归纳总结。最后一章分析了当前湖北农村集体经济发展存在的问题，并对未来发展进行展望，提出对策建议。

（一）研究范围界定

本书的研究对象是农村集体经济，包括集体经济发展政策、集体产权制度变迁、集体经济组织变迁、集体经济规模效益变化、集体经济组织"三资"管理等方面。研究的地域范围是湖北省，从一个省域范围内对农村集体经济发展进行研究，能够更好地结合微观层面，使研究更加具象、生动。研究的时间跨度是 1978 年改革开放到 2018 年整整 40 年，其中，为了增强连续性和整体性，农村集体产权制度变迁和集体经济组织变迁的内容涵盖了从 1949 年中华人民共和国成立到 1978 年改革开放之前的阶段。但是分析的重点仍然是改革开放以后湖北在农村集体经济发展过程中的经验、教训。

（二）研究的主要内容

本书从国内外宏观政治、经济的大背景下，探寻国家在特殊历史阶段的农业农村发展理念，以及这种理念对农村集体经济政策的影响；分析政策制度从中央到地方的传导过程，以及基层实践对中央政策的影响机理；找出在不同的政策体系下，农村集体经济表现出的不同组织形式、发展速度和管理机制，从而对农村社会经济发展产生的不同影响。结合湖北农业农村发展的实际情况，通过梳理改革开放 40 年来湖北农村集体经济政策脉络、农村集体产权制度变迁、农村集体经济组织形式的类型和特征、农村集体经济的规模和效益变化、农村集体"三资"管理情况以及农村集体经济发展存在的问题，从中找出农村集体经济发展与农村经济演化的内在规律，发现农村集体经济发展有效实现形式演变的一般规律，为湖北农村集体经济发展提供思路和对策。

（三）研究的重点和难点

本书研究的重点是改革开放 40 年来湖北农村集体经济产权制度变迁过程、集体经济组织演化进程、集体经济规模效益变化情况、集体"三资"管理发展过程，以及在这个过程中政府、农村集体经济组织、农民三方所起到的作用，以及相互之间的影响。研究的难点是对改革开放 40

年来的成功经验和教训进行总结,明晰哪些是在以后的改革中应该坚持的,哪些是应该避免的;探寻集体经济产权制度发展规律,为目前的农村集体产权制度改革指明方向;找到符合湖北实际的农村集体经济有效实现形式,提出未来湖北农村集体经济发展的对策和建议。

二 研究方法

本书采用了历史与逻辑辩证统一的方法、分析与综合相结合的方法、理论与实际相联系的方法,对改革开放40年来湖北农村集体经济发展进行分析,力求历史发展的实践能够验证已有的理论,或者对历史实践的总结归纳发现新的规律。

(一)历史与逻辑辩证统一的方法

本书是对改革开放以来湖北农村集体经济发展过程的分析。因此,时间就构成了每章分析的一个重要线索。本书的第二章到第五章都是基于湖北农村集体经济发展的历史史料,探寻湖北农村集体经济在不同历史阶段的不同发展特点。但是,本书绝不是史料的简单堆砌,其中又遵循了一定的逻辑性,比如农村集体产权逐步明晰的规律,集体经济组织形式的不同分类,集体经济规模效益分析,等等。

(二)分析与综合相结合的方法

从全书的结构来讲,第二章到第五章对湖北农村集体经济发展的不同方面进行分析,第六章在前面分析基础上对存在的问题进行总结,并对未来湖北农村集体经济发展提出一个总体愿景和总体原则。从每章的结构来看,第二章到第五章的最后一节是对前面几节内容的总结归纳,而前面几节是对每章所涉及内容的不同方面进行分析。

(三)理论与实际相联系的方法

对湖北农村集体经济发展的分析离不开理论的指导。本书运用产权理论和制度经济学理论分析了湖北农村集体经济产权制度变迁过程,发现改革开放以来农村集体产权是一个逐渐明晰化的过程,是诱致性和强制性相结合的制度变迁过程。运用经济组织理论分析了农村集体经济实现形式的不同类型和优缺点。采取典型调查的方法,按照平原、丘陵、山区以及经济发展水平,选择典型地区进行调查。调查了黄陂区、黄州区、老河口市、广水市、郧阳区的农村集体经济发展情况。

三 创新与局限

本书系统研究了湖北农村集体经济发展,特别是改革开放 40 年来的发展变迁过程。无论是从研究内容的完整性,还是研究时间来看,本书都具有一定的创新。但是,限于农村集体经济数据的可获得性,本书对某些问题的分析还缺乏数据支撑。同时,也限于时间和本人的学术水平,本书对某些问题的分析还不够深入。

第三节　文献综述

一　农村集体经济产权制度变迁的相关研究

对农村集体经济产权制度变迁的研究主要集中在变迁方式、变迁原因、历史阶段划分等方面。

（一）农村集体产权制度变迁方式

对农村集体产权制度变迁方式的相关研究分为两个层面:一个是逻辑层面,另一个是历史层面;同时又形成了对两种不同方式的争论:一个是诱致性制度变迁,另一个是强制性制度变迁。

逻辑层面主要集中在马克思传统理论研究。马克思和恩格斯都认为共产主义社会应该采取公有制的所有制形式,农业合作最终是以土地的公有制为基础的。对于应该如何在农村实现公有制,马克思、恩格斯、列宁和邓子恢、刘少奇、邓小平是诱致性制度变迁观点的代表。马克思和恩格斯认为,对待小农通过合作化走向共产主义社会的问题上要有耐心,"让农民自己通过经济的道路来实现这种过渡,但是不能采取得罪农民的措施,例如废除继承权或废除农民所有权"①。列宁在看到了战时共产主义政策的负面影响之后,认识到"在农业生产中的小经济、小生产是不可能通过强迫的方法使其直接变为社会主义公有经济的,而只能在自愿的基础上通过合作社走向社会主义"②。国内以邓子恢为代表的观点是"合作社的关系是农民内部关系,因此不能采取强迫的方式,我国农

---

① 《马克思恩格斯选集》第 2 卷,人民出版社 1972 年版,第 635 页。
② 何嘉:《农村集体经济组织法律重构》,中国法制出版社 2017 年版,第 5 页。

村互助合作运动必须根据需要与可能的条件，采取稳步前进的方针，决不能操之过急"①。他在 1951 年 11 月 13 日所做的《中南军政委员会第四次会议上的工作报告》里面就指出：由互助合作经济逐步转入农业集体化"就是我们中国发展农业生产的具体道路。但要发展这种互助合作经济也不能操之过急，而必须根据下列原则有步骤、有计划的逐步前进，这就是：（甲）要坚决保护私有财产，要站在农民私有制度的基础上进行互助合作。而不是侵犯农民私有财产。（乙）要严格根据'自愿'与'互利'原则来进行互助合作，一切强迫命令、勉强及只顾一方的行为与决定，都会破坏合作并妨害生产。（丙）组织形式必须由低级到高级，一步一步地顺其自然发展；同时，必须典型示范，用实际经验教育农民，逐步推广，不可简单图快。（丁）在没有新式农具与机器帮助的目前条件下，一般适宜于小型互助，不适宜于大型互助，这要根据生产工具的进步而逐渐推移，而不要因为发展顺利而冲昏头脑"②。刘少奇认为仅仅依靠组织农业合作社是无法实现农业社会主义的，而是要依靠工业③。邓小平认为必须满足一定的条件，农业才能走集体化的道路，实现形式可以多样化，要避免"一股风"。

斯大林和毛泽东则是强制性制度变迁观点的代表。斯大林认为，在发展规模化工业的同时，农业必须走集体化和国营化道路，以"实现对农业领域的全面国家控制"④。毛泽东将农村走集体化的道路上升到阶级斗争的高度，提出"对于农村的阵地，社会主义如果不去占领，资本主义就必然会去占领"⑤。

（二）农村集体产权制度变迁原因

改革开放以后，国内学者基于历史史料对中华人民共和国成立以来农村集体经济产权变迁原因进行了深入和广泛的研究。改革开放之前农

---

① 何嘉：《农村集体经济组织法律重构》，中国法制出版社 2017 年版，第 6 页。

② 邓子恢：《中南军政委员会第四次会议上的工作报告》，载黄道霞主编《建国以来农业合作化史料汇编》，中共党史出版社 1992 年版，第 33 页。

③ 刘少奇：《在中国共产党第一次全国宣传工作会议上的报告》，载黄道霞主编《建国以来农业合作化史料汇编》，中共党史出版社 1992 年版，第 42 页。

④ 何嘉：《农村集体经济组织法律重构》，中国法制出版社 2017 年版，第 6 页。

⑤ 同上书，第 7 页。

村集体产权是强制性制度变迁,农业集体化"起因于一种刚性的意识形态的设计和引领"[1],因为传统意识形态包含了对公有制的充分肯定[2]。同时农村集体经济制度能够更好地控制利用农村剩余,满足工业特别是重工业发展需要[3]。"自上而下的政策导入是乡村生产组织形式变化的主因。"[4]

改革开放以来,农村集体产权制度变迁是诱致性制度变迁和强制性制度变迁相互交织的过程,"由局部地区农民自发的诱致性制度变迁进而成为大部分地区的自上而下的强制性制度变迁"[5],诱致性制度变迁占据主导地位。产生这种诱致性制度变迁的核心动因还是农民对于经济利益的诉求,"农村产权制度的明晰化和剩余索取权的内在化,诱致了生产队制度向家庭责任制的制度变迁;农村生产的规模经济诱致了家庭责任制向规模化经营的制度变迁"[6],"原有的承包制产权安排效率日渐低下和利益集团的利益获取动机日益强化"[7] 是近年来农村集体经济产权制度变迁的深层原因。

(三) 农村集体产权制度变迁的历史阶段划分

对于农村集体经济制度变迁的历史阶段划分,国内学者形成了广泛共识:以 1978 年改革开放为分界点分为两个阶段,即人民公社下的农村合作化时期 (20 世纪 50 年代初至 1978 年) 和改革开放后的经济要素合作时期 (1978 年以来)[8]。改革开放之前又可以分为合作化时期 (20 世纪

---

① 吴毅、吴帆:《结构化选择:中国农业合作化运动的再思考》,《开放时代》2011 年第 4 期。

② 党国印:《论农村集体产权》,《中国农村观察》1998 年第 4 期。

③ 周其仁:《中国农村改革:国家和所有权关系的变化——一个经济制度变迁史的回顾》,《管理世界》1995 年第 3 期。

④ 曹锦清、张乐天、陈中亚:《当代浙北乡村的社会文化变迁》,上海远东出版社 2001 年版,第 3 页。

⑤ 刘兵:《诱致性制度变迁下的农村经济发展与农村致富带头人》,《商业研究》2004 年第 8 期。

⑥ 陈爱娟、薛伟贤:《中国农村经济体制改革中的产权问题》,《西北农林科技大学学报》(社会科学版) 2001 年第 1 期。

⑦ 李桂华:《关于农村集体经济产权制度变迁的思考》,《甘肃行政学院学报》2006 年第 2 期。

⑧ 董亚珍:《我国农村集体经济发展的历程回顾与展望》,《经济纵横》2008 年第 8 期。

50 年代）和人民公社时期（20 世纪 50 年代末到 1978 年），改革开放之后划分为家庭联产承包责任制时期（20 世纪 80 年代）和改革创新时期（20 世纪 90 年代）①。不同学者的表述有所不同，比如有的学者将合作化时期定义为农村集体经济制度的形成期，人民公社时期是农村集体经济制度的调整期（20 世纪 50 年代末至"文化大革命"开始）和停滞期（"文化大革命"的十年），家庭联产承包责任制是农村集体经济制度的改革期，20 世纪 90 年代是农村集体经济制度的稳定期②。

二 农村集体经济组织的相关研究

对于农村集体经济组织的研究主要集中在内涵、存在的问题和发展方向等方面。

（一）农村集体经济组织的内涵

目前，学界对农村集体经济组织的内涵有狭义和广义之分。狭义层面的农村集体经济组织就是以乡村区域为范围③的农村社区集体经济组织。广义层面的农村集体经济组织是指集体组织成员对生产资料共同占有、劳动者以劳动联合和资本联合为主的农村经济组织，包括农村社区集体经济组织、农村信用合作社、农村供销合作社以及完全由集体投资的乡镇企业等④。

（二）农村集体经济组织存在的问题

对农村集体经济组织问题的研究主要包括从历史角度的分析和对现状的分析。从历史角度主要分析了人民公社这种组织形式为什么会失败。传统的解释是生产关系超越了生产力发展水平⑤，人民公社组织产权主体缺失⑥，

---

① 闫景铂：《农村集体经济该何去何从》，《中国乡村发现》2008 年第 3 期。
② 麻渝生、苏卫：《农村集体经济组织的演变、问题及对策》，《中共成都市委党校学报》2008 年第 6 期。
③ 叶祥松：《新型农村经济组织：农联模式》，上海三联书店 2010 年版，第 131 页。
④ 何嘉：《农村集体经济组织法律重构》，中国法制出版社 2017 年版，第 23 页。
⑤ 曹阳：《当代中国农村微观经济组织形式研究》，中国社会科学出版社 2007 年版，第 216 页。
⑥ 傅晨：《中国农村合作经济：组织形式与制度变迁》，中国经济出版社 2006 年版，第 109 页。

同时又剥夺了社员的自由退出权①，农业生产的特性导致劳动监督非常困难②，无法形成有效的劳动激励。但是，也有学者对以上观点提出了质疑。周晓东认为这些解释没有说明人民公社这种高度集体经济组织为什么是可行的③，不然也不可能在 20 年的时间里向城市贡献数千亿元的农业剩余。而 Dong Xiao-yuan 等针对林毅夫提出的自由退出权对组织效率的影响，认为单个农民不可能因为惧怕由于勤劳农民的退出导致合作组织散伙而不敢偷懒④。从农村集体经济组织的发展现状来看，学者普遍认为存在产权不清、组织机构不健全等问题⑤。

（三）农村集体经济组织的发展方向

农村集体经济组织未来的发展方向就是逐步明晰集体产权，对农村集体的政治职能和经济职能进行区分⑥，剥离农村集体经济组织的公共行政职能，只行使对集体土地及其他财产的控制权⑦，成为真正的法人企业⑧，使农民享受到农村集体经济发展的收益⑨。

三　农村集体经济的相关研究

对于农村集体经济的研究涉及内容较多，包括概念、发展意义、发展阶段、实现形式、发展困境、发展路径等方面，其相关研究也较为丰富。

（一）农村集体经济的概念

目前，学界对农村集体经济内涵的定义最基本的都包括两个方面的

---

① 林毅夫：《制度、技术与中国农业发展》，上海三联书店 1992 年版，第 7 页。

② 傅晨：《中国农村合作经济：组织形式与制度变迁》，中国经济出版社 2006 年版，第 109 页。

③ 周晓东：《农村集体经济组织形式研究》，知识产权出版社 2011 年版，第 18 页。

④ Dong Xiao-yuan, Dow Gregory, "Does Free Exit Reduce Shirking in Production Teams?" *Journal of Comparative Economics*, Vol. 17, No. 2, 1993.

⑤ 何嘉：《农村集体经济组织法律重构》，中国法制出版社 2017 年版，第 44—56 页。

⑥ 高飞：《农村集体经济有效实现的法律制度运行研究——以湖北省田野调查为基础》，《农村经济》2012 年第 1 期。

⑦ 陈锡文、韩俊、赵阳：《我国农村公共财政制度研究》，《宏观经济研究》2005 年第 5 期。

⑧ 罗海平、叶祥松：《农村集体经济的性质与内涵研究》，《经济问题》2008 年第 7 期。

⑨ 段龙龙、张樱：《论我国农村集体经济组织公有性质弱化及其应对》，《农村经济》2013 年第 9 期。

内容：一是地域范围，如："乡、村、村民小组和部分农民"[1] "区域性"[2] "农村地区"[3] "农村社区组织"[4]。二是生产资料由劳动者共同占有的公有制，"拥有对农村生产资料的所有权成为农村集体经济的本质特征"[5]，"基本生产资料共有或按股份所有"[6]，同时要"尊重农村劳动者个人产权"[7]；少数学者认为集体经济的本质是劳动者的劳动合作，"这是产权按份共有、进行资本联合的基础"[8]。另外，不同的学者对农村集体经济定义的涵盖范围不同，有的涵盖了农村集体经济的经营方式，认为是"一定程度的合作经营"[9] 或者"多种经营方式"[10]；有的涵盖了农村集体经济的组织原则，认为是"坚持统分结合的双层经营体制和自愿互利"[11]；有的涵盖了发展农村集体经济的目标，即"克服个人经营所难以克服的困难"[12]，"实现价值增值，并以集体公共服务或者公平分配等方式实现集体成员利益"[13]。

同时，国内学者对农村集体经济内涵的继承性和发展性进行了探讨。认为改革开放以后农村集体经济不是人民公社的延续和重复，而是与时

---

[1]　魏宪朝：《改革开放三十年的农村集体经济》，《理论前沿》2008 年第 24 期。

[2]　魏宪朝、于学强：《发展我国农村集体经济组织的几点思考》，《当代世界与社会主义》2008 年第 5 期。

[3]　王德祥、李建军：《农村集体经济实现形式问题探讨》，《农村经济》2010 年第 1 期。

[4]　韩松：《论农村集体经济内涵的法律界定》，《暨南学报》（哲学社会科学版）2011 年第 5 期。

[5]　赵宇霞：《论农村集体经济与农民发展的良性互动》，《毛泽东邓小平理论研究》2012 年第 6 期。

[6]　魏宪朝、于学强：《发展我国农村集体经济组织的几点思考》，《当代世界与社会主义》2008 年第 5 期。

[7]　王德祥、李建军：《农村集体经济实现形式问题探讨》，《农村经济》2010 年第 1 期。

[8]　马艳：《中国集体经济的理性分析》，《中国集体经济》2005 年第 1 期。

[9]　魏宪朝、于学强：《发展我国农村集体经济组织的几点思考》，《当代世界与社会主义》2008 年第 5 期。

[10]　韩松：《论农村集体经济内涵的法律界定》，《暨南学报》（哲学社会科学版）2011 年第 5 期。

[11]　魏宪朝、于学强：《发展我国农村集体经济组织的几点思考》，《当代世界与社会主义》2008 年第 5 期。

[12]　王德祥、李建军：《农村集体经济实现形式问题探讨》，《农村经济》2010 年第 1 期。

[13]　韩松：《论农村集体经济内涵的法律界定》，《暨南学报》（哲学社会科学版）2011 年第 5 期。

俱进地发展出了一些新的内涵。特别是市场经济条件下,农村集体经济必须在产权制度、管理制度、分配制度等方面遵循市场经济规则①。学界对农村集体经济的外延争议较大,主要对集体经济与合作经济的关系存在分歧。

(二) 发展农村集体经济的意义

马克思对于发展集体经济的必要性进行了充分的阐述,他认为集体是个人获得全面发展的组织保障,为农民社会福利提供了重要保障②。列宁认为农民之间的合作社可以解决过去解决不了的难题③。中国共产党和国家领导人将马克思主义思想与中国经济社会发展的实践紧密结合,认识到中国发展农村集体经济的重要性。毛泽东认为只有逐渐地集体化才能克服中国几千年来分散的个体生产,使农民摆脱穷苦④。邓小平从农业生产发展的规律说明发展农村集体经济的必要性,提出了"两个飞跃"的科学构想。江泽民从保障农村社会稳定的角度指出发展壮大农村集体经济十分重要。胡锦涛从坚持我国社会主义性质的角度提出发展农村集体经济要齐抓共管。习近平认为集体经营具有规模化、集约化的优越性,因此,"乡村集体经济实力的发展与农业的振兴是相互依存、荣衰与共的"⑤。

国外学者运用西方经济学理论研究了合作社或在农业领域开展合作的重要意义,充实了农村集体经济理论。国外学者认为合作经济组织具有稳定性,可以克服市场机制的不完善,降低市场失灵的风险,减少交易费用,提高农民的市场竞争力和生产积极性,从而提高生产力水平,实现生产者剩余和消费者剩余的最大化,提高整个市场的效率,增进社会经济福利,增强社会的稳定性。国内许多学者从中国农村基本经济制度、新农村建设、农村基层组织的角度论述了发展农村集体经济的必要性。

---

① 金高峰、张胜荣:《从江苏新农村典型看村级集体经济发展》,《乡镇经济》2009 年第 25 卷第 10 期。

② 《马克思恩格斯选集》第三卷,人民出版社 1995 年版,第 285—292 页。

③ 《列宁选集》第四卷,人民出版社 1972 年版,第 685—688 页。

④ 《毛泽东选集》(一卷本),人民出版社 1964 年版,第 885 页。

⑤ 习近平:《摆脱贫困》,福建人民出版社 1992 年版,第 194 页。

（三）农村集体经济的发展阶段

吴晨认为进入 20 世纪 90 年代后期以来，村集体经济组织被弱化和边缘化，农村集体经济发展呈现出缓慢增长的迹象。薛继亮根据农村集体经济兴办集体所有制的乡镇企业，将农村集体经济的发展划分为 20 世纪 70 年代末以来乡镇企业异军突起、农村集体经济的高速发展阶段，20 世纪 90 年代中期实施乡镇企业产权制度改革、推行社区股份合作社和土地股份合作制、农村集体经济发展的低潮阶段，2000 年以后大力发展集体物业阶段。孔祥智和高强按照集体经济最核心的"资产—土地"的制度变迁将改革开放 30 多年来农村集体经济划分为三个阶段，以 1993 年和 2008 年为分界点。

（四）农村集体经济实现形式

目前，学界普遍认为农村集体经济有效实现形式是带动农村集体经济发展的关键[1]，因为它是"能够有效提升集体经济综合实力、增加集体成员收入和保护其合法利益的一组经济关系和制度安排"[2]。从内涵来看，农村集体经济实现形式是农村土地集体所有权的外在表现，即"所有权的归属方式、占有方式、基本制度、经营管理方式以及分配方式"[3]。包括静态和动态两种实现形式，农村生产资料的集体所有权就是农村集体经济的静态实行形式，集体所有的生产资料与农民的劳动相结合构成的农村集体经济的具体运行过程就是农村集体经济的动态实行形式[4]。

目前学界主要对农村集体经济的经营形式和发展模式进行总结和归纳。学者将农村集体经济经营形式划分为以集体统一经营为特征的完全集体经济以及集体经济与合作经济不同组合的过渡形态[5]，过渡形态主要包括统分结合的双层经营体制、农民专业合作制、社区股份合作制、土地股份合作制、"公司 + 农户"的联合体以及以此为基础的复合形式等。

---

① 翟新花：《我国农村集体经济体制变迁中的农民发展》，中国社会科学出版社 2015 年版，第 18 页。

② 王景新等：《集体经济村庄》，《开放时代》2015 年第 1 期。

③ 同上。

④ 冯蕾：《中国农村集体经济实现形式研究》，博士学位论文，吉林大学，2014 年。

⑤ 程恩富、龚云：《大力发展多样化模式的集体经济和合作经济》，《中国集体经济》2012 年第 31 期。

农民专业合作社"可以使具有某种共性的农民在较高层次上组织起来","有利于保护农户在市场交易中的合法权益"①,"是农村集体经济的重要实现形式"②;"社区股份合作制是一种民办民营的集体经济实现形式,具有旺盛的生命力"③,股份量化形式包括"存量资产量化型、土地承包经营权量化型、资源加资本量化型"④。另外,"村企合一"的实现形式也较受推崇,能有效融合民营经济和家庭经济。

对于农村集体经济发展模式,国内学者从不同角度进行总结,划分为"工业化模式、后发优势模式、集腋成裘模式"⑤,根据集体经济发展动力不同划分为"资产经营型、资源依托型、产业带动型、项目孵化型"⑥,根据主导主体不同划分为市场主导的契约型、政府主导的社区股份制和能人主导产业发展型⑦,根据发展阶段划分为 20 世纪 80 年代以"四荒"资源承包租赁、开办经营集体所有制乡镇企业为主的模式,20 世纪 90 年代将股份制、合作制、股份合作制引入农村集体经济的模式,2000 年以后对集体经济实现形式进行引导和规范的模式⑧。

(五) 农村集体经济发展困境和路径

农村集体经济在发展中存在总体实力不足⑨、产业层次低⑩、经营

---

① 许经勇:《我国农村微观经济组织形式的演变趋势》,《湖北经济学院学报》2008 年第 6 期。

② 张晓山:《促进以农产品生产专业户为主体的合作社的发展——以浙江省农民专业合作社的发展为例》,《中国农村经济》2004 年第 11 期。

③ 徐元明:《社区股份合作:农村集体经济新的实现形式》,《中国集体经济》2005 年第 4 期。

④ 陈雪原:《探索农村集体经济有效实现形式的理论思考——以北京市为例》,《南方农村》2013 年第 29 卷第 4 期。

⑤ 孔祥智、高强:《改革开放以来我国农村集体经济的变迁与当前亟需解决的问题》,《理论探索》2017 年第 1 期。

⑥ 吴晨:《基于广东农村集体经济组织变迁的制度逻辑分析》,《南方农村》2010 年第 26 卷第 2 期。

⑦ 薛继亮:《农村集体经济发展有效实现形式研究》,博士学位论文,西北农林科技大学,2012 年。

⑧ 冯蕾:《中国农村集体经济实现形式研究》,博士学位论文,吉林大学,2014 年。

⑨ 魏宪朝:《改革开放三十年的农村集体经济》,《理论前沿》2008 年第 24 期。

⑩ 孙蔚:《村级集体经济发展滞后的原因及对策》,《行政与法》2007 年第 10 期。

性资产不断萎缩和金融性资产保值增值压力大①等问题，集体经济发展存在很强的路径依赖性②。针对农村集体经济发展缓慢，特别是家庭联产承包责任制后，农村集体经济逐渐停滞甚至倒退，国内学者进行了深入探讨，试图找到其根源和症结。学者普遍认为农村集体经济产权模糊、法律地位不明确、内部治理结构不合理、组织职能弱化、激励机制不足、财务管理混乱、人才不足、对集体经济认识不清③、缺乏政府扶持。

集体产权模糊是农村集体经济发展缓慢的重要原因。"集体"成为国家管理农村的一个虚拟中介，导致农村集体经济的封闭性，无法有效聚合各种有利社会资源④，集体产权长期处于低效运行状态，使得集体经济空间逐渐内敛⑤，无法保证农民利益⑥。内部治理结构上，农村集体经济组织与村党支部、村委会的界限不分明，依然存在行政性与社区封闭性，降低了农村集体经济组织的科学民主管理程度⑦，管理效率不高⑧。从发展的外部环境来看，一方面农村集体经济发展缺乏必要的政策扶持，另一方面地方政府向农村集体经济索取，制约了农村集体经济的发展⑨。

针对农村集体经济发展的困境，农村集体经济发展的具体路径从内

---

① 吴晨：《基于广东农村集体经济组织变迁的制度逻辑分析》，《南方农村》2010 年第 26 卷第 2 期。

② 同上。

③ 彭海红：《关于发展我国农村集体经济的思考》，《中共四川省委党校学报》2005 年第 3 期。

④ 冯蕾：《中国农村集体经济实现形式研究》，博士学位论文，吉林大学，2014 年。

⑤ 黄韬：《和谐产权关系与农村集体产权制度分析》，《经济社会体制比较》2007 年第 2 期。

⑥ 孙津、郭薇：《建设社会主义新农村的真实含义：生产关系和社会形态的创制》，《中国人口、资源与环境》2006 年第 3 期。

⑦ 李俊英：《北京郊区村级集体经济制度创新研究》，硕士学位论文，中国农业科学院，2005 年，第 73 页。

⑧ 陈天宝：《中国农村集体产权制度创新研究》，博士学位论文，中国农业大学，2005 年，第 105 页。

⑨ 关锐捷等：《新时期发展壮大农村集体经济组织的实践与探索》，《毛泽东邓小平理论研究》2011 年第 5 期。

部来讲就是加快集体产权制度改革①，赋予农村集体经济组织法人地位，明晰农村集体经济组织的成员权，将天赋产权式的公有制转变为劳动者的份额共有制②；完善法人治理结构；完善村级财务管理制度③；建立长效发展机制④，完善民主决策机制、资金筹措机制、利益分配机制等，创新市场经营内容⑤。从外部来讲就是加强能人对农村集体经济发展的带动⑥作用，加大政府扶持力度，形成外部推力⑦，摒弃传统观念，优化法制环境、财税政策环境、市场环境等⑧。

第四节　主要概念

本书的研究对象是农村集体经济，与之相关的主要概念包括农村集体经济、农村集体经济组织、农村集体经济实现形式。

一　农村集体经济

农村集体经济是集体经济在农村的一种表现形态，因此，农村集体经济的概念是集体经济概念的一种特殊形态。由于都有劳动合作与资本合作的因素，集体经济和合作经济的概念本源相同，但是本质不同。

---

① 陈军亚：《产权改革：集体经济有效实现形式的内生动力》，《华中师范大学学报》（人文社会科学版）2015 年第 54 卷第 1 期。

② 张文茂：《社会主义新农村建设需要改革和发展农村集体经济》，《中国特色社会主义研究》2006 年第 5 期。

③ 顾怡：《当前发展农村集体经济的着力点》，《安徽农学通报》（上半月刊）2009 年第 15 卷第 21 期。

④ 孔祥智、高强：《改革开放以来我国农村集体经济的变迁与当前亟需解决的问题》，《理论探索》2017 年第 1 期。

⑤ 齐力、梅林海：《新型农村集体经济的发展条件现存问题及改革措施研究》，《南方经济》2009 年第 1 期。

⑥ 黄振华：《能人带动：集体经济有效实现形式的重要条件》，《华中师范大学学报》（人文社会科学版）2015 年第 54 卷第 1 期。

⑦ 熊彩云：《政府扶持：集体经济有效实现形式的外部推力》，《华中师范大学学报》（人文社会科学版）2015 年第 54 卷第 1 期。

⑧ 齐力、梅林海：《新型农村集体经济的发展条件现存问题及改革措施研究》，《南方经济》2009 年第 1 期。

（一）集体经济

在我国，"社会主义劳动群众所有制经济"被简称为"集体经济"，其被广泛应用于城镇和农村的社会主义改造中，最终形成了集体经济的概念。伴随我国社会经济的发展，集体经济的内涵也在发生着演化，但是其根本性质没有改变，即生产资料集体所有。无论是改革开放之前的集体资产所有权与使用权统一的传统集体经济，还是改革开放后劳动者的劳动联合和劳动者的资本联合为主的新型集体经济，其生产资料公有制性质都是相同的，即生产资料共同所有。

集体经济与合作经济具有共同的发展理念，本源相同，但是本质不同。从本源上来说，两者都是为了克服一家一户分散经营与大市场之间的矛盾，而产生的一种资本合作和劳动合作的需要。因此，集体经济与合作经济往往具有共同的表现形式。在合作经济当中会有共有的生产资料，集体经济会采用合作社的组织形式。

从本质上说，集体经济与合作经济两个概念界定的角度不同。集体经济是从产权的角度进行界定，其产权基础是集体所有制，是公有制的重要组成部分。集体所有制是生产资料的所有权归集体全体成员共同所有的制度，即生产资料由集体成员不可分割地共同享有所有权，是一元化的产权形式，以实现集体成员共同利益为根本目标。合作经济是从组织运行方式进行界定，通常就是指合作社经济，是对各种合作社经济活动的总称①。因此，即使合作经济在当今世界各国广泛存在，资本主义国家至今仍在积极发展合作经济，它们却不承认集体经济。

由于集体经济与合作经济本质不同，其产权明晰性、开放性、分配方式也不同。传统的集体经济仅规定了生产资料归集体所有，而没有明确生产资料的所有权、使用权和收益权，产权不够明晰。而合作经济往往是建立在生产资料私有制基础上的，其最大特征就是产权明晰、利益共享、风险共担以及民主管理。集体经济具有区域整体性和区域封闭性，集体经济组织成员相对固定。合作经济具有开放性的特征，入退社自由。由于集体经济的公有制性质，它还承担着壮大公有经济和实现共同富裕等经济社会发展目标，因此，集体经济的盈余很少直接分配给成员，而

① 郑有贵、龙熹：《农村合作经济组织研究》，《古今农业》2003年第1期。

是以"集体积累"的形式留取一部分来壮大集体经济总量,一部分以"集体福利"的形式来统一安排成员福利。合作社的盈余则主要返还给社员。

（二）农村集体经济

农村集体经济的全称为"农村集体所有制经济"。我国《宪法》规定:"农村集体经济组织实行家庭承包经营为基础、统分结合的双层经营体制。农村中的生产、供销、信用、消费等各种形式的合作经济,是社会主义劳动群众集体所有制经济。"由于我国农村土地产权性质是集体所有制,因此,在此基础上产生的合作经济就是农村集体经济。这是一种广义的农村集体经济概念。

伴随着集体经济内涵的变化,农村集体经济的内涵也发生了相应的变化。农村集体经济概念随着农村改革的推进而分为传统农村集体经济和新型农村集体经济。1953 年至改革开放前的传统农村集体经济实行土地等主要生产资料人民公社内三级所有,实行集中管理,统一分配。这一阶段的集体经济没有广义和狭义之分。改革开放以后,随着农村集体产权制度改革的推进,逐步形成了区别于传统集体经济的新型农村集体经济。其根本不同就在于明晰了集体成员的产权性质和产权份额。《中共中央 国务院关于稳步推进农村集体产权制度改革的意见》对农村集体经济的定义是:"农村集体经济是集体成员利用集体所有的资源要素,通过合作与联合实现共同发展的一种经济形态,是社会主义公有制经济的重要形式。"新型农村集体经济是一种"民有、民营、民享"的公有制经济,以农村土地为主的生产资料和资产以一定区域内的农村居民共同所有,根据自愿互利原则在某些方面开展合作,实行市场化运作,实现集体资产保值增值和保障集体成员利益。新型农村集体经济既实行按劳分配,又实行按生产要素分配。劳动者不但可以取得工资性收入,还可以取得生产要素分红收益。因此,新型农村集体经济实际上也是一种集体资本控股或者劳动群众具有控制权的混合所有制经济①。

本书研究的农村集体经济是从所有制角度进行定义的,以农村土地

---

① 薛继亮:《农村集体经济发展有效实现形式研究》,博士学位论文,西北农林科技大学,2012 年,第 4 页。

公有制为基础进行的资本合作或劳动合作的经济活动，不包括农民个体的经济活动。尽管农民家庭承包的基础仍然是土地集体所有制，但是在分散经营情况下，并不存在资本或劳动合作，因此，并不属于集体经济的研究范畴。农民自发组织的农民合作社虽然有资本合作和劳动合作，但合作社的经济基础是农民个人所拥有的土地承包经营权、农民私有资产，并不与农村土地的集体所有权发生直接联系。合作社的服务对象也仅限于加入合作社的部分农民，而不是集体经济组织全体成员。因此，不是农村集体经济组织牵头成立的合作社也不属于本书的研究范围。

二 农村集体经济组织

农村集体经济组织是建立在农村集体经济基础上的组织。与农村集体经济内涵变化一致，农村集体经济组织的内涵在改革开放前后也是不同的。主要是因为集体经济的经营方式发生了变化，但是其代表农民使行农村土地所有权的性质没有改变。改革开放之前的农村集体经济组织是指在农业合作化时期形成的高级社和人民公社时期的人民公社、生产大队和生产队。改革开放之后，1984年中央一号文件《中共中央关于一九八四年农村工作的通知》对农村集体经济组织的性质、名称、地域范围和机构设置进行了规定，所有制性质是"以土地公有为基础"，名称"可以叫农业合作社、经济联合社或群众选定的其他名称"，地域范围"可以以村（大队或联队）为范围设置，也可以以生产队为单位设置"，机构设置"可以同村民委员会分立，也可以一套班子两块牌子"。改革开放后的农村集体经济组织虽然不再实行独立核算，但是仍然在某些方面组织生产，实行劳动者劳动联合和资本联合，开展"统"的经营。因此，本书所指的农村集体经济组织是在一定地域范围内以土地公有制为基础，代表农民行使土地所有权，并对集体所有的资产享有管理权和经营权，具有"政社合一性"的经济组织，不包括从组织形式方面定义的农民专业合作社、农民协会等机构。

三 农村集体经济实现形式

农村集体经济实现形式是农村土地集体所有制的外在表现，是对集体所有的生产资料进行运营、管理以及分配的体制机制和一系列制度安排。农村集体经济实现形式不包括农村土地集体所有制这个制度本身，也没有静态和动态之分。同时，农村集体经济实现形式并不必然要求集体所有的生产资料与集体成员的劳动相结合，也可以采取资本运营的方式。只有采取有效实现形式，才能增加集体财产，保障和提高集体成员权益，最终实现共同富裕。

第 二 章

湖北农村集体产权制度变迁

由于国家始终是农村制度的唯一合法供给方,湖北农村集体经济制度变迁紧跟国家制度调整的步伐。因此,湖北农村集体产权制度变迁的过程就是国家农村集体产权制度变迁过程的一个缩影。以家庭联产承包责任制的确立为分界点,湖北农村集体产权制度变迁经历了从合到分的过程。从新中国成立到1982年家庭联产承包责任制确立,是农村集体产权实现全面统合的时期,农村土地所有权由农民私有变为农民集体所有,附着在土地所有权上的其他权利也都全部归集体所有。1982年家庭联产承包责任制确立之后,农村集体产权逐渐明晰,实现了经营权和所有权的分置,承包权和经营权的分置,集体资产所有权股份量化到人以及私有化的过程。

第一节　农村土地集体所有制建立

农村土地集体所有制的建立是一个典型的政治资源介入制度变迁的过程,因为仅仅依靠农民的自愿联合行动存在较高的交易成本,制度变迁的动力不足[①]。土地改革使农民获得了土地,为农村土地集体所有制的建立奠定了政治基础。互助组和初级农业生产合作社使农民开始生产合作,为农村土地集体所有制的建立奠定了经济基础。高级农业生产合作

---

① 马克思认为小农生产方式是"以土地及其他生产资料的分散为前提的。它既排斥生产资料的积聚,也排斥协作,排斥同一生产过程内部的分工"。《马克思恩格斯选集》第2卷,人民出版社1995年版,第267页。

社正式确立了农村土地集体所有制。

一 确立农民土地私有制

作为土地改革的新区，湖北确立农民土地私有制经历了两个阶段：一是减租减息，为土地改革做准备；二是将无偿没收的地主和富农的土地平均分给农民，实行土地改革。

(一) 减租减息

新中国成立前夕召开的第一届全国人民政治协商会议通过了《中国人民政治协商会议共同纲领》，明确指出"有步骤地将封建的土地所有制改变为农民的土地所有制"，"凡尚未实行土地改革的地区，必须发动农民群众，建立农民团体，经过消除土匪恶霸、减租减息和分配土地等项步骤，实行'耕者有其田'"。

1949 年 12 月 24 日湖北省人民政府颁布《湖北省减租减息实施细则》（以下简称《细则》）。《细则》规定所有地主、旧式富农及一切机关、学校、祠堂、庙宇、教会等所出租的土地一律按规定实行减租，解放以前，农民向地主、旧式富农所借的旧债，一律实行减息清债，没收战争罪犯、反革命首犯、恶霸分子拥有的土地，废除其一切债权。《细则》颁布后，湖北新区农村陆续开展了减租减息运动。至 1950 年 4 月底基本结束，运动中废除了国民党政权的保甲制度，组织了 15175 个村农民协会①，代行农村基层政权职能。1950 年 5 月 4 日，湖北省人民政府委员会召开第一次会议，李先念主席提出七项任务，主要是贯彻减租准备和实行土改、恢复生产。当时还处于土地改革的准备阶段。

(二) 实现"耕者有其田"

1950 年 6 月颁布的《中华人民共和国土地改革法》明确规定了土地改革的目的是"废除地主阶级封建剥削的土地所有制，实行农民的土地所有制，借以解放农村生产力，发展农业生产，为新中国的工业化开辟道路"。1950 年 8 月，中共湖北省第二次党代会召开，指出今冬明春主要任务是土地改革和继续减租，首先在 23 个县、700 多万人口的地区进行

---

① 中共湖北省委党史委研究二室：《社会主义改造的基本完成》，《党史天地》1996 年第 1 期。

土改，并争取两年内基本完成全省土改工作。1950 年冬，湖北开始有计划地全面展开土地改革运动，废除封建地主土地所有制。

1951 年 5 月 9 日至 25 日，中共湖北省委召开全省县委书记联席会议，总结半年来全省土地改革工作，布置开展大规模土改复查运动。当时湖北在 4500 个乡、900 万人口的地区基本完成了土改①。

1952 年 10 月，湖北土地改革运动基本结束。全省共有 12570 个乡完成土改，占全省总乡数的 97.4%；完成土改地区的人口 2376 万余人，占全省总农业人口的 97%②。土地改革废除了地主阶级封建剥削的土地所有制，建立了以土地私有制为基础的农民家庭经营制度，实现了"耕者有其田"，为社会主义改造和建设奠定了政治和经济基础。

二　以私有制为基础开展生产合作

在新中国成立前夕，1949 年 3 月召开的中国共产党七届二中全会上，毛泽东就指出："占国民经济总产值百分之九十的分散的个体的农业经济和手工业经济，是可能和必须谨慎地、逐步地而又积极地引导它们向着现代化和集体化的方向发展的，任其自流的观点是错误的"，"单有国营经济而没有合作社经济，我们就不可能领导劳动人民的个体经济逐步地走向集体化，就不可能由新民主主义社会发展到将来的社会主义社会，就不可能巩固无产阶级在国家政权中的领导权"③。在中国共产党掌握政权而土地仍属于私有的情况下，合作化成为对农民进行社会主义改造的过渡手段。

土改后，农村普遍出现了中农化的趋势，同时贫富两极分化的苗头开始出现。许多贫农因为生产资料不足，仍然处于贫困的地位，有些人负了债，有些人出卖土地，或出租土地。面对这种情况，国家领导人出现了两种思路：一种以刘少奇为代表，认为在现有生产力水平下，企图用农业生产合作社的形式来取代农业私有制和家庭经营是错误的，是农业社会主义思想的表现；另一种以毛泽东为代表，认为既然西方资本主

---

① 中共湖北省委党史委研究二室：《社会主义改造的基本完成》，《党史天地》1996 年第 2 期。

② 同上。

③ 《毛泽东选集》（一卷本），人民出版社 1964 年版，第 1322 页。

义在其发展过程中有一个工场手工业阶段,那么在中国农村,依靠农业合作社的统一经营也可以形成新的生产力并取代农民的家庭经营①。后一种观点在党内占了上风。因此,在确立了农民土地私有制之后,国家就开始推动农业生产的互助合作。湖北在 1953 年开始在全省范围内推动对个体农业的社会主义改造,运动初期主要发展常年互助组和初级农业生产合作社。

（一）个体经营——互助组

湖北还在进行土地改革的过程中,国家就连续出台政策,推动农民开展互助合作。1951 年 5 月 9 日至 25 日,中共湖北省委召开全省县委书记联席会议,要求在已土改地区,建立供销合作社和农业生产互助组,发动群众投入爱国丰产运动。这标志着湖北开始发展互助组,对个体农业进行社会主义改造。一直到 1952 年底,湖北的农业生产互助合作运动都是与土地改革运动交错进行的。多数地区先进行土地改革,再建立农业生产互助组;有的地方土地革命和发展生产互助同步进行;也有个别地区没有进行土改就先建立了互助组②。

表 2—1　　　　湖北省土地改革时期各级政府发展互助组的政策文件

时间	名称	内容	范围
1951 年 2 月	《人民政府政务院关于 1951 年农林生产的决 定》	"必须继续贯彻毛主席所指示的'组织起来, 是由穷变富的必由之路'的方向",必须遵守 "自愿结合、等价交换和民主管理"的原则组 织起来,"反对强迫命令"	全国
1951 年 3 月	《中南今年春耕生产十 大政策》	第九条"组织互助推广合作",提出"在自愿与 互利原则下组织劳动互助组,人数不要太多,范 围不要太大",同时"推广供销合作社组织"	中南 地区

① 应星:《农户、集体与国家:国家与农民关系的六十年变迁》,中国社会科学出版社 2014 年版,第 37 页。

② 1950 年春,浠水县在土地改革尚未全面开始前,县委就以河东乡为重点,组织与培养了谢开善等互助组。按照"自愿、等价、互利"原则,订立换工互助公约。随后,浠水县各区乡相继召开农民代表会、劳动模范会等各种会议,广泛组织互助,发展农业生产。黄冈地区农业委员会（陈幼安执笔）:《湖北十月农业合作社史》,载《当代中国的农业合作制》编辑室编《当代中国典型农业合作社史选编》（下册）,中国农业出版社 2002 年版,第 851 页。

时间	名称	内容	范围
1951 年 5 月	湖北省县委书记联席会议	要求在已土改地区，建立供销合作社和农业生产互助组，发动群众投入爱国丰产运动	湖北
1951 年 9 月	中共中央第一次农业互助合作会议通过的《中共中央关于农业生产互助合作的决议（草案）》	采取典型示范逐步推广，由小到大，由少到多，由低级到高级，引导农民走向集体化和社会主义化的道路。"在新解放区和互助运动薄弱的地区，有领导地大量地发展互助合作运动的第一种形式（即临时性的季节性的简单的劳动互助）"	全国
1951 年 12 月	《关于已土地改革区以土地改革复查为中心结合合作社工作的指示》	已完成土地改革的地区开展农业生产合作	湖北
1952 年 2 月	《中央人民政府政务院关于 1952 年农业生产的决定》	"在全国范围内，应普遍大量发展简单的、季节性的劳动互助组"，新解放区要在 3 年左右把农场 80% 以上的劳动力组织起来。同时提出发展互助组的几点要求：一是"必须加强对互助组的领导，训练与培养合作互助运动中的骨干，加强农民的具体教育"；二是"互助组和生产合作社要订立增产计划，并与供销合作社订立预购合同，使国家的经济计划与农民的经济组织结合起来"；三是"引导互助组将剩余劳动力投入精耕细作、土地改良、兴修水利、植树造林，和发展副业、手工业"	全国

1953 年，为了加强对农业社会主义改造工作的领导，党中央专门成立中央农村工作部。随着土地改革的完成和国家明确提出解放新区发展互助组的要求，湖北从 1953 年开始在全省范围内推动互助组发展，全省

农业互助合作运动稳步前进。到 1953 年底，湖北有 30% 的农户加入了互助组。在互助组中，土地和其他生产资料仍归农户私有，一家一户独立经营，土地的所有权与经营权统一在每家农户。农户只是在农忙时节种地、收庄稼等生产内容上进行换工互助，将耕畜、农具等生产资料相互交换使用，出现了集体劳动的雏形。

表 2—2　　湖北省土地改革完成后各级政府发展互助组的政策文件

时间	名称	内容	范围
1953 年 2 月	《关于农业生产互助合作的决议》	在农业合作化问题上，既要反对消极态度，又要反对急躁态度。要求全面实施农业的社会主义改造	全国
1953 年 9 月	中共湖北省委互助合作座谈会	要求各地进一步贯彻"积极领导，稳步前进"的方针，大量发展临时互助组，适当发展与巩固常年互助组。同时加强对供销社、信用社、国有农场、农业技术指导站的领导，以适应农业生产与互助合作运动发展的需要	湖北

（二）集体经营——初级社

1953 年底，湖北开始贯彻中央的过渡时期总路线，中共中央批准并转发中共中央宣传部编写的《为动员一切力量把我国建设成为一个伟大的社会主义国家而斗争——关于党在过渡时期总路线的学习和宣传提纲》后，全省各条战线掀起了学习和宣传总路线的高潮[1]。同时，1953 年 12 月，中共湖北省委召开全省农业生产合作社会议，提出了试办初级社的目标，并在《湖北日报》推广浠水县饶兴礼农业生产初级社的经验。1953 年冬到 1954 年春湖北处于初级社试办阶段。

---

[1] 中共湖北省委党史委研究二室：《社会主义改造的基本完成》，《党史天地》1996 年第 2 期。

表 2—3　　　　　　　　　　湖北省试办初级社的政策文件

时间	名称	内容	范围
1953 年 10 月	中共湖北省第三次代表会议	传达贯彻了党在过渡时期的总路线和总任务，确定全省的基本任务是逐步实现国家的社会主义工业化和对农业、手工业及资本主义工商业的社会主义改造	湖北
1953 年 11 月至 12 月	中共湖北省委农业生产合作社会议	传达毛泽东关于农业合作化问题的指示，重点研究试办农业生产合作社问题。决定 1953 年冬到 1954 年春全省试办 407 个，争取达到 520 个农业生产合作社。要求必须坚持群众自愿，由小到大，由低到高，逐步提高的发展方针	湖北
1953 年 12 月	中共湖北省委《关于学习党在过渡时期总路线总任务的指示》	号召全省干部认真学习党在过渡时期的总路线	湖北
1953 年 12 月	《湖北日报》发表《学习饶兴礼办社经验，办好农业生产合作社》的社论	全面推广浠水县饶兴礼农业生产初级社的经验	湖北
1954 年 1 月	中共湖北省委地委书记联席会议	提出当前党在农村的任务是大力开展农业互助合作运动和增产运动，试办农业生产合作社	湖北

过渡时期总路线直接推动了农业合作化快速发展[1]。1953 年 12 月，中央《关于发展农业生产合作社的决议》的出台，使全国各地开始把初级农业合作社作为主要发展目标并大力发展，推动了初级社由试办阶段进入全面发展阶段。1954 年 4 月至 5 月中共湖北省第四次代表会议的召

---

① 李建忠：《是主观选择还是历史必然——20 世纪 50 年代农业合作化动因的再认识》，《广西社会科学》2008 年第 7 期。

开，标志着湖北进入全面发展初级社阶段。

1954 年中央不断调高初级社发展目标，1954 年 10 月第四次农业互助合作会议提出"1957 年我国农村地区基本实现合作化"，不仅比 1953 年 12 月《关于发展农业生产合作社的决议》提出的"1957 年入社农户达到全国总农户的 20% 左右"的目标高出了 4 倍，还比 1954 年 5 月第二次全国农村工作会议提出的"1960 年前后全国农村基本实现农业生产合作化"的目标提前了 3 年，出现了冒进的倾向。导致部分地区出现了贪多贪大、工作粗糙以及强迫命令等问题，部分新社在建立时没有准备或准备很差，出现了垮台、散伙和社员退社等现象。

这一时期，湖北初级社发展工作总体上是积极稳妥的，发展目标也是切合实际的。以 1954 年 8 月出台的两个文件《关于处理农业生产合作社内经济问题的几个具体政策的规定》和《湖北省农业生产合作社试行章程草案》为标志，湖北初级社的发展从扩展数量转向提高质量，开始注重合作社的规范化、科学化运行①。湖北省比国家更早认识到初级社发展存在的速度过快的问题，同年 10 月中共湖北省委召开全省农业生产合作社会议，提出了稳步发展的方针，比 1955 年 1 月中央发出《关于整顿和巩固农业生产合作社的通知》提前了 3 个月。1955 年 2 月湖北省第一届人民代表大会贯彻了中央整顿和巩固合作社的精神，湖北全面转入控制发展，着重整顿、巩固的阶段。

表 2—4　　湖北省全面发展初级社时期各级政府出台的政策文件

时间	名称	内容	范围
1953 年 12 月	《关于发展农业生产合作社的决议》	确定了积极领导、稳步前进的方针，要求各地继续发展农业生产合作社，争取在 1954 年秋收前将初级农业合作社发展到 3.58 万个，1957 年要发展 80 万个初级农业合作社，入社农户要达到全国总农户的 20% 左右	全国

① 向前程、李敏昌：《农业合作化运动的基层运作探讨——以湖北省为例》，《科教文汇》（中旬刊）2017 年第 8 期。

续表

时间	名称	内容	范围
1954 年 4 月至 5 月	中共湖北省第四次代表会议	加速农业的社会主义改造，以适应国家社会主义工业化建设的需要，计划全省 1954 年冬到 1955 年春发展 8000—10000 个农业生产合作社。同时，要求一切工作、一切部门都要围绕社会主义工业化这个中心来进行	湖北
1954 年 5 月	中央农村工作部第二次全国农村工作会议	提出 1955 年农业初级合作社发展到 30 万或 35 万个，1960 年前后全国农村基本实现农业生产合作化	全国
1954 年 8 月	湖北省委农工部制定《关于处理农业生产合作社内经济问题的几个具体政策的规定》	农业合作化最主要的问题是经济问题，经济问题中则又以生产资料入社问题为重点	湖北
1954 年 8 月	湖北省委农工部颁布《湖北省农业生产合作社试行章程草案》	要求全省各个基层农业合作社抓紧制定社章，并成立社员代表大会、管理委员会、监察委员会等群众管理机构	湖北
1954 年 10 月	中共湖北省委召开全省农业生产合作社会议	发展农业生产合作社必须坚持积极领导、稳步前进的方针；坚持"只许办好，不许办坏"的原则；坚持群众自愿，有领导骨干，互助基础好的办社条件	湖北
1954 年 10 月	中央农村工作部第四次农业互助合作会议	达成农村合作经济的优越性已经被广大人民群众所认知的共识，提出 1955 年春耕前初级农业合作社要发展到 60 万个，力争 1957 年我国农村地区基本实现合作化，"二五"期间开始大力发展高级社	全国
1955 年 1 月	《关于整顿和巩固农业生产合作社的通知》	整顿、巩固已成立的合作社，控制发展新的农业合作社	全国

续表

时间	名称	内容	范围
1955 年 1 月 至 2 月	湖北省第一届人民代表大会第二次会议	在政府工作报告中提出了全省农业生产合作社的发展规划：1955 年秋前发展到 1.5 万个，参加合作社农户占总农户的 6% 左右；1956 年发展到 4 万个，占总农户的 15%—20%；1957 年发展到 10 万个，争取占总农户的 45%—50%。同时做好新老社的巩固工作	湖北

虽然初级社仍然是以土地等生产资料私有制为基础，但是生产资料折价入股到合作社，社员对入社的生产资料没有支配权、使用权和处置权，而是由合作社统一使用、统一经营，实现了生产资料所有权和经营权的分离，个体经营方式已经开始转变为集体经营方式，具有半社会主义性质[1]。1955 年春，湖北已建成 1.45 万个初级社，入社总户数 31.22 万户，占总农户的 5.03%，远远低于全国 14.16% 的水平[2]。

三 确立农村土地集体所有制

在经历了短短 4 个月的调整整顿之后，我国的合作化方针再次回到了冒进的方向上。以 1955 年 5 月中央召开的 15 省市自治区党委书记会为转折点，我国农业合作化运动进入高潮发展阶段[3]。同年 9 月，毛泽东主持编辑了《中国农村的社会主义高潮》一书，提出了一些"左"的、不切实际的设想，进一步助长了农业合作化运动中的急躁冒进情绪和"左"倾错误的发展[4]。在中央的一系列助长贪多求快的合作化发展政策的影响下，1955 年 8 月召开的中共湖北省委扩大会议认为省委对农村社会主义改造形势认识不足，湖北的农业合作化步子太慢。湖北合作化运动开始进入急躁冒进阶段，随之掀起了高级社建设的高潮。1955 年底，湖北建

---

① 许经勇：《中国农村经济制度变迁 60 年研究》，厦门大学出版社 2009 年版，第 42 页。

② 王崇文等：《湖北省农业合作经济史料》（下），湖北人民出版社 1985 年版，第 676 页。

③ 韩敌非：《农村集体经济发展研究》，硕士学位论文，辽宁师范大学，2014 年，第 13—14 页。

④ 许经勇：《中国农村经济制度变迁 60 年研究》，厦门大学出版社 2009 年版，第 48 页。

成 14.49 万个农业生产合作社（其中高级社 134 个），入社农户占总农户的 75%，仅仅用了半年多的时间就使全省基本实现了农业生产合作的初级化，高级社也从无到有。1956 年 1 月中共湖北省委地委书记联席会议的召开，标志着湖北全面进入了以办高级社为主的新阶段。

表 2—5　　　　湖北省发展高级社时期各级政府出台的政策文件

时间	名称	内容	范围
1955 年 5 月	15 省市自治区党委书记会	毛泽东提出必须改变"三字方针"，停止前段时间的整顿工作。会议提出：到 1956 年底，农业合作社要达 100 万个	全国
1955 年 7 月	毛泽东在中共中央召开的省、市、自治区党委书记会议上作了《关于农业合作化问题》的报告	报告认为我国农村中农业合作化的高潮"有些地方已经到来，全国也即到来"。报告否定了 1953 年和 1955 年春对农业合作社的两次调整和整顿工作，将邓子恢主持的中央农村工作部的合作化方针指斥为"小脚女人"，提出农业合作化赶快"上马"的问题	全国
1955 年 8 月	中共湖北省委扩大会议	会议重新确定全省农业生产合作社发展规划，到 1956 年秋，农业生产合作社发展到 7 万个，社员人数占全省农业人口的 25% 左右，到 1957 年冬发展到 12 万个，社员人数占全省农业人口的 50% 左右	湖北
1955 年 10 月	中共中央七届六中全会扩大会议	批准了毛泽东《关于农业合作化问题》的报告，通过了《关于农业合作化问题的决议》。提出在全国大多数地方大体上可以在 1958 年春季以前，基本上实现半社会主义的合作化	全国
1955 年 11 月	《湖北日报》发文《改进领导方法，组织好合作化高潮》	中共湖北省委农村工作部副部长任爱生的文章指出，要推动湖北进入合作化高潮	湖北

时间	名称	内容	范围
1956 年 1 月	中共湖北省委召开地委书记联席会议	会议认为我省农业合作化已进入由初级社升高级社的新阶段,决定 3 月底在全省建立高级社 1.5 万个左右,入社农户达全省总农户的 40% 左右	湖北
1956 年 1 月	中央政治局通过了《1956 年到 1967 年全国农业发展纲要（草案）》	1956 年在农村要动员 85% 以上的农户加入农业初级社,成熟地区试办高级社,到 1958 年底,全国范围内基本实现高级合作社化	全国
1956 年 2 月	《湖北日报》发表社论《逐步地引导小型的初级社转变为大型的高级社》	大力发展高级农业合作社	湖北
1956 年 2 月	中共湖北省委发布《关于高级农业生产合作社的若干政策问题的规定》	对高级社发展的政策进行规定	湖北

在高级社里,土地、耕畜、农具等社员私有的主要生产资料都变为合作社集体所有,财产的个人股权也无偿地转让给集体,完全取消个人生产资料所有权。因此,高级社使农业社会主义改造的本质发生了变化,土地由私有制转变为公有制,确立了农村土地集体所有制,标志着我国具有完全社会主义性质的农业经营制度基本形成。1956 年 11 月底湖北已建成 29114 个高级社,参加高级社的农户达到 530 多万户,占总农户的 97% 以上。仅仅用了不到 1 年的时间,湖北就全面实现了农业生产的高级化,消灭了土地私有制,建立了农村土地集体所有制。

第二节　农村生产资料产权高度统一

尽管在高级社阶段就已经实现了农村土地等生产资料所有权和经营

权的统一，但是仍然处于探索阶段。人民公社制度的建立，特别是"三级所有，队为基础"的推行，才真正实现了农村生产资料所有权及附着其上的其他产权高度统一，确立了湖北省在计划经济时期的农村基本经营制度。尽管在 20 世纪 70 年代中期出现了经营制度上的倒退，但是后来还是恢复了生产队核算的体制。

一　产权高度统一到人民公社

"农业四十条"的提出，催生了农田水利基本建设的高潮，联队、联社承包的现象比比皆是，促使毛泽东和其他中央领导萌生出改变农村基层组织结构的思想[1]。生产力上的"大跃进"直接推动了生产关系上的盲目冒进，使高级社向"一大二公"的人民公社转变。

（一）生产力"大跃进"

1958 年自上而下地发动"大跃进"，是从农业领域开始的。1957 年 9 月召开的党的八届三中全会，不仅揭开了批评"反冒进"的序幕，同时也揭开了发动农业"大跃进"的序幕。1957 年 10 月，中共中央公布的"农业四十条"成为发动农业"大跃进"的纲领[2]。1957 年 11 月，中共湖北省委召开党的代表大会，贯彻落实"农业四十条"，部署全省农田水利建设和积肥运动，标志着湖北正式进入农业生产"大跃进"阶段。

表 2—6　湖北省农业生产"大跃进"时期各级政府出台的政策文件

时间	名称	内容	范围
1957 年 9 月	党的八届三中全会	认为中国社会的主要矛盾仍然是无产阶级和资产阶级的矛盾，社会主义道路和资本主义道路的矛盾；对 1956 年采取的纠正冒进倾向的正确方针作了错误的批判	全国

[1]　许经勇：《中国农村经济制度变迁 60 年研究》，厦门大学出版社 2009 年版，第 51 页。
[2]　薄一波：《若干重大决策与事件的回顾》下卷，中共中央党校出版社 1993 年版，第 23 页。

续表

时间	名称	内容	范围
1957 年 10 月	中共中央公布了《一九五六年到一九六七年全国农业发展纲要（修正草案）》（又通称"农业四十条"）	主要精神是迅速发展农业生产力，对粮食和棉花产量提出了不切实际的高指标	全国
1957 年 11 月	中共湖北省党代会	贯彻落实八届六中全会精神，以"四大"（大鸣、大放、大辩论、大字报）的形式，批评右倾保守，落实"农业四十条"，部署农田水利建设和积肥运动，动员全党组织农业生产"大跃进"	湖北
1957 年 12 月	《人民日报》发表了由毛泽东修改审定的《必须坚持多快好省的建设方针》的社论	批评"反冒进"，进一步肯定了 1956 年是经济战线上的"大跃进"	全国

（二）全面消灭私有制

随着全国范围内掀起农田水利建设的高潮，再加上农业高级合作化基本完成，毛泽东提出了农业合作化要办大社，走规模经营的重要思路。1958 年 3 月中央出台了《关于把小型的农业合作社适当地合并为大社的意见》，成为建设人民公社思想的雏形。受到"一五"计划提前完成等形势的鼓舞，中央认为只要有共产党领导，群众运动就可以无往而不胜，快速进入共产主义。1958 年 5 月中共八大二次会议正式通过了"鼓足干劲、力争上游、多快好省地建设社会主义"的总路线，为人民公社的建立奠定了重要的思想基础。湖北在全省范围内广泛开展宣传和贯彻党的总路线的热潮。全国掀起了建立人民公社运动的高潮，湖北也在其中。

1958 年 8 月，中央政治局扩大会议通过《关于在农村建立人民公社问题的决议》，表现出了急于过渡的"左"倾错误思想，导致人民公社急于从集体所有制转向全民所有制，"共产风"泛滥。同年 9 月，中共湖北省委发布《关于在农村建立人民公社的决议》（以下简称《决议》）时，全省已建立 400 多个人民公社。《决议》公布后全省再次掀起人民公社化运动的高潮。至 1958 年 9 月底，湖北除了武汉、黄石、沙市、宜昌、襄樊五个市区外，已建立起人民公社 770 个，占计划建立 829 个公社的 93%，入社户数达 617 万户，平均每社 7922 户，占总户数的 96%（其中以国有农场为核心建立全民所有制的公社有 34 个），全省实现了人民公社化[①]，距离《决议》公布还不到一个月。

表 2—7　　　　湖北省建立人民公社时期各级政府出台的政策文件

时间	名称	内容	范围
1958 年 3 月	《关于把小型的农业合作社适当地合并为大社的意见》	在有条件的地方，小农业合作社有计划地正确地组合成大型合作社是必要的，以满足农业生产的需要	全国
1958 年 5 月	中共八大二次会议	正式通过了"鼓足干劲、力争上游、多快好省地建设社会主义"的总路线	全国
1958 年 7 月	《红旗》刊发《全新的社会，全新的人》	把一个合作社变成一个既有农业合作又有工业合作的基层组织单位，实际上是农业和工业相结合的人民公社	全国
1958 年 8 月	中央政治局扩大会议通过《关于在农村建立人民公社问题的决议》	"人民公社是形势发展的必然趋势"，是"提前建成社会主义，并逐步过渡到共产主义必须采取的基本方针"，"共产主义在我国的实现，已经不是什么遥远将来的事情了"。"在人民公社的集体所有制中，就已经包含有若干全民所有制的成分。这种全民所有制，将在不断发展中继续增长，在 3、4 年或 5、6 年内逐渐代替集体所有制"	全国

---

① 亦农：《全省农村实现公社化》，《湖北日报》1958 年 10 月 1 日第 1 版。

续表

时间	名称	内容	范围
1958 年 9 月	中共湖北省委发布了《关于在农村建立人民公社的决议》	建立公社就是为了向全民所有制过渡。原来农业社的公共财产和公共积累，应该一律无偿地转为人民公社所有。原属社员所有的自留地、屋基、草场、山地、荒地、堰塘、坟地、园地等一切土地，应无偿转为公社所有。原属社员所有的大型农具、大型工具、家畜等，凡属公社所需要的，应当折价入社	湖北
1958 年 11 月	第一次郑州会议	批评了急于过渡到全民所有制乃至共产主义的思想，纠正人民公社化运动过程中出现的急躁情绪，批评脱离农村实际的错误倾向，明确指出中国现阶段仍处在社会主义社会，现阶段人民公社是社会主义的集体所有制	全国
1958 年 12 月	《人民日报》刊出《中共湖北省委关于做好当前人民生活的几项工作的规定》及中共中央批语	最重要的一项就是关于办好公共食堂的内容，"本着'大集体、小自由'的原则，对于在食堂吃饭的人，应当允许有必要的机动"，"以生产队为单位建立食堂"。中央高度肯定了湖北省委出台的这个规定，认为"生产和生活两方面，必须同时抓起来"，要求"各省、市、自治区党委都可照湖北省委那样，根据当地的条件，做出自己的规定，公布实行"	湖北

　　尽管 1958 年 11 月召开的第一次郑州会议批评了人民公社化运动严重脱离了农村现有生产力，明确指出现阶段人民公社仍然是集体所有制。但是，由于中央没有出台明确的指导意见，人民公社并没有改变"一平二调"（即平均主义的供给制、食堂制①，对劳力、财物无偿调拨）、"一大二公"（即规模大、公有化程度高）的农业经营制度。在高级社实行土地等主要生产资料公有制的基础上，这一阶段的人民公社将

――――――――――

　　① 1958 年 12 月《人民日报》还充分肯定了湖北省委对于办好公社食堂做出的规定，并在全国范围内进行推广。详见表 2—7。

之前归农民个人所有的其他生产资料和生活资料全部收归公有，彻底消灭了私有制。同时，附着在所有权上的使用权、收益权和处置权等其他权利也都全部集中在县、社两级，实行由集体高度统一经营和完全平均分配，没有任何的成本收益核算，导致农民丧失了生产积极性，农业生产力严重倒退。

二 产权高度统一到生产队

从 1959 年 2 月召开的第二次郑州会议提出"三级核算"到 1962 年 9 月党的八届十中全会，在经历了 3 年半的探索讨论修改之后，逐步把基本核算单位下放到生产大队，最后下放到生产队，人民公社"三级所有，队为基础"的制度终于完善成型。

1960 年 8 月湖北省委颁发了《关于调动群众积极性的十项措施》，并在沔阳县通海口公社进行试点。从 1960 年下半年开始对"一平二调""一大二公"的人民公社制度进行纠正，对平调的全部进行了退赔，以生产大队为核算单位，相当于高级社的水平。从 1962 年下半年开始，根据中央发出的《关于改变农村人民公社基本核算单位问题的指示》中明确以生产队为基本核算单位，湖北逐步将核算单位从生产大队调整为生产队，相当于初级社水平。1962 年底，湖北 92% 的生产队都实行生产队核算，到 1965 年这一比例提高到 95%[①]。

从 1960 年下半年开始，在经历了两年多的调整后，到 1962 年底，湖北基本形成了"三级所有，队为基础"的农村基本经营制度。土地等主要生产资料的所有权归人民公社、生产大队、生产队同时享有，使用权、收益权、处置权归生产队。生产资料产权高度集中在生产队一级的集体经济组织，生产队拥有经营自主权，独立核算、自负盈亏，成为生产资料的实际所有者。经营核算规模的缩小使生产关系更加符合生产力发展水平，广大农民的生产积极性迅速恢复，农业生产快速发展，湖北农村经济出现了继互助组、初级社后的另一个"黄金时期"。

---

① 王崇文等编：《湖北省农业合作经济史料》（上），湖北人民出版社 1985 年版，第 302 页。

表 2—8　　　　　　湖北省确立"三级所有,队为基础"时期

各级政府出台的政策文件

时间	名称	内容	范围
1959 年 2 月	第二次郑州会议	提出了整顿和建设人民公社的方针:统一领导,队为领导;分级管理,权力下放;三级核算,各计盈亏;分配计划,由社决定;适当积累,合理调剂;物资劳动,等价交换;按劳分配,承认差别	全国
1960 年 8 月	中共湖北省委颁发《关于调动群众积极性的十项措施》	贯彻人民公社"统一领导,分级管理,三级核算,队为基础"	湖北
1961 年 6 月	《农村人民公社工作条例(草案)》(即"六十条")	对三级集体所有制作了规定,健全了人民公社经营管理制度,取消了分配供给制,停办公共食堂	全国
1961 年 10 月	《关于农村基本核算单位问题的指示》	要各级党委就基本核算单位问题认真调查研究,以便党中央作出决定	全国
1962 年 1 月	中央工作会议	总结了"大跃进""人民公社化"运动中的经验教训	全国
1962 年 2 月	《关于改变农村人民公社基本核算单位问题的指示》	明确规定了人民公社集体经济一般以生产队(即小队,相当于初级社)为基本核算单位	全国
1962 年 6 月	湖北省委出台《关于农村人民公社几项具体政策的补充规定》	贯彻中央规定的"生产队核算",坚持"三级所有,队为基础"	湖北
1962 年 9 月	党的八届十中全会通过《农村人民公社工作条例(修正草案)》	实行以生产队为基本核算单位的制度至少 30 年不变;明确规定一乡一社,人民公社的组织可以是公社和生产队两级,也可以是公社、生产大队和生产队三级;要求在今后若干年内,公社和生产大队不要从生产队提取公积金和公益金;生产队干部的补贴工分,要减少到占生产队工分总数的 1% 以内;强调人民公社的体制、规模及工作条例中的各项重大规定长期不变	全国

三 产权主体倒退到生产大队

从 1962 年底到 1978 年的 17 年期间，湖北一直实行"三级所有，队为基础"的农村基本经营制度。从 1975 年开始，"人民公社的基本核算单位由生产队向生产大队过渡"的左派意见逐渐占了上风，尽管受到党内部分同志的抵制，但还是在 1977 年 12 月出台了中央文件，并在全国推行。湖北受到这一政策的影响，纷纷将产权主体由生产队变更为生产大队。1978 年实行生产大队核算的大队猛增到 6477 个，占比 22%，比 1975 年增加了 4427 个生产大队，占比提高了将近 15 个百分点①。尽管这次产权主体的倒退是小范围的，也使湖北农村经济遭到了一次"穷过渡"的折腾。

表 2—9　　　　　　全国推行生产大队为核算单位的政策意见

时间	领导人或文件名称	内容	范围
1975 年 8 月	时任国务院副总理陈永贵	提出人民公社的基本核算单位由生产队向生产大队过渡的建议	全国
1975 年 10 月	时任国务院副总理华国锋	提出"以生产队为基本核算单位的所有制，在条件成熟的时候，将逐步向以大队乃至公社为基本核算单位的所有制过渡"	全国
1976 年 12 月	第二次全国农业学大寨会议	陈永贵再次提出："我们要满腔热情地支持社队企业。逐步把产、供、销纳入国家各级计划，促进公社、大队两级经济发展，为逐步过渡创造条件"	全国
1977 年 12 月	中共中央《普及大寨县工作座谈会讨论的若干问题》	"实现基本核算单位由生产队向生产大队过渡"是农村经济社会发展的基本趋势，"各级党委应当积极热情，因势利导，努力创造条件，逐步向以大队为基本核算单位过渡"	全国

---

① 王崇文等编：《湖北省农业合作经济史料》（上），湖北人民出版社 1985 年版，第 302 页。

四 恢复生产队为产权主体

1978 年 12 月召开的中国共产党十一届三中全会对实行生产大队核算的政策进行了纠正,重新明确了生产队为基本核算单位。1979 年湖北以生产大队为核算单位恢复到生产队核算,此后,生产组织形式经历了定额管理、联产到组、联产到劳、联产到户的变化。一直到 1981 年下半年推行包干到户之前,农村土地产权都是高度统一在生产队。

1979 年到 1981 年,湖北在原有产权制度的基础上对生产组织形式做出调整,而农村集体产权制度改革始终没有取得实质性进展,改革相对保守,表现为两个滞后:一是对改革政策的认识滞后于中央,中央已经允许包干到户时,湖北省委在政策层面只承认以集体统一经营为前提的定额管理、包产到组、包产到户等形式,对包干到户还持谨慎态度;二是改革政策的落实滞后于农民,农民群众一开始就选择了包干到户,而多数地方干部都主张联产到组和专业承包,一度出现"上面放、下面望、中间有个顶门杠"的情况,面对一些干部的反对和限制,农民群众采取对外宣布联产到组,对内实行包干到户的策略。

湖北省这一阶段对改革认识和落实上的滞后主要有四点原因:一是全党上下对安徽等省实行的包干到户还存在较大争议,中央对包干到户的认识也有一个过程,中央允许地方在实践中探索,没有马上出台明确的政策文件;二是湖北的干部思想不够解放,受长期以来农村工作中"左"的思想和政策影响与束缚太深,形成了一种根深蒂固的观念,认为农村的社会主义经济只能是"一大二公"、集体劳动、定额记工、统一经营、统一分配,跳出这种模式就不是社会主义;三是承包权与所有权理念相混淆,一些干部担心"包干到户"后,农村很快出现土地买卖,两极分化等情况,主要是没有分清承包权与所有权的区别,因而持否定观望态度;四是因为"文化大革命"前,湖北农村集体经济的经营管理工作比较有基础,农业生产一直比较稳定,农民生活一般尚可维持,特别是 1978 年、1979 年两年省委恢复和加强定额管理的工作进展比较快,对农业生产起到了一定的促进作用,粮食获得了丰收,这种形势也使省委觉得原来的办法还有优越性,认为只要加以完善,就可以解决湖北农村的问题，不需要再搞包干到户①。

（一）推行定额管理

1978 年 12 月召开的中国共产党十一届三中全会通过的两个文件对农村基本经营制度具有重要影响。一个是《农村人民公社工作条例（试行草案）》对集体经济产权主体进行"拨乱反正"，明确规定"以生产队为基本核算单位"。另一个文件是《中共中央关于加快农业发展若干问题的决定（草案）》，明确了集体生产管理制度，推行定额管理，允许包产到组。

表 2—10　　　　湖北省推行定额管理时期各级政府出台的政策文件

时间	会议或文件名称	内容	范围
1978 年 12 月	党的十一届三中全会通过《农村人民公社工作条例（试行草案）》	"人民公社现在要继续稳定地实行公社、生产大队和生产队三级所有，以生产队为基本核算单位的制度，集中力量发展农村生产力。不允许在条件不具备时，匆匆忙忙地搞基本核算单位的过渡；条件具备的过渡，要报省一级领导机关批准。……公社、大队、生产队的规模，一般不要变动，必须调整时，应经过社员大会或社员代表大会讨论通过，分别报请省、地、县领导机关批准"	全国
1978 年 12 月	党的十一届三中全会通过《中共中央关于加快农业发展若干问题的决定（草案）》	"人民公社各级组织必须认真执行按劳分配原则，多劳多得，少劳少得，男女同工同酬；加强定额管理，按照劳动的数量和质量付给报酬，建立必要的奖惩制度，坚决纠正平均主义；在计算劳动报酬时，可以按定额记工分，可以按时记工分加评议，也可以在生产队统一核算和分配的前提下，包工到作业组"，联产计酬、超产奖励（即实行"包产到组"）。同时也明确规定："不许分田单干。除某些副业生产的特殊需要和边远地区、交通不便的单家独户外，也不要包产到户"	全国

———————
① 中共湖北省委党史研究室编：《中国新时期农村的变革：湖北卷》，中共党史出版社 1998 年版，第 2 页。

续表

时间	会议或文件名称	内容	范围
1979 年 1 月	湖北省委三届十四次全体（扩大）会议	传达党的十一届三中全会精神，强调党的工作重点转移，用实践是检验真理的唯一标准来总结检查农村工作，抓紧解决"穷过渡"问题，允许"穷过渡"的大队恢复为生产队核算，一手抓农业，一手抓工业，集中力量把农业搞上去	湖北
1979 年 2 月	《中共湖北省委关于夺取 1979 年农业大丰收若干问题的决定（草案）》	"实行定额管理，评工记分制度"	湖北
1979 年 3 月	中共湖北省委召开地市委主管农业的书记会议	"要在发展生产的基础上充分关心劳动人民的物质利益，充分体现按劳分配、多劳多得的原则，把生产的好坏、经营的好坏、工作的好坏同工人、农民、干部个人的物质利益紧密结合起来。""前一段少数地方实行包产到组，实际上是分队的做法，要纠正过来"	湖北
1979 年 6 月	省委常委扩大会议	贯彻中共中央对国民经济实行"调整、改革、整顿、提高"的方针。其中农村经济调整（改革）的主要内容是：逐步建立以家庭经营为基础的联产承包责任制，重点是把生产经营权和产品分配权交给农民，调动农民的生产积极性	湖北

　　1979 年湖北依照中央精神，恢复生产队核算，推行定额管理。尽管中央是允许包产到组的，但是湖北省委对此还存有疑虑。1979 年 1 月召开的湖北省委三届十四次全体（扩大）会议认为，"只要恢复'文革'前的劳动制度和分配制度，再加以改善和健全，就可以解决湖北农村的

问题了"，"不需要再搞生产责任制，尤其是包产到户，包产到户会影响集体经济，会滑到分田单干，不能搞"。同年 2 月发出的《中共湖北省委关于夺取 1979 年农业大丰收若干问题的决定（草案）》中，就只规定"实行定额管理，评工记分制度"，而没有包产到组的规定。同年 3 月召开的地、市委主管农业的书记会议还专门强调"前一段少数地方实行包产到组，实际上是分队的做法，要纠正过来"。虽然同年 6 月召开的省委常委扩大会议提出，"逐步建立以家庭经营为基础的联产承包责任制，重点是把生产经营权和产品分配权交给农民，调动农民的生产积极性"，但是这一政策并没有在基层推行。从 1979 年秋开始，湖北主要推行了定额计酬和包工包产责任制，而对联产到组没有积极推行。

（二）有条件地发展"包产到户"

1980 年，中央已经允许实行包产到户和包干到户，而湖北只允许在边远山区、居住很分散、生产很落后的地方实行包产到户。同年 3 月，国家农业委员会指出，对群众自发搞包产到户的，不要硬性扭转，不要与群众对立。同年 4 月，邓小平指出，在农村地广人稀、经济落后、生活贫困的地区，政策要放宽，有的地方要实行包产到户。同年 5 月，邓小平进一步指出，包产到户、包干到户不会影响集体经济。根据中央精神和湖北部分地区已经实施包产到户的事实，1980 年上半年，省委组织了四个调查组对武昌、黄冈、钟祥、利川四个县实行责任制的情况进行了调查，发现生产责任制确实有创新意义。1980 年 8 月湖北省委召开三届十六次全体（扩大）会议明确了深山独户和生产很落后、群众生活很困难、集体经济很不巩固的少数生产队，可以在生产队统一领导下实行包产到户。虽然这只是有限制地允许包产到户，但是湖北省委在调研基础上承认了包产到户，为包干到户奠定了思想基础。因此，此次会议是湖北农村改革进入一个新时期的重要标志。

1980 年 9 月，中共中央召开了各省市自治区党委第一书记座谈会，发出了《关于进一步加强和完善农业生产责任制的几个问题的通知》，文件充分肯定了"包工包产、联产计酬"，特别是"专业承包联产计酬责任制"的经验。这个文件的重要意义在于进一步从党的政策上肯定了家庭联产承包责任制，初步但是又有力地解除了禁锢在人们头脑中姓"资"姓"社"的困扰。这些认同对联产承包责任制在湖北的推广起到了积极作用。同年10月,湖北省委召开地市委书记会议,贯彻执行中央通知精神,强调各级领导在思想上和工作上要积极清除"左"的影响,尊重群众意愿,让群众自己选择不同形式的责任制,省委转批了这次会议纪要《关于贯彻中共中央〔1980〕75号文件、加强和完善农业生产责任制的若干意见》。这次地市委书记座谈会和省委转批的这次座谈会的纪要对湖北包产到户的全面推行开辟了道路,对湖北农村改革的发展起了重要作用。但是这次座谈会对包产到户、包干到户的认识还是有限的,只允许在困难队、落后队实行包产到户,而且还认为这是"权宜之计",是"不得已"的过渡措施,不主张先进队特别是对大田作物生产实行包产到户。

表2—11　湖北省有条件地推行"包产到户"时期各级政府出台的政策文件

时间	领导人或文件名称	内容	范围
1980年5月	邓小平发表《关于农村政策问题》的讲话	肯定包产到户,认为包产到户、包干到户不会影响集体经济,强调:搞农村工作必须"从当地具体条件和群众意愿出发"	全国
1980年8月	湖北省委三届十六次全体(扩大)会议	时任省委第一书记陈丕显在会上指出,大包干已经客观存在,而且还在发展,这里面既有困难队落后队,也有中等水平的甚至比较富裕的队,不承认、禁止、硬扭是不行的,撒手不管、放之任之也是不行的。会议提出"衡量政策是紧是宽、是死是活,唯一标准是看是否适合当前社会生产力的状况,能否促进生产的发展",肯定了联产计酬的责任制对推动生产力发展的积极作用。在实际工作中要进一步健全,并不断改进计酬形式,深山独户和生产很落后、群众生活很困难、集体经济很不巩固的少数生产队,可以在生产队统一支配生产资料、统一生产计划前提下,实行包产到户合同制	湖北

续表

时间	领导人或文件名称	内容	范围
1980 年 9 月	《关于进一步加强和完善农业生产责任制的几个问题的通知》（中发〔1980〕75 号）	加强和完善农村生产责任制是进一步巩固农村集体经济、发展农业生产的中心环节；不会脱离社会主义轨道，没有复辟资本主义的危险；推行专业承包联产计酬责任制，要求"各业的包产根据方便生产、有利经营的原则，分别到组、到劳力、到户"；"群众对集体经济丧失信心，因而要求包产到户的，应当支持群众的要求，可以包产到户，也可以包干到户，并在一个较长时间内保持稳定"；在贫困地区，可以搞包产到户、包干到户	全国
1980 年 10 月	《关于贯彻中共中央〔1980〕75 号文件、加强和完善农业生产责任制的若干意见》	只要是有利于鼓励生产者最大限度地关心集体、有利于增产、增收、增加贡献、增加积累、增加社员分配的责任制形式，都是好的和可行的，应当加以支持，而不能强求一律，只允许一种模式；提倡联产计酬，特别是在专业分工基础上的联产计酬，对定额包工责任制，凡是群众愿意继续执行，也应当允许；一般不搞包产到户，但边远山区，居住很分散甚至单家独户的农户，可以实行包产到户，少数生产队长期以来集体经济办得很不好，生产很落后，群众生活很困难，对集体丧失信心因而要求包产到户的，应当允许实行包产到户	湖北

（三）全面推行"包产到户"

从 1981 年开始湖北对包产到户的政策逐步实现了从旱地到水田、从小宗作物到大宗作物的全面放开。1981 年，湖北农村的平原和丘陵地区普遍实行了旱地包产到户，但对水田能否包产到户仍有较大的争议。1981 年 2 月，省委召开农村工作会议，时任省委第一书记陈丕显在会议上提出了加强和完善农业生产责任制的指导方针：方向要明确，态度要积极，工作要做细，步骤要稳妥。方向要明确，即明确中央文件提倡的联产责任制，是建立和完善责任制的方向；态度要积极，即方向明确后，就要朝着这个方向积极前进，不要止步不前，要积极研究新情况、新办法；工作要做细，即调查研究，实事求是，走群众路线，不简单从事，不强迫命令，不搞一律化、一刀切，允许多种形式和办法并存，让群众在实践中比较选择；步骤要稳妥，即不要操之过急，既积极又稳步地前进，不要一哄而起。

同年 3 月，湖北省委转批了这次会议的纪要，除了继续肯定困难队、落后队可以搞包产到户外，还对手工副业、多种经营和小宗作物承包到劳、到户的显著效果，给予了充分肯定，而且明确提出，水田也可以包产到户，对大田生产、大宗作物，特别是水稻承包到劳联产计酬要鼓励和支持继续试验，不要简单地加以否定和禁止。这次会议提出的指导方针对推动湖北农村生产责任制起到了巨大作用。在这次会议之后，湖北全省工副业、多种经营和小宗作物以及旱地作物等都开始实行包产到户。

但是，有许多地方，特别是集体经营一直比较好的荆州地区，有的干部却不支持群众对大田作物实行包产到户的要求，群众很有意见。针对这种情况，湖北省委明确规定，对多种形式的责任制要"一视同仁"，搞哪种形式，由群众和基层干部选择。这之后，包产到户就由点到面，由小宗作物到大宗作物，由旱地到水田逐步地发展起来。

第三节　农村集体资产所有权与经营权分离

改革开放是从农村集体产权制度改革开始的。集体资产的产权明晰与分离是一个逐步实现的过程，带有显著的诱致性制度变迁的性质。家庭联产承包责任制的全面推行使得土地的承包经营权与所有权发生分离，承包权法制化和长期化推动了土地承包权和经营权的分离。

一　农村集体资产所有权与承包经营权分离

湖北推行家庭联产承包责任制使集体土地所有权与承包经营权发生

分离，集体林权改革使林地所有权和承包经营权发生分离，乡镇企业产权制度改革使得集体资产所有权和承包经营权发生分离。

（一）土地所有权与承包经营权分离

在经历了前一阶段从上到下再由下而上的反复认识、实践检验过程后，湖北全省干部群众对于家庭承包经营的"包干到户"认识达成了一致，因而这一阶段的农村土地集体产权制度改革推行顺利，进展速度快，最终实现了集体土地所有权与经营权相分离。

1981 年 9 月湖北省委召开的全省农村工作会议，明确允许实行"包干到户"，标志着湖北开始全面推行农村集体产权制度改革。在 1982 年到 1984 年 3 个中央一号文件的指导下，湖北"包干到户"改革逐步深化和扩展。1982 年，中央一号文件《全国农村工作会议纪要》正式承认了包干到户的合法性，确立了家庭联产承包责任制。随后，湖北省委在有关会议和文件中一再指出："在各种联产承包责任制中，包干到户尤其优越。"1983 年，家庭联产承包责任制在湖北开始上"山"（山林）下"水"（水面），向林、牧、副、渔和农村经济的其他领域扩展，专业户、重点户大批涌现。

表 2—12　　湖北推行"包干到户"时期各级政府出台的政策文件

时间	会议或文件名称	内容	范围
1981 年 9 月	省委农村工作会议	对大包干有了新的认识，特别强调，那些生产比较正常、集体经济办得好的生产队，以及比较富裕的生产队，经过群众充分讨论，对各种形式的责任制进行全面的分析比较，要求实行几统一的大包干，应当允许，不要加以限制	湖北
1981 年 11 月	省委农村工作会议	允许实行"大包干"	湖北

续表

时间	会议或文件名称	内容	范围
1982 年 1 月	《全国农村工作会议纪要》	"目前,我国农村的主体经济形式,是组织规模不等经营方式不同的集体经济。与它并存的,还有国有农场和作为辅助的家庭经济。""目前实行的各种责任制,包括小段包工定额计酬,专业承包联产计酬,联产到劳,包产到户、到组,包干到户、到组,等等,都是社会主义集体经济的生产责任制。"同时还说明它"不同于合作化以前的小私有的个体经济,而是社会主义农业经济的组成部分"	全国
1983 年 1 月	《关于当前农村经济政策的若干问题的通知》	实行联产承包生产责任制,从理论上说明家庭联产承包责任制是在党的领导下中国农民的伟大创造,是马克思主义农业合作化理论在中国实践中的新发展,强调建立关于家庭联产承包责任制的"双层经营体制"。明确了土地承包期为 15 年。实行政社分开,公社和生产大队的行政管理职能单独设立,变成基层政权组织,分别改为"乡"和"村"。原公社、生产大队和生产队的集体经济,其名称、规模和管理机构的设置由群众民主决定	全国
1983 年	《关于执行中央〔1983〕1 号文件发展湖北省农村工作新局面的意见》	要求各地大力发展专业户、重点户和新的经济联合体	湖北
1984 年 1 月	《中共中央关于一九八四年农村工作的通知》	在继续稳定和完善联产承包责任制的前提下,延长土地承包期十五年以上;开发荒山、荒坡、荒岗、荒滩和荒水,承包期可以延长到三十年、四十年以上;承包合同的期限,一般可与国家征购任务时段或"五年计划"同步,一定几年不变	全国

（二）林地所有权与承包经营权分离

在耕地实行家庭联产承包责任制的同时，集体林地也实行了落实生产责任制、扩大自留山的分林到户，林地的所有权和承包经营权实现了分离。由于林业生产经营的特殊性，尽管湖北对集体林地的所有权和承包经营权进行了分离，但是对农户承包规模和集体经营规模不断进行调整。在经历了大规模的农户承包经营之后，又重新实行集体统一经营，推行"联合办场"，大力发展集体林场和国营林场。林地所有权和承包经营权经历从"分"到"合"的过程。

表2—13　　　　　　　　　有关集体林权制度改革的政策文件

时间	文件名称	内容	范围
1981 年 3 月	中共中央、国务院发布《关于保护森林发展林业若干问题的决定》（通称"林业二十五条"）	"国营林场和社队都要按照中央《进一步加强和完善农业生产责任制的几个问题的通知》精神，结合林业生产的特点，认真落实林业生产责任制"	全国
1981 年 10 月	湖北省人民政府批转省林业局《关于稳定山权林权、落实林业生产责任制工作情况的报告》（鄂政发〔1981〕142 号）	要求各地抓紧完成稳定山权林权、落实林业生产责任制的任务，并决定成立落实林业生产责任制办公室，负责抓好有关工作的落实	湖北
1984 年 5 月	《关于贯彻落实 1984 年一号文件若干经济政策问题的决定》	放宽林业政策，扩大落实自留山	湖北
1989 年	《关于十年绿化湖北的决定》	要求"把发展'两场'（国营林场和集体林场）作为湖北林业建设的重点工作来抓"	湖北

1. 林业"三定"

随着国家"林业二十五条"的颁布，从 1981 年开始湖北全面铺开林业"三定"工作,即稳定山权、林权,划定自留山,确立林业生产责任制。1981 年 7 月,国务院办公厅转发林业部《关于稳定山权林权、落实生产责任制情况简报》以后,湖北省在通山、谷城、恩施、建始、巴东、利川、宣恩、咸丰、来凤、鹤峰、远安、宜都、京山等县进行了林业"三定"试点。同年 9 月,湖北省林业局召开稳定山权林权、落实林业生产责任制试点工作座谈会,研究进一步开展林业"三定"工作等意见。同年 10 月湖北省人民政府批转省林业局《关于稳定山权林权、落实林业生产责任制工作情况的报告》,标志湖北全面推开集体林权制度改革。至 1983 年底,湖北除了一部分远山、高山、大荒山外,大部分山林都落实了林业"三定",实现了林地所有权与承包经营权的分离。

2. "两山合一山"

1984 年下半年到 1985 年湖北推行责任山并为自留山、扩大自留山,即自留山、责任山合并为家庭经营山,扩大了农户的承包经营规模。林业"三定"以后,不少地方出现了自留山经营好、栽树多、林木保护好,责任山经营差、栽树少、林木保护差的情况。1984 年 5 月,湖北省委、省政府做出《关于贯彻落实 1984 年一号文件若干经济政策问题的决定》,提出放宽林业政策,扩大落实自留山。1984 年上半年,鄂西自治州在湖北全省乃至全国率先做出了将责任山并为自留山、扩大自留山的决定,实行"两山合一山"。1985 年,"两山合一山"的办法逐步推广到湖北全省,成为林业的主要经营方式。

3. 发展"两场"

由于林农的经营能力有限,从 1986 年开始,林地经营权逐渐从农户统一到集体。在实行山林承包责任制的过程中,大山区把远山、大山、荒山都包产到户。后来的实践证明,由于山高、路远、面积大,一般农户无力经营。针对这种情况,许多地方采取了多种联营形式办小林场,较好地解决了承包到户和经营不便的矛盾。1986 年以后,不少地方将集体统一经营的边山远山和部分承包到户但群众无力经营的山场集中起来,开发建基地,"联合办场"成为这一阶段重要的林业经营方式。

1989 年《关于十年绿化湖北的决定》要求"把发展'两场'作为湖北林业建设的重点工作来抓"。此后,大力推进国营林场和集体林场建设,成为一段时期内湖北省林业经营和林地开发的重要途径,林地所有权和经营权实现了统一。

（三）乡镇企业所有权与承包经营权分离

20 世纪 80 年代，随着农业家庭联产承包责任制的逐步推行，社队企业开始试行承包经营责任制。1983 年 1 月，湖北省人民公社企业管理局对鄂城县社队企业实行的经营承包制进行调查，并于 2 月下旬在该县召开各地市和部分县企业管理局长会议，开始推广承包经营责任制。至1990 年，湖北大部分企业承包期满，为做好换届衔接工作，湖北省乡镇企业局于 9 月召开专门会议，研究制定《湖北省乡镇企业承包经营责任制办法》，强调坚持以集体承包、厂长（经理）负责制为主的多种承包形式。

表 2—14　　　　湖北省推行乡镇企业承包经营责任制的政策文件

时间	会议或文件名称	内容	范围
1983 年 2 月	全省各地市和部分县企业管理局长会议	推广鄂城县社队企业承包经营责任制的经验	湖北
1985 年 6 月	《关于进一步完善乡镇企业经营承包制的意见》	普遍推行"一包三改"（实行经营承包，改干部委派制为经营选举制、招聘制，改固定工为合同工，改固定工资为合同工资）为主要形式的经营承包责任制，初步形成乡镇企业自主、灵活的经营机制	湖北
1990 年 9 月	《湖北省乡镇企业承包经营责任制办法》	发展以集体承包、厂长（经理）负责制为主的多种承包形式	湖北

二　农村土地承包权与经营权分离

以十八届三中全会为分界点，农村土地承包权和经营权的分离经历了两个时期：十八届三中全会之前政策文件没有明确区分承包权和经营权，主要是巩固稳定农户的土地承包经营权，促进土地流转，为承包权与经营权的分离奠定了法律和制度基础；十八届三中全会之后，中央明确提出"三权分置"，从制度层面推动了农村土地承包权和经营权的分离。

（一）巩固稳定承包经营权

20 世纪 90 年代开始，国家加强了对农村土地和山林家庭承包制的政策规范，使农民的承包经营权趋向稳定化、长期化、市场化，为承包权与经营权的分离奠定了法律和制度基础。

1. 巩固土地承包经营权

1993 年和 2002 年国家分别通过《宪法》和《农村土地承包法》确立了农户承包经营权的法律地位。2004 年农业部出台了《农村土地承包经营权证管理办法》，2005 年农业部公布了《农村土地承包经营权流转管理办法》。从此，农村土地承包的管理由国家政策指导上升到国家法律规范，农村土地的发包、承包、经营、流转都可依法进行。2007 年 10 月《中华人民共和国物权法》生效，明确将土地承包权界定为用益物权，标志着我国农地物权制度正式确立[1]，进一步为农户承包经营权的稳定提供了有力的法律保障。2008 年党的十七届三中全会更是明确提出"现有土地承包关系要保持稳定并长久不变"，其政策指向十分明确，就是要更好地稳定农民对土地经营的预期，给农民吃长效"定心丸"[2]。

表 2—15　　　　　　　国家巩固土地承包经营权的法律文件

时间	名称	内容	范围
1993 年 3 月	《中华人民共和国宪法》	明确"农村中的家庭联产承包为主的责任制""是社会主义劳动群众集体所有制经济"	全国
2002 年 8 月	《中华人民共和国农村土地承包法》	目的是"稳定和完善以家庭承包经营为基础、统分结合的双层经营体制，赋予农民长期而有保障的土地使用权，维护农村土地承包当事人的合法权益"	全国
2004 年 1 月	《农村土地承包经营权证管理办法》（农业部令 2004 年第 33 号）	规定了土地承包经营权证取得的条件、期限、发证单位、权证内容、办理程序、变更条件、主管部门职责等内容	全国

① 陈锡文等：《中国农村制度变迁 60 年》，人民出版社 2009 年版，第 37 页。
② 同上书，第 38 页。

时间	名称	内容	范围
2005 年 3 月	《农村土地承包经营权流转管理办法》（农业部令 2005 年第 47 号）	"农村土地承包经营权流转收益归承包方所有，任何组织和个人不得侵占、截留、扣缴。" "没有承包方的书面委托，任何组织和个人无权以任何方式决定流转农户的承包土地"	全国
2007 年 10 月	《中华人民共和国物权法》	"土地承包经营权人依法对其承包经营的耕地、林地、草地等享有占有、使用和收益的权利"，"承包期内发包人不得调整承包地"。"承包期内发包人不得收回承包地"	全国

1993 年中共中央发布十一号文件《关于当前农业和农村经济发展的若干政策措施》开启了第二轮农村土地承包的进程。1996 年湖北省人民政府发出《关于做好延长土地承包期工作的通知》标志着湖北开始进入第二轮农村土地承包。1997 年《省委办公厅、省政府办公厅关于切实抓好延长土地承包期工作的通知》对于如何开展土地二轮承包提出了一系列具体政策。农村税费改革后，外出务工经商的农民纷纷回家要地，土地承包纠纷骤然上升，成为影响农村稳定和发展的主要矛盾。为完善农村土地承包，解决违法违规造成的土地纠纷问题，湖北省委、省政府认为必须依法完善农村土地二轮承包，于 2004 年出台了《省人民政府关于积极稳妥解决当前农村土地承包纠纷的意见》《省委办公厅、省政府办公厅关于依法完善农村土地二轮延包工作的若干意见》等文件，为解决各类土地纠纷提出具体的规范性意见。2004 年 9 月湖北开始土地二轮延包工作试点，2005 年 3 月全面铺开。据初步统计，两年间，湖北全省除了6000 多名经管干部直接从事这项工作外，还从各级各部门抽调了近 10 万名干部包村驻点，直接落实此项工作任务。湖北全省直接用于这项工作的经费，除了省财政的 100 万元外，各市州、县市、乡镇、村组的投入约2 亿元。湖北省依法完善农村土地二轮延包共涉及 97 个县（市、区）、1106 个乡（镇、办），26500 个村、219261 个村民小组、968 万农户。第二轮农村土地承包，不仅仅是承包期限的延长，还有两个重要特点：一

是强调"增人不增地,减人不减地";二是严格控制"机动地"。这进一步稳定了农户的承包经营权。

除了在法律和政策层面明确承包期,湖北还通过承包经营权证的颁发来进一步巩固农户的承包经营权。2009 年《湖北省政府办公厅关于切实加强农村土地承包经营权流转管理和服务工作的通知》就明确提出"土地承包经营权证要发放到户"。作为国家级农村改革试验区,2014 年,武汉市率先在湖北省颁发了农村土地承包经营权证,2015 年武汉市开始全面推进农村土地承包经营权证确权登记颁证①。

表 2—16　　　　　　　　巩固土地承包经营权的政策文件

时间	文件名称	内容	范围
1993 年	《关于当前农业和农村经济发展的若干政策措施》	在原定的耕地承包期到期之后,再延长 30 年不变	全国
1995 年	《国务院批转农业部关于稳定和完善土地承包关系的意见的通知》(国发〔1995〕7 号)	"切实维护农业承包合同的严肃性。""积极、稳妥地做好延长土地承包期工作。""提倡在承包期内实行'增人不增地、减人不减地'。""建立土地承包经营权流转机制"	全国
1996 年	《关于做好延长土地承包期工作的通知》(鄂政发〔1996〕31 号)	在原土地承包合同期满后,再延长 30 年,从事开发性农业生产项目的承包期延长 50 年	湖北
1997 年	中共中央办公厅、国务院办公厅发出《关于进一步稳定和完善农村土地承包关系的通知》(中办发〔1997〕16 号)	要求在第一轮承包的基础上再延长承包期 30 年不变,即从 1998 年开始到 2027 年止	全国

① 《2017 年武汉市农村土地确权登记颁证综述》,2017 年 5 月 8 日,凤凰网综合(https://www.tuliu.com/read-55496.html)。

续表

时间	文件名称	内容	范围
1997 年	《省委办公厅、省政府办公厅关于切实抓好延长土地承包期工作的通知》（鄂办发电〔1997〕41 号）	重点有：（1）第一轮土地承包到期后，承包期再延长 30 年；（2）提倡在承包期内"增人不增地、减人不减地"；（3）条件具备的地方，在农民完全自愿的基础上，土地承包权和经营权可以流转，通过流转，可以发展适度规模经营；（4）取消"两田制"；（5）集体预留机动地控制在耕地总面积的 5% 以内	湖北
2004 年 9 月	《省人民政府关于积极稳妥解决当前农村土地承包纠纷的意见》（鄂政发〔2004〕36 号）	"农民依法享有承包地使用、收益和土地承包经营权流转的权利。"提出要组织完成土地二轮延包颁证工作，保障外出务工农民的土地承包权，纠正对欠缴税费和土地撂荒的农户收回承包地的做法，明确了各种土地流转纠纷处理办法，严禁搞"两田制"和机动地超标	湖北
2004 年 12 月	《省委办公厅、省政府办公厅关于依法完善农村土地二轮延包工作的若干意见》（鄂办发〔2004〕65 号）	基本目标之一是"做到承包面积、'四至'、合同、权证'四到户'"，在 2004 年年底试点工作基本结束，2005 年秋播前全省全面完成二轮延包，对各种容易产生纠纷的问题出台了明确的政策	湖北
2008 年 10 月	党的十七届三中全会通过了《中共中央关于推进农村改革发展若干重大问题的决定》	"赋予农民更加充分而有保障的土地承包经营权，现有土地承包关系要保持稳定并长久不变"	全国
2008 年 12 月	《农业部关于做好当前农村土地承包经营权流转管理和服务工作的通知》（农经发〔2008〕10 号）	明确提出要"落实好农民土地承包经营权""解决好土地承包经营权流转中的突出问题""实施流转合同制和备案制""积极开展流转服务""健全纠纷调处机制"	全国

续表

时间	文件名称	内容	范围
2009 年 6 月	《湖北省政府办公厅关于切实加强农村土地承包经营权流转管理和服务工作的通知》 (鄂政办函〔2009〕51 号)	提出"土地承包经营权证要发放到户",城中村、城郊村、园中村将集体所有的土地等资产折股到人;建设"村乡交易、县市监管"的土地流转服务体系,"健全农村土地承包经营纠纷仲裁机制"	湖北

在开展第二轮土地承包和集体林权制度改革,巩固农户承包经营权的同时,相关政策文件鼓励土地承包经营权、林地使用权和林木所有权流转。尽管还没有明确区分承包权和经营权,但是鼓励流转的政策实质促进了承包权和经营权的分离。1995 年《国务院批转农业部关于稳定和完善土地承包关系的意见的通知》提出"建立土地承包经营权流转机制"。1997 年《省委办公厅、省政府办公厅关于切实抓好延长土地承包期工作的通知》提出"条件具备的地方,在农民完全自愿的基础上,土地承包权和经营权可以流转,通过流转,可以发展适度规模经营"。2007 年《中共湖北省委办公厅湖北省人民政府办公厅关于做好农村土地承包经营权流转管理工作的通知》专门对土地流转的原则、方式、程序、手续等进行规定。2009 年,在农业部做出相关规定的基础上,湖北省政府办公厅发出了《关于切实加强农村土地承包经营权流转管理和服务工作的通知》,进一步完善了土地承包经营权流转的相关政策。

2. 巩固林地承包经营权

湖北通过落实林农的承包权,推进林地使用权和林木所有权流转,巩固了集体林地承包经营权。2003 年《中共中央、国务院关于加快林业发展的决定》开启了以明晰产权、规范流转、放活经营、减轻负担为主要内容的集体林权制度改革,加快了对林农的确权颁证工作。在国家发布《关于全面推进集体林权制度改革的意见》之前,湖北在 2006 年就出台了《中共湖北省委、湖北省人民政府关于深化集体林权制度改革的试行意见》,明确提出"把林地使用权和林木所有权落实到户,确立农民的经营主体地位"，巩固了林农的承包经营权。

推进林地使用权和林木所有权流转，为林地承包权和经营权分离奠定了基础。2006 年湖北出台的《中共湖北省委、湖北省人民政府关于深化集体林权制度改革的试行意见》"鼓励林地使用权和林木所有权的合理流转"，2008 年中共中央、国务院发布《关于全面推进集体林权制度改革的意见》也对流转方式进行了明确界定。

表 2—17　　　　　　　　巩固林地承包经营权的政策文件

时间	文件名称	内容	范围
2003 年 6 月	《中共中央、国务院关于加快林业发展的决定》（中发〔2003〕9 号）	"进一步完善林业产权制度。""已经划定的自留山，由农户长期无偿使用，不得强行收回。""分包到户的责任山，要保持承包关系稳定。""对其他集中连片的有林地，可采取'分股不分山、分利不分林'的形式，将产权逐步明晰到个人"	全国
2006 年 12 月	《中共湖北省委、湖北省人民政府关于深化集体林权制度改革的试行意见》（鄂发〔2006〕23 号）	"在保持集体林地所有权性质、林地用途不变的前提下，把林地使用权和林木所有权落实到户，确立农民的经营主体地位，并依法保护农民承包和延包的权利。""确权发证后，林权所有者有权依法对拥有的林地使用权和林木所有权进行出租、入股、抵押、转让；并对其经营的森林、林木享有依法开发利用权。""鼓励林地使用权和林木所有权的合理流转"	湖北
2008 年 6 月	中共中央、国务院发布《关于全面推进集体林权制度改革的意见》	"将用 5 年左右时间基本完成明晰产权、承包到户的改革任务。""在坚持集体林地所有权不变的前提下，依法将林地承包经营权和林木所有权，通过家庭承包方式落实到本集体经济组织的农户，确立农民作为林地承包经营权人的主体地位。林地的承包期为 70 年，承包期满，可以按照国家有关规定继续承包。""在不改变林地用途的前提下，林地承包经营权人可依法对拥有的林地承包经营权和林木所有权进行转包、出租、转让、入股、抵押或作为出资、合作条件"	全国

（二）明确提出"三权分置"

农村税费改革后产生了大量土地纠纷，2004 年湖北开始完善土地二轮延包试点工作，成为湖北开始探索农村土地"三权分置"的"导火索"。2005 年 4 月《湖北日报》发表了时任湖北省农业厅厅长陈柏槐的署名文章《保护和发展农村先进生产力》，首次明确提出了农村土地地权分为所有权、承包权、经营权，所有权是集体的，承包权确权给原承包户，经营权有序流转。在中央明确提出"三权分置"之前，湖北省已经发布了关于农地产权"三权分置"的政策文件和法律。2007 年 2 月《中共湖北省委办公厅湖北省人民政府办公厅关于做好农村土地承包经营权流转管理工作的通知》明确提出，"按照土地所有权、承包权、经营权分离的原则"开展土地承包经营权流转。远安县旧县镇和远安县阳坪镇都在 2009 年 7 月的政府文件中明确提出实行所有权、承包权和使用权①"三权"分离。2012 年 7 月湖北颁布了以农村土地"三权分立"为构架的《湖北省农村土地承包经营条例》，出现了"集体所有""承包权益""经营权"用语。

2013 年 7 月，习近平总书记在视察武汉农村综合产权交易所时指出，深化农村改革，完善农村基本经营制度，要好好研究土地所有权、承包权、经营权三者之间的关系。这是国家领导人代表中央层面首次提及"承包权"和"经营权"的概念②。2013 年下半年，根据习近平总书记的指示，中共中央政策研究室等部门对湖北省的做法进行了总结提高。2013 年 12 月召开的中央农村工作会议首次在中央会议中提出所有权、承包权和经营权相分离的政策思想，也首次提出流转"土地经营权"而非"土地承包经营权"，对土地承包权和经营权进行了明确划分，标志着中央在政策层面正式确立了"三权分置"。

此后，从 2014 年到 2016 年连续 3 个中央一号文件都将土地经营权和承包权区分开来，将农村土地权利明确划分为所有权、承包权和经营权"三权"，并且在 2016 年中央一号文件首次出现"三权分置"的提

---

① 这里的"使用权"就是中央文件中的"经营权"。

② 张毅、张红、毕宝德：《农地的"三权分置"及改革问题：政策轨迹、文本分析与产权重构》，《中国软科学》2016 年第 3 期。

法。这 3 个中央一号文件各有侧重点：2014 年中央一号文件首次赋予土地经营权权能新的内涵；2015 年中央一号文件对尚处于中央政策层面的"三权分置"提出了修改相关法律法规的更高要求①；2016 年中央一号文件强调从实际操作层面落实"三权分置"。2016 年 10 月中共中央办公厅、国务院办公厅专门针对完善"三权分置"办法，出台了《关于完善农村土地所有权承包权经营权分置办法的意见》，湖北在 2017 年 8 月出台了《关于完善农村土地所有权承包权经营权分置办法的实施意见》，第一次在政策层面专门针对"三权分置"提出具体实施意见。

表 2—18　　　　　　　有关"三权分置"的政策文件

时间	名称	内容	范围
2005 年 4 月	《湖北日报》发表时任湖北省农业厅厅长陈柏槐署名的文章《保护和发展农村先进生产力》	"土地延包工作中，要通过重申所有权、明确承包权、放活经营权，最终推动土地经营权有序流转和适度规模经营。""维护农民的根本利益，是第二轮土地延包工作的出发点和归宿"，要做到"承包权、经营权和所有权的统一。村集体土地的'三权'中，所有权是核心，承包权和经营权的确立和收益都必须体现所有者的意志和利益"	湖北
2007 年 2 月	《中共湖北省委办公厅湖北省人民政府办公厅关于做好农村土地承包经营权流转管理工作的通知》（鄂办文〔2007〕8 号）	"农村土地承包经营权流转，是指按照土地所有权、承包权、经营权分离的原则，依法获得土地承包经营权的个人或经济组织，以一定的方式和程序，让渡自己的土地承包经营权的行为"	湖北

---

① 张毅、张红、毕宝德：《农地的"三权分置"及改革问题：政策轨迹、文本分析与产权重构》，《中国软科学》2016 年第 3 期。

时间	名称	内容	范围
2012 年 10 月	《湖北省农村土地承包经营条例》	"土地承包经营权流转不得改变承包地的集体所有性质,不得改变土地用途,不得损害农民土地承包权益。""鼓励农民以土地经营权入股发展农业合作经营;股份合作终止时,入股的土地经营权应当退回原承包方"	湖北
2013 年 12 月	中央农村工作会议	"农村集体土地应该由作为集体经济组织成员的农民家庭承包,其他任何主体都不能取代农民家庭的土地承包地位,不论承包经营权如何流转,集体土地承包权都属于农民家庭。""土地承包经营权主体同经营权主体发生分离,这是我国农业生产关系变化的新趋势。""落实集体所有权、稳定农户承包权、放活土地经营权。""要加强土地经营权流转管理和服务,推动土地经营权等农村产权流转交易公开、公正、规范运行"	全国
2014 年 1 月	中央一号文件《关于全面深化农村改革加快推进农业现代化的若干意见》	"在落实农村土地集体所有权的基础上,稳定农户承包权、放活土地经营权,允许承包土地的经营权向金融机构抵押融资"	全国
2015 年 1 月	中央一号文件《关于加大改革创新力度加快农业现代化建设的若干意见》	"抓紧修改农村土地承包方面的法律,明确现有土地承包关系保持稳定并长久不变的具体实现形式,界定农村土地集体所有权、农户承包权、土地经营权之间的权利关系。""引导农民以土地经营权入股合作社和龙头企业"	全国
2016 年 1 月	中央一号文件《关于落实发展新理念加快农业现代化实现全面小康目标的若干意见》	"稳定农村土地承包关系,落实集体所有权,稳定农户承包权,放活土地经营权,完善'三权分置'办法,明确农村土地承包关系长久不变的具体规定"	全国

时间	名称	内容	范围
2016 年 10 月	中共中央办公厅、国务院办公厅出台《关于完善农村土地所有权承包权经营权分置办法的意见》（中发办〔2016〕67 号）	"土地集体所有权人对集体土地依法享有占有、使用、收益和处分的权利。""要充分维护农民集体对承包地发包、调整、监督、收回等各项权能。""土地承包权人对承包土地依法享有占有、使用和收益的权利""要充分维护承包农户使用、流转、抵押、退出承包地等各项权能。""土地经营权人对流转土地依法享有在一定期限内占有、耕作并取得相应收益的权利"	全国
2017 年 6 月	湖北省人民政府办公厅出台了《关于完善集体林权制度的实施意见》（鄂政办发〔2017〕52 号）	"逐步建立集体林地所有权、承包权、经营权分置运行机制"	湖北
2017 年 8 月	省委办公厅、省政府办公厅印发《关于完善农村土地所有权承包权经营权分置办法的实施意见》	2017 年"全面完成农村土地确权登记颁证任务"，"2018 年建立全省统一联网的农村土地承包管理信息平台"，"到 2020 年，实现农村产权交易市场对涉农县（市、区）全覆盖"，"土地承包经营纠纷调解仲裁机构应设尽设"	湖北

由此可见，湖北从制度层面探索土地经营权和承包权的分离，是先于全国的。湖北从实践和制度层面的先行先试，为中央确立"三权分置"思想提供了启发和样板。

第四节　农村集体资产所有权股份量化

农村集体资产股份量化就是将原来模糊的农村集体产权股份量化到集体成员，明确了集体成员对集体资产的所有权，是对所有权本身的明晰化。

一 农村集体企业资产所有权股份量化

农村集体企业资产所有权股份量化开启了农村集体资产所有权明晰化的进程，同时也开启了我国明晰企业产权的进程。乡镇企业股份合作制改革是改革开放以来第一次大规模的明晰企业产权。1985 年中央一号文件首次在国家政策层面采用了"股份式合作"的提法。同年 2 月湖北省出台的《关于加快发展乡镇企业若干政策问题的规定》就提出了"可以采取清产核资、定股的办法，落实企业所有权，按股分红，还利于民"，奠定了乡镇企业股份合作制改革的基础。但是全国真正对乡镇企业进行股份合作制改革是从 1990 年农业部颁布《农民股份合作企业暂行规定》《农民股份合作企业示范章程》开始的。1992 年湖北乡镇企业工作会议明确提出，"要积极稳妥地推行股份合作制，引导联户、个体企业走股份合作制等道路"，标志着湖北开始全面推进农村集体企业产权明晰的股份合作制改革。此后出台的政策文件逐渐明确了乡镇企业股份合作制改革的目标、程序、方法等内容。湖北乡镇企业产权股份制改革基本思路是根据企业规模和经营状况不同，采取不同的方式①，对于经营情况较好的中小企业主要采取股份合作制改革。

表 2—19   湖北省推行乡镇集体企业股份制改革时期的政策文件

时间	名称	内容	范围
1985 年 1 月	1985 年中央一号文件《进一步活跃农村经济的十项政策》	"有些合作经济采用了合股经营、股金分红的方法，资金可以入股，生产资料和投入基本建设的劳动也可以计价入股，经营所得利润的一部分按股分红。这种股份式合作，不改变入股者的财产所有权，避免了一讲合作就合并财产和平调劳力的弊病，却可以把分散的生产要素结合起来，较快地建立起新的经营规模，积累共有的财产"	全国

---

① 湖北采取股份合作制改革的乡镇企业以中小企业为主，而经营情况较好的大中型骨干企业主要实行集团化发展，经营不善或长期亏损的企业实行转让拍卖。

时间	名称	内容	范围
1985 年 2 月	《关于加快发展乡镇企业若干政策问题的规定》	"可以采取清产核资、定股的办法，落实企业所有权，按股分红，还利于民"	湖北
1990 年 2 月	农业部颁布《农民股份合作企业暂行规定》及《农民股份合作企业示范章程》	对"农民股份合作制企业"定义及集体所有制经济性质进行了界定	全国
1992 年 3 月	《国务院批转农业部关于促进乡镇企业持续健康发展报告的通知》	"今后乡镇企业的发展，应继续坚持以社会主义集体所有制为主体的多种经济成分并存的所有制结构，实行乡（含镇）办、村（含村民小组）办、联户（含农民合作）办和户（即个体、私营）办乡镇企业"	全国
1992 年	湖北乡镇企业工作会议	"要积极稳妥地推行股份合作制，引导联户、个体企业走股份合作制等道路"	湖北
1992 年 12 月	农业部发出《关于推行和完善乡镇企业股份合作制的通知》	对 1990 年 2 月 12 日颁布的《农民股份合作企业暂行规定》进行完善和补充	全国
1993 年 2 月	国务院《关于加快发展中西部地区乡镇企业的决定》（国发〔1993〕10 号）	"近几年来，我国农村涌现出一批不同类型的乡村股份合作制企业，这种新型的企业组织形式，有利于筹集民间资金，明晰产权关系，实行政企分开，具有适应商品经济发展的许多好处，各地要认真总结试点经验，并积极推广"	全国
1993 年 6 月	《关于突破性发展乡镇企业的决定》（鄂发〔1993〕13 号）	要多渠道筹集资金，把推进股份合作制作为加快乡镇企业发展的突破口。要放手发展多种形式的股份合作制企业，力争在三年内把三分之二的乡村企业改造成股份合作企业。新办乡镇企业，提倡办成股份合作企业	湖北

续表

时间	名称	内容	范围
1993 年	省农委、省体改委、省乡镇企业局联合下发《关于发展乡镇企业股份合作制的意见》	对实施股份合作制改革的企业范围、实施原则、合理划分股份和界定股权、完善组织体系、合理确定利益分配比例等方面进行了规定	湖北
1993 年 11 月	党的十四届三中全会通过了《中共中央关于建立社会主义市场经济体制若干问题的决定》	"要完善承包经营责任制，发展股份合作制，进行产权制度和经营方式的创新，进一步加强乡镇企业的活力"	全国
1994 年 3 月	农业部颁布《乡镇企业产权制度改革意见》（农企发〔1994〕5 号）	引导乡镇企业在改革中实行股份合作制，并将股份合作制作为乡镇企业产权制度改革的主要内容	全国
1996 年 6 月	湖北省人民政府出台《关于加快发展乡镇企业若干政策问题的决定》（鄂政发〔1996〕47 号）	"积极推行以股份制、股份合作制为重点，包括租赁承包、兼并、拍卖等多种形式的改革"	湖北

二 农村集体资产全面股份量化

2006 年湖北正式启动农村集体产权制度改革。本轮农村集体产权制度改革是在农民集体所有的前提下，按照股份合作制的原则，将集体资产折股量化到人，明晰集体所有权，农民变股民，按股份享受集体资产的收益①。本次农村集体产权股份制改革主要要实现三个目的：一是明晰集体产权归属，完善集体产权权能；二是明确集体经济组织成员身份，赋予农民更多财产权利；三是建立符合市场经济要求的集体经济运营新机制，壮大集体经济实力②。

① 方志权：《农村村级集体经济组织产权制度改革的地方实践与对策研究》，《科学发展》2011 年第 5 期。
② 张红宇：《积极探索农村集体经济的有效实现形式》，《农村经营管理》2015 年第 3 期。

（一）"三村"集体资产股份制改革

中央正式提出农村集体产权制度改革的精神，始于 2003 年党的十六届三中全会。这次会议的主题是完善社会主义市场经济体制，会议明确提出"股份制为公有制主要实现形式"，实际上也为农村集体产权股份制改革指明了方向，同时这次会议也对深化农村改革提出了一系列重大措施和部署。中央最早提出农村集体产权制度改革的文件是 2006 年中共中央办公厅、国务院办公厅出台《关于加强农村基层党风廉政建设的意见》，该文件明确提出"积极推进股份制、股份合作制等村集体经济的有效实现形式"的要求。2007 年农业部根据《关于加强农村基层党风廉政建设的意见》，提出了《关于稳步推进农村集体经济组织产权制度改革试点的指导意见》。

表 2—20　　湖北省实行"三村"集体资产股份合作制改革时期的政策文件

时间	名称	内容	范围
2003 年 10 月	党的十六届三中全会	会议的主题是完善社会主义市场经济体制，明确提出"股份制为公有制主要实现形式"	全国
2006 年 11 月	中共中央办公厅、国务院办公厅出台《关于加强农村基层党风廉政建设的意见》（中办发〔2006〕32 号）	"积极推进股份制、股份合作制等村集体经济的有效实现形式"	全国
2006 年 12 月	省委办公厅、省政府办公厅转发《省农业厅关于城中村、城郊村、园中村集体资产产权制度创新试点工作方案》（鄂办文〔2006〕82 号）	按照组织准备、开展两清、配置股份、建立合作、规范监管的程序操作，在武汉市等 5 个市各选定 1 个村开展农村集体资产权制度创新试点。"清理核实的村、组两级净资产转换成股份资本"	湖北

续表

时间	名称	内容	范围
2007 年 10 月	农业部《关于稳步推进农村集体经济组织产权制度改革试点的指导意见》	目标是"推进以股份合作为主要形式,以清产核资、资产量化、股权设置、股权界定、股权管理为主要内容的农村集体经济组织产权制度改革,建立'归属清晰、权责明确、利益共享、保护严格、流转规范、监管有力'的农村集体经济组织产权制度"	全国
2008 年 8 月	省委办公厅、省政府办公厅转发《省农业厅关于扩大城中村、城郊村、园中村集体资产产权制度创新试点的实施意见》(鄂办文〔2008〕47 号文)	"2008 年全省试点扩大到 100—200 个村,每个县(市、区)至少抓 1 个村的试点",分"三步走":第一步是清产核资、明晰产权;第二步是盘活资产、推动发展;第三步是城乡一体、共同富裕	湖北

　　湖北的农村集体产权制度改革是从城中村、城郊村、园中村(以下简称"三村")开始的。为了避免"三村"问题不断复制、积累、发酵,湖北省农村集体经济组织产权制度改革,以"三村"集体资产产权制度创新作为重点稳步推进。2006 年省委办公厅、省政府办公厅转发了《省农业厅关于城中村、城郊村、园中村集体资产产权制度创新试点工作方案》(鄂办文〔2006〕82 号)。2007 年湖北在武汉市、襄樊市、宜昌市、鄂州市、潜江市选择了 8 个村先行开展集体资产产权制度创新试点,明确要求农业厅牵头各有关部门加强协调,推进试点工作 。湖北省制定了严密的工作方案,按照组织准备、开展两清、配置股份、建立合作、规范监管的程序操作,总结出"分权不分产、发展不征地、营运不经营、分红不分利"的经验,这是农村集体产权制度的一大创新。其中,湖北襄樊市檀溪村集体产权制度改革形成了"政府主导、村为主体、市场运作、不取不予"为核心内容的"檀溪模式",成为湖北"三村"股份制改革的样板。

专栏 2—1

檀溪模式

湖北省襄樊市襄城区檀溪村是湖北省 2007 年首批开展农村集体产权制度改革试点的 8 个村之一。檀溪村试点的成功经验被总结成为"檀溪模式"。2008 年 5 月，湖北省委省政府在襄樊市召开农村集体资产产权制度改革试点现场会，推广"檀溪模式"。"湖北省农业'十三五'规划"将"檀溪模式"作为"十二五"湖北社区股份合作的新样板。同时，檀溪湖社区以"双改双赢"推动"城中村"改造的模式，还获得了第十届国际城市论坛"2013 中国城市管理进步奖"。

檀溪湖社区是一个典型的"城中村"。2007 年 10 月，檀溪村完成"村改居"，同时成立了全省第一家农村股份经济合作社——檀溪湖社区股份合作社。在股份制改革过程中，檀溪湖社区股份合作社以"分权不分产、发展不征地、营运不经营、分红不分利"为核心，稳步发展集体经济。

一是分权不分产。檀溪村改制时，在全面清查村集体资产资源，向居民公示的基础上，把资金和土地等经营性资产价值以股份形式量化到人，资源类及公益性资产暂不进行股份量化，明晰了产权主体。共核定集体资产总金额 7414 万元，其中，可折股量化的股本总额 6424 万元。确定股东 1784 人，配置股份 35600 股；按 20% 比例预留集体股 8870 股。股权采取封闭式运行，实行动态股权制，每三年调整一次。

二是发展不征地。檀溪村在"村改居"过程中，要按照城市建设规划进行旧房改造。檀溪村并没有以国家征地、开发商开发的传统路径进行，而是按照"政府主导，村为主体，市场运作，不取不予"的原则，由村集体自主开发建设。檀溪湖社区以土地入股，采用招标方式寻求地产商合作开发，村集体所得住宅用于安置村民，所得商铺招商出租。2011 年，投资 7000 万元进行旧房改造，当年收益 740 万元。同时，对 60 多亩集体的荒山、荒坡等闲置土地进行平整开发，建成 5 万平方米的标准化厂房对外出租。

三是营运不经营。檀溪湖社区股份合作社并不直接经营企业，而是对集体所有的酒店、商铺、企业、厂房，通过发包、租赁、入股、合作等多种方式进行运营。风险较低,收益也比较稳定。2011 年,社区临街商铺出租收入 823 万元,厂房出租收入 130 多万元。

四是分红不分利。檀溪湖社区股份合作社对当年集体经济收入先提取公积金、公益金等,剩余利润再按股分红,保证了集体积累和集体经济可持续发展。截至 2015 年底,股份合作社资产总额达到 4.94 亿元,是 2007 年的 6.7 倍;累计给股东分红 4482 万元,人均分红 2.66万元。

2008 年,湖北省下发《省农业厅关于扩大城中村、城郊村、园中村集体资产产权制度创新试点的实施意见》(以下简称《实施意见》),将试点扩大到 203 个村,每个县市区至少要完成 1 个村的试点任务,其中30 个重点村的扩大试点由省委、省政府直接抓。该意见明确提出"三步走"的战略步骤:第一步是清产核资、明晰产权,变村民为股东,通过清资产、清集体经济组织成员的"两清"工作,把集体资产的价格形态以股份形式量化到人,并建立股东大会、董事会、监事会制度,使股份合作社实行民主监督;第二步是盘活资产、推动发展;第三步是城乡一体、共同富裕。意见要求各级财政要安排专项工作经费,确保试点工作顺利进行。省农业厅争取到每年 300 万元财政专项经费,支持省级试点村的工作[①]。

该《实施意见》出台了关于股份设置、集体建设用地开发、集体产权交易等具有较高含金量的政策措施。其中,第八条对股份配置提出"设置社区股和社会股的,社区股占总股份的比重不得低于 80%,社会股不得高于 20%。设置个人股和集体股的,个人股占总股份的比重不得低于 70%,集体股不得高于 30%。股份配置原则上实行一户一证、一证一票、分户不增、并户不减、配置到人。配置到人的股份,一般实行生不增、死不减、进不增、出不减,可以继承、转让,但不得退股提现"。第十二条至第十六条对集体经济发展的含金量较高:第十二条提出"任何单位和个人都不得违背所有权人的意志而强

---

① 余葵、胡顺平:《湖北农村集体资产产权制度改革稳步推进》,《农村工作通讯》2012 年第 22 期。

行改变集体所有性质", 第十三条提出"大力发展二、三产业, 巩固发展集体经济", 第十四条提出"对依法征收集体土地的应按不低于被征地面积 15% 的标准, 留给被征地集体经济组织作为建设用地", 第十五条提出"可以依法自主开发利用集体土地", "集体所有建设用地应当视同国有建设用地对待, 在办证、税收等方面应当享受同等政策", 第十六条提出"开辟农村集体产权交易市场"。该意见是指导湖北"三村"改革的纲领性文件, 得到了农业部经管司和其他省份的充分肯定。

但是,《实施意见》在有些县市落实得并不好。一是因为该文件是以省农业厅的名义出台的, 省两办只是进行了"转发", 权威有限; 二是因为该文件对相关部门没有明确的责任分工, 不少部门觉得农村集体产权制度改革与自己无关, 对文件不学不看, 对试点村汇报工作不理不睬; 三是因为不少县市没有出台配套政策, 只通过不定期的现场办公会解决问题, 给改制带来很大的操作压力和不确定性①。

其中, 第十四条提出"对依法征收集体土地的应按不低于被征地面积 15% 的标准, 留给被征地集体经济组织作为建设用地", 由于缺乏相关政策配套, 政府相关部门的管理跟不上, 在实际操作过程中存在很多问题。一是由于机构设置上没有一个明确的职能部门对留用地的规划、开发、建设、使用等进行管理, 留用地建设项目以村集体自主选择, 导致普遍存在产业定位不准、建设品位不高, 与城市整体规划和建设水平不相匹配, 很快又要纳入城市"三旧"改造范围; 城市规划与留用地用途发生冲突, 造成部分留用地项目要么无法及时落地, 要么无法严格按照城市规划用途使用土地; 在留用地安排过程中, 每个村都要求在本村行政范围内解决, 造成留用地分散、凌乱。二是由于缺乏留用地项目招商、建设和收益分配等方面配套管理政策法规, 全部采用划拨方式供地, 不能抵押和转让, 社会资本投入留用地项目建设的意愿不强。三是由于民主管理和监督机制不健全, 村集体经济组织成员对于留用

①　联合调研组:《推动农村集体经济跨越式发展的有益探索——湖北"三村"集体资产产权制度创新试点调查》, 载杨孔平编《土地"三权分置"与农村"二次飞跃"》, 中国农业出版社 2017 年版, 第 353 页。

地处置、合作方的选择、项目收支等重大事项缺乏知情权，村集体领导班子决定了留用地能否取得良好收益并公平分配，容易出现暗箱操作等问题①。

（二）农村集体经营性资产股份合作制改革

从 2014 年开始，连续 4 个中央一号文件聚焦农村集体产权制度改革，改革思路逐渐清晰，改革办法越来越具体。2014 年中央一号文件出现了集体产权股份制改革的萌芽，但在文本中还没有明确提出来。2015 年中央一号文件已明确提出"推进农村集体产权制度改革"，对农村集体产权制度改革做出了重大部署。2016 年中央一号文件首次提出了农村集体产权改革的目标。2017 年中央一号文件进一步明确了农村集体经营性资产股份合作制改革的步骤和方法。

2014 年全国开始农村集体资产股份权能改革试点工作。2014 年 11 月，农业部、中农办、国家林业局下发了《积极发展农民股份合作赋予农民对集体资产股份权能改革试点方案》（农经发〔2014〕13 号），提出在保障农民集体经济组织成员权利，积极发展农民股份合作，赋予农民对集体资产股份占有、收益、有偿退出及抵押、担保、继承权三方面开展试点。全国共有 29 个省份各选定 1 个县（市、区）从 2015 年到 2017 年共 3 年时间开展试点，着力在关键环节、重点领域争取突破。与此前 24 个试点相比，第二轮的农村改革试验区试点内容更加注重顶层设计，即按照中央提出的改革方案进行试点改革。

从 2015 年开始，湖北省在荆门市京山县、武汉市蔡甸区、宜昌市夷陵区开展整体推进农村集体资产股份合作制改革试点。作为全国 29 个试点县（市、区）之一，2015 年 6 月湖北京山县启动城畈村集体资产股份权能改革试点，逐步摸索出了"五步工作法"，摸清了集体资产家底，锁定了成员身份，理顺了集体资产的收益分配关系，保障了农民对集体资产股份的占有权、收益权、有偿退出等权利。2017 年，农业部、中央农办确定 100 个县（市、区）为农村集体产权制度改革试点单位，湖北的

①　王华品：《村级留用地安置模式浅析——以湖北宜昌市为例》，《中国土地》2014 年第 9 期。

武汉市蔡甸区、大冶市、枝江市、南漳县、武穴市等五个县（市、区）被确定为试点单位。

表2—21　　　　集体经营性资产股份合作制改革的政策文件

时间	名称	内容	范围
2013 年 11 月	党的十八届三中全会	提出要"保障农民集体经济组织成员权利，积极发展农民股份合作，赋予农民对集体资产股份占有、收益、有偿退出及抵押、担保、继承权"	全国
2014 年 1 月	中央一号文件《关于全面深化农村改革加快推进农业现代化的若干意见》	农村土地承包经营权"可以确权确地，也可以确权确股不确地"。"加快建立农村集体经营性建设用地产权流转和增值收益分配制度"	全国
2014 年 11 月	《积极发展农民股份合作赋予农民对集体资产股份权能改革试点方案》（农经发〔2014〕13 号）	提出要"保障农民集体经济组织成员权利"，"积极发展农民股份合作"，"赋予农民对集体资产股份占有、收益、有偿退出及抵押、担保、继承权"。"全部试点工作于 2017 年 12 月底前完成"	全国
2015 年 1 月	中央一号文件《关于加大改革创新力度加快农业现代化建设的若干意见》	"推进农村集体产权制度改革。探索农村集体所有制有效实现形式，创新农村集体经济运行机制"	全国
2016 年 1 月	中央一号文件《关于落实发展新理念加快农业现代化实现全面小康目标的若干意见》	"到 2020 年基本完成土地等农村集体资源性资产确权登记颁证。经营性资产折股量化到本集体经济组织成员，健全非经营性资产集体统一运营管理机制"	全国

续表

时间	名称	内容	范围
2016 年 12 月	中共中央、国务院出台《关于稳步推进农村集体产权制度改革的意见》（中发〔2016〕37 号）	对农村集体产权制度改革作了总体部署，基本原则是要尊重农民意愿，积极稳妥有序推进，坚持试点先行、先易后难，不搞齐步走、不搞一刀切。从 2017 年开始，力争用 3 年左右时间基本完成对集体所有的各类资产进行全面清产核资，健全台账管理制度；力争用 5 年左右时间将经营性资产以股份或份额形式量化到集体成员，有序推进经营性资产股份合作制改革，构建归属清晰、权能完整、流转顺畅、保护严格的中国特色社会主义农村集体产权制度	全国
2017 年 1 月	中央一号文件《关于深入推进农业供给侧结构性改革加快培育农业农村发展新动能的若干意见》	"稳妥有序、由点及面推进农村集体经营性资产股份合作制改革，确认成员身份，量化经营性资产，保障农民集体资产权利。从实际出发探索发展集体经济有效途径，鼓励地方开展资源变资产、资金变股金、农民变股东等改革，增强集体经济发展活力和实力。研究制定支持农村集体产权制度改革的税收政策。深化集体林权制度改革"	全国
2017 年 8 月	湖北省委、省政府正式出台《关于稳步推进农村集体产权制度改革的实施意见》（鄂发〔2017〕17 号）	提出"到 2018 年，基本明确集体资产所有权归属和集体经济组织成员身份，建立集体资产和集体经济组织成员管理制度；到 2020 年，基本完成集体经营性资产股份合作制改革，建立归属清晰、权能完整、流转顺畅、保护严格的农村集体产权制度和具有湖北特点的集体经济治理体系"	湖北

2016 年 4 月，习近平总书记在小岗村农村改革座谈会上强调，着力推进农村集体资产确权到户和股份合作制改革。2016 年 12 月 26 日，中共中央、国务院印发《关于稳步推进农村集体产权制度改革的意见》的重点是经营性资产改革，通过完善股份权能和股份流转封闭运行来保护

农民的财产权利，通过保障农民的选择权、知情权、参与权、表达权和监督权来保护农民民主权利。这是今后一个时期指导农村集体产权制度改革的总纲领。

2017年8月湖北省委、省政府正式出台《关于稳步推进农村集体产权制度改革的实施意见》（鄂发〔2017〕17号），提出"到2018年，基本明确集体资产所有权归属和集体经济组织成员身份，建立集体资产和集体经济组织成员管理制度；到2020年，基本完成集体经营性资产股份合作制改革，建立归属清晰、权能完整、流转顺畅、保护严格的农村集体产权制度和具有湖北特点的集体经济治理体系。""集体经营性资产股份合作制改革要体现成员集体所有和社区性，只能在集体经济组织内部进行，现阶段主要在有经营性资产的村（组），特别是城中村、城郊村和经济发达村开展。暂时没有经营性资产的村（组）可以先确定集体经济组织成员量化系数，待经营性资产达到一定数量后再开展资产量化"，明确了重点工作：明确农村集体资产权属，加强农村集体资产财务管理，确认农村集体经济组织成员身份，推进农村集体经营性资产股份合作制改革，完善农村集体资产股份权能，规范集体经济组织运行管理，理顺集体经济组织和村"两委"关系，支持集体经济多元化发展，防范集体经济组织经营风险。

专栏 2—2

农村集体经营性资产股份合作制改革的"蔡甸版"

2017年武汉市蔡甸区被列为全国农村集体产权制度改革试点县（市、区）。2017年底，全区274个村全部完成"两清"，47个重点村完成集体资产股份合作制改革。2018年完成56个村的集体资产股份合作制改革。

蔡甸区主要通过"五个明晰"推进集体产权制度改革。一是清理人口，明晰成员。通过调查摸底、划定类别、公示结果、民主决策、成员登记、成员备案六个步骤，全面开展成员确认工作。全区274个村共确定集体成员4.5万户、15.3万人。二是清理资产，明晰家底。对农村承包地确权登记颁证，5.6万户农户签订了土地承包合同，颁发了经营权证。严格对村组两级集体所有的动产、不动产、债权、债务进行清理核实，分门别类登记造册，做到账实、账账、账表、账证、证证"五相符"和资产财务、债权债务"两明晰"。目前全区 274 个行政村核定农村集体账面资产 14.9 亿元，其中净资产 11.4 亿元；固定资产 7 亿元，其中经营性资产 2.7 亿元，非经营性资产 4.3 亿元。三是分类施策，明晰股权。在 2016 年完成 5 个村改革试点的基础上，2017 年选择 42 个重点村开展集体资产股份合作制改革。对集体经营性资产，实行一次性全部折股量化到人；对集体资源性资产，除依法实行家庭承包经营的耕地、已确权的林地和公益性土地资源外，其余的按面积量化到人；无经营性资产、资源性资产的，根据劳动贡献等因素，合理配置分配系数，作为股权量化依据。目前共有 139706 人获得集体资产股份，实现"农民变股东"。股权原则上只设个人股，对确需设置集体股的，实行民主决策。股权管理实行"一户一证、一证一票""增人不增股、减人不减股"，可以继承、转让，但不得退股提现。四是规范程序，明晰权能。统一股权证书样式、内容、办理、发放、变更、登记、备案等，由村经济股份合作社发放到户，确保股权证书的规范性、权威性。42 个重点村颁发股权证 6323 本。五是创新合作，明晰方向。在集体经营性资产总量较大、经营性收入较高的姚家林、华林等 5 个城中村、城郊村、园中村，成立股份合作社，统一运营集体经营性资产。在集体净资产量较小、集体统一经营的资源性资产丰富的群力村，成立土地股份合作社统一运营集体资源性资产。在上独山、同心垸、梅池等 3 个以农户承包土地经营为主的村，引导农户以承包地经营权入股组建土地股份合作社，与有经营能力的企业合作发展规模经营，入股农户获得保底租金和股份分红。

蔡甸区农村集体经营性资产股份合作制改革实现了"四个提高"。一是提高了集体经济规范管理水平。农村集体资产和财务全部录入"武汉农村集体三资监管平台"，街（乡）委托具备资质的社会中介机构代理记账业务。42 个村股份合作社建立了由股东代表大会、理（董）事会、监事会构成的现代企业管理组织架构，制定了 12 项配套制度，形成了所有权、决策权、经营权、监督权"四权"协调统一的经营管理和制衡新机制。二是提高了基层民主管理水平。在改革中，各村始终坚持农民主体地位，围绕清产核资、清人分类、折股量化、股权配置等环节工作，召开村民代表大会 1500 余次，搜集农民群众意见、建议逾万条，将讨论结果"三榜"公示。42 个重点村先后召开"三会"300 余次，对集体资产运营、收益、分配等问题进行讨论，促进了基层民主管理。大集街曾铁岭村股东陈斌说："以前村办企业经营得是好是坏与我无关，现在不同了，希望企业越办越红火，这样我的荷包也就'暖和'了。"三是提高了集体经济发展水平。将集体资产量化后，股份合作社充分发挥统一经营优势，整合集体资产资源进行市场化运作，推动了招商引资，实现了集体经济快速发展。2017 年，42 个重点村集体经济总收入达到 2.1 亿元，比改革前的 2016 年净增 6064 万元，增长 40.6%。蔡甸街华林社区股份合作社与武汉联通路桥工程有限公司共同投资 1.2 亿元，建设长江大学武汉校区配套项目华林学生公寓及美食一条街，合作社年收益达 800 万元。四是提高了农民财产性收入水平。随着集体经济的快速发展，作为股份合作社股东的农民，财产性收入水涨船高。2017 年，42 个重点村农民人均可支配收入达到 23386 元，其中财产性收入达到 1050 元，比 2016 年分别增长 11%、10%。大集街大集村股份合作社在改革当年即获得经营性收入 120 万元，合作社根据章程和分配方案，给全体股东分红 79 万元，人均分红 640 元。

（资料来源：蔡甸区人民政府办公室。）

（三）农村集体林权股份制改革

新一轮集体林权制度改革始于 2016 年。2016 年国务院办公厅出台的《关于完善集体林权制度的意见》（国办发〔2016〕83 号）提出，由集体经济组织统一经营管理的林地，要依法将股权量化到户、股权证发放到户。这也是与 2003 年、2008 年两次集体林权制度改革最大的不同。为认真贯彻中央精神，2017 年湖北省人民政府办公厅出台了《关于完善集体林权制度的实施意见》（鄂政办发〔2017〕52 号），提出了改革的目标和任务，并提出"对采取联户承包的集体林地，将林权份额量化到户。对仍由农村集体经济组织统一经营管理的林地，依法将股权量化到户、股权证发放到户，发展多种形式的股份合作"。

第五节　农村集体资产所有权私有化

湖北农村集体资产私有化主要出现在两个时期：第一个时期是 20 世纪 80 年代初推行家庭联产承包责任制，由于农户取得了土地的使用权，将集体所有的农具、耕畜等生产资料全部分到个人，甚至将原来社队企业的机器设备进行拆解分给个人，这些资产由集体所有变为个人所有；第二个时期是 20 世纪 90 年代后期乡镇企业产权制度改革，中小企业被拍卖，大型企业被组建成以私人持股为主的股份公司，集体企业资产全部私有化。

一　农村生产资料所有权私有化

改革初期，由于广大农民对原集体经济组织造成的"大呼隆"、低效率深恶痛绝，再加上从中央到地方对"统分结合"思想理论准备不足，宣传力度不够，湖北大多数农村在改革实践中不是一切从"宜统则统、宜分则分"的实际出发，而是把"统分结合、双层经营"片面地理解为一个"分"字，认为"分得越光，思想越解放"，未能从总体上把握好农村改革的正确走向。于是绝大多数集体资产都分到户，把不该分的集体房屋、耕畜、农船和大中型农机具等生产资料也都分掉卖给农户。根据中共中央政策研究室、农业部农村固定观察点办公室从改革初期对全国 274 个村庄的跟踪调查统计显示，折价变卖的占集体生产性固定资产总值的 32.6%，以实物形式直接分给社员的占 12.2%。1978 年平均每个村集体拥有生产性固定资产原值 31 万元，而 1984 年只有 22 万元，减少了 29.1%，其中最突出的是牲畜、大中型农机具、农林牧渔业机械，三者分别减少 85.4%、65.3% 和 46.8%[1]。导致集体资产所剩无几，丧失了"统"的物质基础[2]。有关资料显示，占全国 62% 的村级集体经济从此一

---

[1]　中共中央研究室、农业部农村固定观察点办公室：《完善中的农村双层经营体制——对 274 个村庄的跟踪调查》，中共中央党校出版社 1992 年版，第 79 页。

[2]　孔祥智、高强：《改革开放以来我国农村集体经济的变迁与当前亟需解决的问题》，《理论探索》2017 年第 1 期。

蹶不振①。比如1988年，湖北省枣阳市634个村中，有242个村没有任何资产，414个村有贷款负债，40%的村公积金、公益金发生赤字②。

二 农村集体企业所有权私有化

乡镇集体企业产权私有化变革有着内外两方面的原因。从内部因素来看，由于政企不分，乡镇企业经营管理者的政治职能和经济职能的替代关系无法契合成一套完整的激励约束机制；农村集体资产的产权模糊，内部监督机制不健全，效率低下。从外部因素来看，随着中国经济市场化进程，一方面私有经济发展的风险大大减少，私有企业对乡村组织政治保护的需求明显下降；另一方面乡村组织在组织交易、获取要素上的优势地位逐渐丧失，特别是1994年银行体制商业化改革和财政体制实行分税制改革后，使乡村组织失去了帮助企业获取银行贷款和税收优惠等优势。

1983年以前，湖北乡镇企业只有集体所有制企业，1984年出现了个体企业和合作企业，以及集体与其他所有制的混合所有制形式③。20世纪90年代后期，湖北乡镇集体企业进行了大规模转制，中小企业被拍卖，大型企业被组建成以私人持股为主的股份公司④。进入21世纪，湖北把发展中小企业、乡镇企业、民营经济、县域经济作为解决"三农问题"、实现湖北在中部率先崛起的战略举措，并以"一主三化"为指导方针，即县域经济以民营为主体，走工业化、城镇化、农业产业化的道路。2005年2月《国务院关于鼓励和引导个体私营等非公有制经济发展的若干意见》（国发〔2005〕3号）提出"鼓励非公有制经济参与国有经济结构调整和国有企业重组。大力发展国有资本、集体资本和非公有资本等参股的混合所有制经济"。"鼓励非公有制企业并购集体企业，有关部门

① 俞庆仁：《村级集体经济弱化的原因与出路》，《浙江学刊》1992年第3期。

② 湖北省枣阳市经管科：《强化审计监督 巩固集体经济》，载农业部农村经济合作指导司、农业部经营管理总站《农村合作经济经营管理资料汇编（1990）》（内部资料），1991年，第74页。

③ 《中国乡镇企业年鉴》编辑委员会编：《中国乡镇企业年鉴1978—1987》，农业出版社1989年版，第130页。

④ 谭秋成：《转型时期乡村组织行为与乡镇企业发展》，《中国社会科学》2003年第2期。

要抓紧研究制定相应政策。"2005 年 8 月《中共湖北省委、湖北省人民政府关于进一步加快个体私营等非公有制经济发展的若干意见》（鄂发〔2005〕15 号）提出："鼓励非公有制经济参与公有制经济的改制改组。鼓励和支持非公有制企业通过并购、控股和参股等多种形式参与国有、集体企业的改制、改组、改造，在资产处置、债务处理、职工安置等方面，参照执行国有企业改革的相应政策。"集体企业产权私有化除了经济发展规律的作用，在改革的具体操作过程中"一刀切"也导致有的企业是"被私有化"。在把"民营经济"等同于"私营经济"的情况下，湖北有少数地方乡镇企业改革出现了"一改就卖"的现象，造成了集体资产流失，集体成员利益受损。

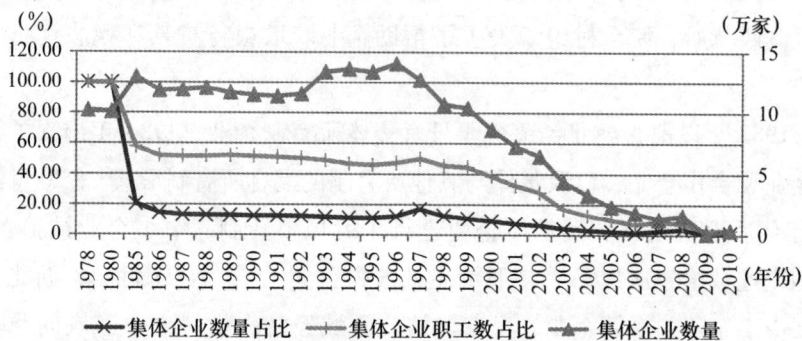

图 2—1　1978—2010 年湖北乡镇集体企业数量及其占比、职工数占比

资料来源：1978—2002 年数据来自《湖北统计年鉴 2006》，中国统计出版社 2006 年版，第 247 页；2003—2010 年数据来自历年《中国乡镇企业年鉴》。

集体企业产权私有化最明显的结果就是乡镇集体企业数量和职工数量的迅速下降。如图 2—1 所示，1996 年湖北乡镇集体企业数量达到历史最高点 14.05 万家，之后开始迅速减少，2009 年只有 1074 家。集体企业占乡镇企业总数的比重也不断下降，1985 年比重下降到 20.53%，2000 年下降到 10% 以下，2009 年为历史最低点 0.41%。1999 年乡镇企业职工数达到历史最高值 657.42 万人，乡镇集体企业职工数量也达到最高点 292.34 万人，占比 44.5%。之后乡镇集体企业就业人数大幅度下降，到 2009 年职工数量为 13.36 万人，占乡镇企业职工总数的比重骤降至

2.76%。

本章小结

改革开放以来的农村产权制度改革就是国家、集体、农民之间通过博弈将经济产权实施多维分割的过程。它是在农民自发创新的基础上，国家运用权力去界定制度并使之规范化[①]，经历了一条"先试验，后推广"的改革道路，是诱致性制度变迁与强制性制度变迁相交替的过程。湖北省委省政府在制度变迁过程中，起到了一个承上启下的作用，将湖北农民的需求与中央政策有效对接，形成湖北农村产权制度改革路径。湖北农村集体产权制度变迁的过程就是全国农村集体产权制度变迁的一个缩影。湖北农村集体产权制度变迁过程中，虽然也有由于认识不到位导致的改革滞后，如家庭联产承包责任制的推行；或者基于自身问题进行探索提前行动，如在全国率先进行"三权分置"的理论探索。但是总体上还是与中央和国家保持一致的。

湖北农村集体产权制度变迁过程中，有两个值得遵守的重要原则：一是要尊重经济发展规律，二是要尊重农民意愿。只要遵守这两个原则，就能够调动农民进行制度创新的积极性和主动性[②]，改革就能取得较好的效果，反之亦然。不论是农业合作化初期建立互助组和初级社，还是改革开放以后实行家庭联产承包责任制、集体产权股份制改革，都是在遵守经济发展规律和充分考虑农民意愿基础上进行的制度创新，都促进了农村生产力发展。农业合作化后期忽视客观规律和群众意愿，希望"跑步进入共产主义"的做法，虽然在当时稳定了国家的粮食供应，为大规模经济建设积累了必要的资金，但是从长期看也为农业和农村的健康发展埋下了隐患。

在明确了改革的方向和思路之后，在政策的具体制定和推行过程

---

① 冯开文：《一场诱致性制度变迁——改革开放以来中国农村经济制度变迁的反观与思考》，《中国农村经济》1998 年第 7 期。

② 张润君：《制度结构、制度变迁方式与东西部农村经济发展差距比较》，《开发研究》1998 年第 2 期。

中，也要注意方式方法。一是要在严谨扎实的理论研究基础上制定政策。政策具有规范性、指导性和强制性的特点，但它又是理论研究成果的具体表现。如果理论研究不够成熟，加上认识上的程度不同，往往使政策的制定显得生硬，地方各级政府为了完成任务强行实施的现象就较为严重①。比如在推行家庭联产承包责任制过程中，由于从中央到地方对"统分结合"思想理论准备不足，宣传力度不够，湖北大多数农村在推行家庭联产承包责任制时，没有明确什么是"宜统"的内容，什么是"宜分"的内容，把"统分结合、双层经营"片面地理解为一个"分"字，认为"分得越光，思想越解放"，未能从总体上把握好农村改革的正确走向。导致集体资产资源都分掉卖给各家各户，使集体经济发展和农村公益事业丧失了物质基础和手段，导致后来农村治理困难。集体林权制度改革中没有充分考虑林业生产的特性和林农的经营能力，而是盲目地推行家庭承包经营，导致后来农户无力经营，又逐步将经营权收回集体。乡镇集体企业股份合作制改革过程中，由于没有解决股份合作制的重大理论问题，没有摸清实际情况，导致实际操作过程中，要么是按照有利自己的一面错误理解上级政策，要么是完成任务应付检查而走过场，政策的落实出现了某种程度的偏差②。

二是改政府领导为政府指导和引导。在改革过程中，容易出现中央一出台政策文件，地方就完全按照政策执行，而不顾各个地方发展的差异，实行"一刀切"。把指导改革变成了领导改革，把改革当成了上级布置的任务强制经济主体执行，而缺少与农民、村两委、企业管理者等基层主体的沟通和交流，从而忽视了改革中存在的问题和差异性。在具体落实家庭承包经营责任制的过程中，湖北省各县、区、公社每天都会对每个生产队分田到户的情况进行统计汇报。只有分得越多越快，政府部

① 马发生:《湖北省乡镇企业产权制度改革中政策与理论问题的思考》,《乡镇企业研究》2000 年第 6 期。
② 同上。

门的政绩才越大，形成了"一刀切"①。乡镇集体企业股份合作制改革过程中，很多情况下不是企业自身认识到需要进行改革，而是政府强制要求企业改革，并且规定了改革的方式和时间，甚至企业职工在企业产权私有化之后才知道企业负责人变了，改革完全变成了政府行为②。因此，在这个过程中，企业职工的自愿性就不足，导致在企业后续发展过程中缺乏合作意识和凝聚力③，当企业遭遇市场化冲击时，企业职工更是没有积极面对企业困境的动力。

---

① 比如 1981 年湖北洪湖市洪林大队没有马上分田到户，时任洪湖县委常委、县委办公室主任郑令兰就带着办公室的几个同志来到叶昌保家劝说："你要分就赶快分。你不分，怎么统，也要赶快把方案拿出来。不要搞被动了。"参见江龙海、彭顺强《洪湖岸边红旗飘——叶昌保和他的"红色村庄"》，2014 年 6 月 4 日，中红网（http：//www.crt.com.cn/news2007/news/HSNH/1464173550B30JI5CJ9FHD5BGGFC68.html）。

② 马发生：《湖北省乡镇企业产权制度改革中政策与理论问题的思考》，《乡镇企业研究》2000 年第 6 期。

③ 马艳：《中国集体经济的理性分析》，《中国集体经济》2005 年第 1 期。

第 三 章

湖北农村集体经济实现形式

　　伴随着农村集体产权制度变迁，湖北农村集体经济在不同产权制度下呈现出不同的实现形式。即使同一产权制度下，由于不同地区生产力发展水平不均衡，湖北农村集体经济实现形式也是多样化的。湖北农村集体经济实现形式主要包括统一经营、承包租赁、股份合作、出售等四种不同的形式。

第一节　统一经营

　　统一经营就是农村集体经济组织对集体所有的土地等资源和资金，统一使用、统一管理、统一分配，开展具体的产业经营。集体经济组织完全拥有土地等生产资料的所有权、使用权、收益权和处置权等所有产权。这种集体经济实现形式主要存在于改革开放之前的"三级所有，队为基础"的集体产权制度下开展的农业统一经营，以及改革开放之后的20世纪80年代到90年代初期乡镇集体企业开展的工矿业统一经营，进入21世纪之后出现的少量第三产业统一经营。

一　农业统一经营

　　农业统一经营是传统农村集体经济的主要实现形式。传统农村集体经济实现形式是指20世纪50年代由农业生产互助组、初级农业生产合作社发展而来的高级农业生产合作社和人民公社的组织形式，以"三级所有、队为基础"的人民公社为主要实现形式。在实行了家庭联产承包责任制以后，由于集体土地等资源基本都由各家各户承包经营，集体可以统一使用的农业资源很少，农业统一经营形式基本消失。

（一）农业统一经营的萌芽形式

互助组和初级社是农村集体经济开展农业统一经营的萌芽形式。因为这两种组织形式仍然是以土地私有制为基础对小农经济进行的整合，并不是真正意义上的农村集体经济，因此只能称为农业统一经营的萌芽形式。

1. 互助组

在互助组中，土地和其他生产资料的所有权、使用权、收益权、处置权等所有产权都归农户私人所有，产权清晰，经营独立，激励机制比较完善[1]。农民对参加互助组具有绝对的选择权，因此是否参与集体劳动完全是农民自我意识的表达[2]。集体劳动主要是在农忙时进行换工、换耕畜、换农具等农业生产互助，实行等价交换。即一个农户在自己经营的土地上使用别人的劳动力和某些生产资料，他自己的劳动力和生产资料也要在别的农户所经营的土地上被使用。在相互交换使用中，不能完全相抵的部分，可用现金和实物来补足[3]。

互助组有临时性互助组和常年互助组两种形态。临时性互助组是在农忙时开展的劳力互换或劳畜变工互助，以劳畜变工互助为主[4]，"一般多为三五户农民组成，而这些农民又大都在历史上有换工关系，或农具牛耕相共，或田地相连，或居住近邻，或父子兄弟、亲房叔伯、亲戚朋友，互信互利，相依互助"[5]。这种临时互助比新中国成立之前的换工互助有所改进与发展，主要有三点不同：一是有领头人，组织形式较为完善；二是分工较为合理；三是实行记工、结账，互利交换，这也是最为重要的不同，保证了劳动力的等价交换即同工同酬，并使性质不一的劳

---

[1] 陈波、王克强：《我国农村经济制度变迁路径分析》，《经济研究参考》2001年第43期。

[2] ［日］内山雅生：《二十世纪华北农村社会经济研究》，李恩民等译，中国社会科学出版社2001年版，第309页。

[3] 许经勇：《中国农村经济制度变迁60年研究》，厦门大学出版社2009年版，第42页。

[4] 中央人民政府农业部农政司：《1951年上半年生产互助的情况和今后意见》，载黄道霞主编《建国以来农业合作化史料汇编》，中共党史出版社1992年版，第46页。

[5] 黄冈地区农业委员会（陈幼安执笔）：《湖北十月农业合作社史》，载《当代中国的农业合作制》编辑室编《当代中国典型农业合作社史选编》（下册），中国农业出版社2002年版，第851页。

动力都可以参加互助组。

常年互助组是所属成员在有意识长期互助的要求下组织起来的长期定型的生产互助组,根据个人专长进行分工管理。常年互助组相比临时性互助组的制度更加完善,集体性质更加明显,有共同的农副业生产计划,有记工清工、按需拨工等劳动管理制度,实行民主商议制度,一般有了公积金等集体积累,读报学习、参加政治活动加强了。

根据邓子恢的总结,互助组对当时的农村生产力和生产关系都产生了有利的影响。从生产力角度看,互助组可以"减少个人独干的困难";充分利用劳畜,"减少劳动力浪费""提高劳动效率""通过交流技术经验、互相推动、竞赛,其劳动效率比个人独干提高三分之一";在发展农业的同时带动了副业的发展,"根治贫穷有了良好开端"。从生产关系的角度看,互助组可以"避免或减少私人剥削""可以养成农民集体劳动的习惯,减少自私自利心理,为将来的集体农场准备思想条件"[1]。

但是,由于产权的私有性质,互助组仍然存在集体劳动同土地私有制之间的矛盾,即集体劳动和个体经营之间的矛盾,具体表现在:一是要添置耕畜、农具和使用新农具会受到限制;二是集体劳动的效能不能充分发挥,集体劳动的规模不容易扩大;三是因集体劳动节省下来的劳动力不可能得到合理的使用[2]。

表 3—1　　　　　　　　　　　湖北互助组发展情况

时间	互助组数量 (万个)	参加互助组的 农户数量(万户)	比重(%)	常年组入户数 (万户)	比重 (%)
1950 年	4.00	24.00	4.05	—	—
1951 年	15.00	90.00	15.07	—	—
1952 年	26.23	186.1	30.00	—	—

---

① 邓子恢:《中南军政委员会第四次会议上的工作报告》,载黄道霞主编《建国以来农业合作化史料汇编》,中共党史出版社 1992 年版,第 32 页。

② 许经勇:《中国农村经济制度变迁 60 年研究》,厦门大学出版社 2009 年版,第 42 页。

续表

时间	互助组数量 （万个）	参加互助组的 农户数量（万户）	比重（%）	常年组入户数 （万户）	比重 （%）
1953 年	31.30	185.99	30.48	22.15	11.91
1954 年	55.70	381.24	63.24	120.82	31.69
1955 年 7 月	44.99	372.23	59.96	163.08	43.80

资料来源：王崇文等：《湖北省农业合作经济史料》（下），湖北人民出版社 1985 年版，第 669 页。

如表 3—1 所示，从 1950 年到 1954 年，湖北省互助组数量一直增长，1954 年达到最高峰，成立了 55.70 万个互助组，381.24 万户农户加入互助组，占农户总数的 63.24%。由于初级社的发展，到 1955 年互助组的数量有所下降，但仍然有超过一半的农户加入互助组。因此，1954 年到 1955 年 11 月，湖北都是以互助组为主要农业生产组织形式。

2. 初级社

初级农业合作社是在互助组的基础上成立的，以土地入股和统一经营为主要特征。虽然农民仍然拥有生产资料的所有权，但是合作社对已经折价入股的土地和耕畜、大型农具等生产资料拥有直接的占有权、支配权、使用权、收益权和处置权，所有权和使用权实现了分离，形成了部分集体产权。同时，有些合作社已经拥有集体积累，购置了公有性质的牲畜和农具，产生了完整的集体产权。因此，初级社是一种半私有制，即劳动群众部分集体所有制。初级社实行有计划的集体经营，对社员统一管理，收入统一分配，实现了个体经营方式向集体经营方式的转变。与此同时，社员拥有土地和农具等生产资料的所有权而获得租金，可耕种少量自留地及经营一些家庭副业，收入归个人所有。这些少量私有经济的存在适应了农民长期形成的私有观念，有利于农民逐渐适应集体经济的组织形态。因此，初级农业生产合作社已经具有半社会主义性质，是从农民个体经济向集体经济转变的过渡组织形式[1]。

初级社与互助组相比有着更大的优越性，克服了集体劳动与个体经

---

① 许经勇：《中国农村经济制度变迁 60 年研究》，厦门大学出版社 2009 年版，第 42 页。

营之间的矛盾,能够更加合理地利用土地和其他生产资料,更好发挥土地的生产潜力;更合理组织劳动的分工与协作,提高劳动效率;能够有计划地安排一部分资金和劳动力用于副业生产,发展多种经营,为扩大再生产积累资金;能够进行个体经济条件下无力进行的农业基本建设。但是,由于初级农业生产合作社还没有最终取消农民对土地和其他生产资料的私有制,也就不可避免地存在统一经营、集体劳动同土地和其他生产资料私有制之间的矛盾。比如,要在社员私有土地上兴修水利等基本建设,就必然会受到限制;对社员私有的土地和生产工具要支付相应的报酬,会在一定程度上影响社员的劳动积极性①。

专栏 3—1

湖北第一个初级社的主要制度

1952 年 2 月 25 日,浠水县望城乡饶兴礼农业生产合作社成立。这是湖北省第一个农业生产合作社,它的建立,对全省互助合作运动产生了积极影响②。饶兴礼农业合作社成立后,经过民主讨论决定的主要制度包括:一是按照田地质量入社,评定常年产量,然后按定产入社。每石田分红额度占 32%,按劳分红占 68%。二是实行"底分活计"和"按件计工"办法。三是耕牛农具折价归社,或入股分红,农户原积有的肥料公议用工数参加按劳分红,种子费用在第二年总收入中偿还。四是自留地约占全社总耕地的 7%。五是社员大会为最高权力机构,一切重大问题都必须经过社员大会讨论决定,实行民主集中制。选社长 1 人、副社长 2人、会计 1 人,下设有农业、副业、技术、妇女、学习等 5 个小组,并订立了民主生活、劳动纪律等制度,同时设立了党小组、团小组。

[资料来源:黄冈地区农业委员会(陈幼安执笔):《湖北十月农业合作社史》,载《当代中国的农业合作制》编辑室编《当代中国典型农业合作社史选编》(下册),中国农业出版社 2002 年版,第 854 页。]

---

① 许经勇:《中国农村经济制度变迁 60 年研究》,厦门大学出版社 2009 年版,第 43—44 页。

② 中共湖北省委党史委研究二室:《社会主义改造的基本完成》,《党史天地》1996 年第2 期。

　　1952 年 10 月，湖北出现了初级社，试办了饶兴礼、高荫余两个农业生产合作社，共有 22 户农户。1953 年到 1955 年上半年湖北初级社发展基本上是健康稳健的，入社农户比重一直低于全国平均水平（详见表 3—2）。由于初级社在统一经营的基础上，增产增收显著，1954 年秋，农民入社热情高涨，初级社数量由 1953 年的 7 个猛增至 1083 个。由于深入宣传过渡时期总路线和中央《关于发展农业生产合作社的决议》，湖北农业合作化运动从 1955 年夏季进入高潮，7 月到 12 月中旬不到半年的时间就新建了 7 万多个初级社，12 月中旬入社农户比重达到 45%。12 月中下旬进入高峰期，仅仅半个月就新建了 5 万多个初级社。截至 1955 年 12 月底，湖北实际建成初级农业生产合作社 144755 个，入社农户占总农户的 75%。1956 年湖北进入高级合作化时期，初级社数量迅速减少到 3.40 万个，入社农户比重也下降到 19.7%。因此，湖北仅仅用了半年的时间就实现了农业生产的半社会主义化，而真正以初级社为主要农业生产组织形式的时期就只有 1955 年底到 1956 年初短短的两个月左右时间。

表 3—2　　　　　　　　　　湖北初级社发展情况

时间	数量（个）	参加农户（户）	农户比重（%）	全国入社农户比重（%）
1952 年	2	22	0.0003	—
1953 年	7	108	0.002	0.235
1954 年	1083	1.79 万	0.298	1.948
1955 年 7 月	1.45 万	31.22 万	5.028	14.162
1955 年 12 月中旬	9 万多	—	45	—
1955 年 12 月底	144755	455 多万	75	—
1956 年 3 月	3.40 万	122.23 万	19.7	29.1

　　资料来源：王崇文等：《湖北省农业合作经济史料》（下），湖北人民出版社 1985 年版，第 669 页。

（二）农业统一经营的初级形式

　　相比较初级社，高级社产生了两个带有本质性的变化：一是完全取消生产资料的个人所有权，实行集体所有，标志着农村公有制的形成；二是高级社的组织规模更大，突破了以血缘关系为基础形成的自然村界限，形成了人民公社时期生产大队即人民公社取消后行政村的雏形。因此，高级社完全具有社会主义性质，是农业统一经营的初级形式，对组织形式和管理制度还处于探索阶段。

由于高级社成立仓促，规模普遍过大，管理制度不健全，不少合作社都出现了计划混乱、调度混乱、账目混乱、平均主义等一系列问题①。在生产组织管理方面，由于无法合理安排劳力，导致干活大呼隆、窝工浪费现象严重。在分配方面，由于无法保证按劳计分，导致按人头计分，平均分配。因此，群众普遍情绪低落，劳动不积极，甚至有部分人悲观失望，主张"拆台散伙，各奔东西"②。1957 年春掀起了反对集体化的"退社闹社"风波，同时在 1956 年、1959 年和 1961 年先后兴起了三次"包产到户"的浪潮。针对高级社管理制度存在的问题，湖北各地纷纷对高级社进行了整顿，主要实行了包工、包产，健全财务管理制度，成立社员代表大会和监察委员会。但是，评工计分不合理的问题依然存在③。

1955 年 11 月，湖北出现了第一个高级社——"十月"农业生产合作社，是由饶兴礼、白石山、战胜、五星、明星、星光、望城岗 7 个初级社和周围 5 个互助组以及 55 户单干农民组成，共 289 户，1352 人，716个劳动力④。1956 年，在初级社刚刚建立尚未站稳脚跟的情况下，湖北农业合作化运动进入大力发展高级社的新阶段⑤。从 1956 年 1 月 1 日的 134个高级社发展到 3 月底的 33396 个高级社、入社农户占比 68.17%，到同

---

① 陈大斌：《从合作化到公社化：中国农村的集体化时代》，新华出版社 2010 年版，第104 页。

② 同上。

③ 向前程、李敏昌：《农业合作化运动的基层运作探讨——以湖北省为例》，《科教文汇》（中旬刊）2017 年第 8 期。

④ 黄冈地区农业委员会（陈幼安执笔）：《湖北十月农业合作社史》，载《当代中国的农业合作制》编辑室编《当代中国典型农业合作社史选编》（下册），中国农业出版社 2002 年版，第855 页。

⑤ 许经勇：《中国农村经济制度变迁 60 年研究》，厦门大学出版社 2009 年版，第 49 页。

年 11 月建成 29114 个高级社，入社农户比重 97% 以上①，仅仅一年的时间就实现了农业生产的完全社会主义化，并且高于全国平均 88% 的水平，平均每社 182 户②。从 1956 年春到 1958 年夏两年半左右的时间，湖北处于高级社的农业统一经营初级阶段。

（三）农业统一经营的成熟形式

人民公社的管理制度是逐步完善成型的，最终形成了比较健全成熟的农业统一经营制度。

1. 人民公社初期阶段

与高级社相比，初期的人民公社公有化程度更高，"一大二公""一平二调"是其根本特征。一是规模大。人民公社由若干个高级社组成，原高级社改为生产大队，合并形成高级社的原初级社改为生产队，各种权力都集中在县、社两级，生产大队、生产队没有自主权。二是公有化程度高。不仅生产资料全部收归公有，而且生活资料都收归公有，自留地、坟地、宅基地等一切土地都收归集体所有。人民公社、生产大队、生产队都对生产资料享有所有权。三是平均主义严重。公社内几千户农民受统一调度，统一耕作收获，完全抛弃经济核算和个人责任制，统一吃"大锅饭"③。

1958 年 8 月 28 日，湖北省的第一个人民公社"红旗人民公社"在应城县诞生。同年 9 月 10 日，《人民日报》公布了北戴河会议上通过的《建立公社的决议》，在全国掀起了一个建立人民公社运动的高潮，湖北也在其中。同年 9 月 20 日，中共湖北省委发布了《关于在农村建立人民公社的决议》（以下简称《决议》）时，全省已建立 400 多个人民公社。《决议》公布后全省再次掀起人民公社化运动的高潮。至同年 9 月底，湖北除了武汉、黄石、沙市、宜昌、襄樊五个市区外，已建立起人民公社770 个，占计划建立 829 个公社的 93%，入社户数达 617 万户，平均每社7922 户，占总户数的 96%（其中以国营农场为核心建立全民所有制的公社有 34 个），全省实现了人民公社化[①]，距离《决议》公布还不到一个月。10 月 1 日，《人民日报》正式宣布"全国已基本实现了公社化"。因此，从 1958 年秋到 1960 年上半年，湖北实行的是"一大二公""一平二调"的人民公社农业经营管理制度。

2. 人民公社制度固化阶段

经过调整，人民公社最终确立了"三级所有，队为基础"的基本经营制度，"一大二公""一平二调"的性质弱化：经营核算单位逐渐缩小，1960 年开始实行生产大队核算，1962 年下半年开始实行生产队核算；对平调的全部进行了退赔，生活资料不再实行公有；按工计分在一定程度上保证了按劳分配。人民公社经营体制下农业统一经营制度进入成熟期，生产队核算是该项制度的精髓。生产队有经营自主权，自主支配使用生产队的土地等生产资料和劳动力，自主选择生产的农产品品种、生产技术和管理方法，完成计划任务后，有权出售多余农副产品，独立核算、自负盈亏[②]。由于核算经营单位恢复到初级社为基础的生产队，土地产权边界重回以血缘关系形成的传统社区，充分尊重了农民意愿，更符合农村生产力发展水平。因此，"三级所有，队为基础"的农村基本经营制度重新调动了广大农民的生产积极性，在一定程度上推动了集体经济的发展。但是，按工计分制度仍然存在平均主义的倾向。为了降低监督成本，大多数生产队都是实行"劳动评工计酬"，即根据劳动者的体力、技术评底分，以出勤天数（工时）按底分计算劳动报酬（工分）[③]。无论是"底分死记"还是"底分活评""年度评议计工"，都属于工时定额，无法避免磨洋工、偷懒等"搭便车"行为。

从 1960 年下半年起，湖北开始纠正"一平二调"的错误，实行生产大队核算。从 1962 年下半年开始，通过试行和贯彻"农业六十条"，除了个别地区保留少数大队核算外，湖北全省绝大部分公社退到了相当于初级社体制的生产队核算。1962 年，湖北有 27.7 万个生产队，其中 25.5 万个生产队是基本核算单位，占生产队总数的 92.06%。

---

① 亦农：《全省农村实现公社化》，《湖北日报》1958 年 10 月 1 日。
② 伍山林：《农村经济制度变迁与农业绩效》，《财经研究》2002 年第 1 期。
③ 洪耶辛：《试论人民公社定额计酬的改革》，《经济研究》1980 年第 6 期。

以生产队为核算单位的经营制度一直持续到家庭联产承包责任制实施之前，尽管其中也经过了倒退，但是始终没有动摇"三级所有，队为基础"的人民公社基本经营管理制度。在"农业学大寨"期间，在国家鼓励生产大队核算的政策影响下，1978 年湖北实行生产大队核算的猛增到 6477 个大队，占比 21.95%，比 1975 年提高了 15.34 个百分点①。

3. 人民公社向家庭联产承包过渡阶段

党的十一届三中全会召开后，湖北加强了以生产队核算为基础的生产管理，实行了定额管理、联产到组、包产到户。定额管理是根据劳动数量、某项农活艰苦复杂程度计算一个劳力在一定的劳动时间内所能完成某项农活的数量计算定额，再根据完成农活的数量和种类计算工分，并在此基础上出现了"三包一奖""小段作业""季节包工""质量工分"等多种方法。但是定额管理还存在计算烦琐、不能充分反映劳动质量、和劳动成果没有直接挂钩、无法及时与生产工具变化相适应等不足。包产到组就是生产队将耕地、农具、种植面积、包产指标、肥料、种子等分配到作业组，队对组实行定产、定工、定成本，超产或减产分别奖赔，最后按各组的生产成果计算报酬，生产队统一核算分配。联产到劳就是生产队统一核算分配的前提下按劳动力分地包产，记产计分，实行按比例奖赔或全奖全赔。

包产到户就是生产队把耕地按人口或人劳比例分配到户，队对户签订合同，包产量（产值）、包工分、包费用，包产部分生产队统一核算分配，超产或减产部分可全奖全赔或按比例奖赔。实行包产到户，包产户是生产单位，但还不是核算单位。承包户承包的产量，以及实行超产分成办法的超产产量中属于生产队分成的那部分产量，还要折算成工分纳入生产队统一核算中，再按统一的分配方案计算包产户应得的收入。这种办法比联产到组要好得多，但是仍然有不少缺点：一是办法烦琐，计算麻烦，群众难以弄清楚，也不放心；二是还要纳入统一核算和统一分配，仍有平均主义；三是仍以工分作为计算分配的依据，而工分很难反

---

① 王崇文等编：《湖北省农业合作经济史料》（上），湖北人民出版社 1985 年版，第 302 页。

映劳动的质量、技术水平和责任心,这是最大的弊端。

表3—3 **湖北由人民公社制度向家庭联产承包责任制**
过渡阶段的组织形式比重

时间	定额计酬	包产到组	联产到劳	包产到户	包干到户
1980 年 10 月	63.9%	28.7%	5.6%	0.3%	—
1981 年 9 月	—	47.0%	36.9%	16.1%	
1982 年	—	—	—	17.2%	75.3%
1983 年	—	—	—	—	99.3%

资料来源:王崇文等:《湖北省农业合作经济史料》(下),湖北人民出版社 1985 年版,第669 页。

如表 3—3 所示,1980—1981 年,湖北处于人民公社生产队核算向家庭联产承包过渡阶段。1980 年湖北主要的生产组织形式是在生产队核算基础上的定额计酬和包产到组。比如黄冈县回龙公社让社员自己选择劳动组织形式,形成了常年固定作业组,分段、分季包工作业组和临时作业组三种主要形式。此外,还建立若干专业组,如林业组、养猪组、渔业组、用牛组等①。

1981 年,湖北主要的生产组织形式是在生产队核算基础上的包产到组和联产到劳。汉川县二河公社果湖大队,对粮食作物实行小段包工,棉花包工到人、联产计酬,集体的生猪、鸭子包给社员喂养,水面包给社员养鱼,队里的树包给社员管理,工副业人员包产值②。

(四)农业统一经营的衰落形式

实行家庭联产承包责任制之后,由于集体土地基本都分给农户,集体统一经营农业的形式逐渐衰落,湖北基本上不存在种植业和养殖业的集体统一经营。但是由于林业生产的特点,部分山林还是由集体统一经营。特别是 1986 年以后,"联合办场"和集体林场成为主要的林业经营

---

① 王崇文等编:《湖北省农业合作经济史料》(下),湖北人民出版社 1985 年版,第749 页。

② 同上书,第 755 页。

方式。湖北随州市洪山镇石家冲、刘家棚、营盘山三个村共有 1146.67 公顷山场，其中由集体统一经营的茶园、用材林、速生杉园、板栗林 653.37 公顷，占比 56.98%。1995 年，集体经济收入 15.8 万元①。其中，刘家棚村建有村级茶园、山杉基地 1000 亩，每个组都有一个小茶园和小林场，面积 600 亩②。

二　工矿业统一经营

工矿业统一经营是农村集体经济组织依托村集体拥有的土地、矿产、劳动力等资源，兴办农产品加工、矿产开发等企业。虽然人民公社时期也有社队企业，但它是作为农村集体副业的形式，在农村集体经济中所占的比重和地位都不高。1978 年以前，湖北社队企业干部实行任命制，职工实行亦工亦农，分配实行"厂评等级、队记工分、厂队结算、回队分配"的制度③。1978 年后，借鉴手工业社的经验，社队企业普遍实行"五定一奖"，即定产值、定产量、定利润、定耗费、定报酬，超产奖励，经营管理开始出现生机。各级社队企业主管部门，按照湖北省委的要求，对当地社队企业发展的基本情况开展调查研究，再进行宏观调整，促进企业在调整中发展。一些发展较好的公社，社队企业创造的产值可以占到整个公社经济总收入的 50% 以上。1978—1984 年工矿业企业统一经营是农村第二产业发展的主要形式。如表 3—4 所示，湖北乡、村两级集体企业经历了两个快速发展期：一个是 1985 年之前，以乡办企业为主的快速发展期，这一时期乡办企业数量增幅高于村办企业，乡办企业就业人数增加了 47.80%，村办企业就业人数有所下降，但是村办企业产值增速高于乡办企业；另一个是 20 世纪 90 年代初期，以村办企业为主的快速发展期，1989—1996 年村办企业的数量和就业人数增幅都高于乡办企业。

---

① 加长春、王洪波、彭玉琴：《发展集体经济 分流农民负担》，《农家顾问》1996 年第 7 期。

② 彭玉勤：《理财聚财促发展　农民致富奔小康》，《农村财务会计》1995 年第 11 期。

③ 《中国乡镇企业年鉴》编辑委员会编：《中国乡镇企业年鉴 1978—1987》，农业出版社 1989 年版，第 131 页。

表 3—4 　　　　　　　1978—1996 年湖北乡镇集体企业发展情况

项目		1978 年	1985 年	1985 年比1978 年增长（%）	1989 年	1989 年比1985 年增长（%）	1996 年	1996 年比1989 年增长（%）
企业数量（万个）	乡办企业	1.6	2.61	63.13	2.01	−22.99	2.26	12.44
	村办企业	9.55	10.71	12.15	11.01	2.80	13.92	26.43
就业人数（万人）	乡办企业	70.67	104.45	47.80	105.99	1.47	157.36	48.47
	村办企业	92.07	90.49	−1.72	104.92	15.95	168.52	60.62
产值（亿元）（1980 年不变价格）	乡办企业	12.38	48.73	293.62	106.35	118.24	—	—
	村办企业	7.6	31.75	317.76	84.96	167.59	—	—

　　资料来源:1978 年、1985 年、1989 年的数据来源于湖北省统计局编《湖北统计年鉴》,中国统计出版社 1990 年版,第 113 页。1996 年的数据来自《中国乡镇企业年鉴》编辑委员会编《中国乡镇企业年鉴 1997》,中国农业出版社 1997 年版,第 72 页。

　　根据企业产业自主性,农村集体统一经营工矿业包括自主经营和配套经营两种形式。自主经营形式就是不依托其他企业,由农村集体自主选择产业,自主创办企业,自行寻找产品销路。这种经营形式"门槛"比较高,具有一定市场风险。配套经营形式是依托当地大中型企业,村集体配套兴办小型加工企业和服务企业,构建村企互动、产业带动格局。这种形式要求当地有产业链不是很长的大中型企业,且村集体有条件兴办配套企业为其服务。随着承包责任制的推行和企业股份制改造,湖北乡镇集体企业仍在实行统一经营的越来越少,能一直保持良好发展势头的更是凤毛麟角。其中,嘉鱼县官桥八组集体企业就是一个典型代表。

专栏 3—2

嘉鱼县官桥八组的集体工业之路

　　官桥八组位于嘉鱼县官桥镇官桥村,仅有 67 户、247 人、3.8 平方公里的面积。田野集团是官桥八组的组属集体企业，成立于 1993 年，包括长江合金厂、嘉裕管业公司、神农制药公司、中石特管公司、贵州水城县河坝煤矿等高科技企业和武汉东湖学院。2015 年，全组集体总资产达 25 亿元，实现集体收入 14.5 亿元，创利税 2.5 亿元，村民人均纯收入 6 万元。官桥八组也被称为"神州第一组"，被中联部、外交部指定为接待外国政党参观基地。官桥八组就是集体经济组织统一经营工矿业的成功典型。它之所以能够实现持续快速发展，就在于全组村民在组长周宝生的带领下坚持开放原则、市场化原则，充分利用集体经济本身的优势和各种外部资源，抢抓市场机遇，不断转型发展。

官桥八组的集体经济优势主要体现在与政府部门的关系上。作为农村集体经济发展的标杆，官桥八组得到了当地政府在土地、税收等方面的大力支持。周宝生和田野集团领导经常参加各级党委、政府召开的各种会议。嘉鱼县政府将官桥八组作为各种会议接待的重要场所，使得八组能够及时获得各种外部信息，把握发展方向。

官桥八组在自身资源有限的情况下，巧借外部资源，以一种开放的视野发展集体经济，这是其能够不断发展壮大的重要原因。一是自然资源有限，巧借他地资源。1980 年，八组在发展小煤窑时，本组只有一些"鸡窝煤"，开采价值不大，就租赁附近的官桥村跑马岭煤矿、咸宁古田煤矿等发展资源型产业。2007 年，八组开始到外省借煤，田野集团在贵州投资 3 亿元开办煤矿。二是劳动力有限，巧借外来人才。田野集团成立之后，劳动力就一直比较紧张，外来劳动力逐渐增加，并很快成为第一线生产、服务的主力。外来人员有五六百人，工龄长、贡献突出的，可根据本人意愿在村里安家落户，父母也可随迁过来，享受村民待遇。为发挥科技人员的创造性，园区建起了别墅式专家公寓，配备了小汽车，鼓励科技人员以技术入股分红，并明确宣布，对创新试验，成功重奖，失败不究。

官桥八组集体工业能够持续发展的另一个重要原因就是遵循市场经济规律，紧跟市场，不断转型发展。

在发展初期，官桥八组集体工业企业和大多数乡镇企业一样，是资源性、劳动密集型企业。20 世纪 90 年代初期，官桥八组工业开始转型，通过市场获得了一项高新技术，创办了湖北长江合金厂，开始了由资源型企业向高新技术型企业的转变。1996 年，官桥八组根据"五纵七横"国道主干线建设需要大量缆索的信息，创办了缆索厂。2006 年，根据市场上特种钢管走俏的信息，田野集团与其他企业合资组建了中石特管公司。

从 2015 年开始，官桥八组抢抓国家促进旅游业发展、推进农村一、二、三产业融合发展的战略机遇，开始打造国家乡村公园。

[资料来源:《湖北第一组——官桥八组》，2008 年 9 月 20 日，咸宁新闻网（http://www.xianning.gov.cn/mlxn/jqjd/201207/t20120727_467514.shtml）;《官桥八组为什么这样美?》，2015 年 1 月 8 日，咸宁新闻网（http://szb.xnnews.com.cn/xnrb/html/2015-01/08/content_87933.htm）;《湖北省嘉鱼县官桥八组腾飞之秘要》，百度文库（https://wenku.baidu.com/view/9de13d25192e45361066f5cb.html），2012 年 9 月 2 日。]

三 第三产业统一经营

进入 21 世纪，越来越多的村集体经济组织开展以农业生产服务、房地产业、仓储物流业和旅游业为主的第三产业经营。

（一）农业生产服务业

村集体通过牵头兴办农民专业合作社、协会等合作经济组织，为成员提供产前、产中、产后服务，并收取一定费用。这种模式的主要优势在于风险比较小，对资源的依赖也比较小，是很多缺乏资源的村发展集体经济的首选，对集体经济发展、农民收入增长的促进作用明显。但是，由于服务收取的费用较少，对村集体收入增长促进作用不大。比如，沙洋县黎坪村集体创办了蔬菜合作社，向蔬菜种植户提供市场信息、种植技术、大棚骨架、种苗等服务，集体获得了一定服务费用的同时，也使种植农户实现了增收，实现了双赢①。嘉鱼县潘家湾镇潘家湾村成立蔬菜协会，通过提供生产经营服务，年销售蔬菜 160 万吨，年销售额达 1.9 亿元，2010 年村集体经济收入 8 万元。

（二）仓储物流业

集体统一经营仓储物流业的村一般都邻近火车站、汽车站、机场、

———————

① 张爱民:《城乡一体化背景下发展壮大村级集体经济模式研究——以湖北襄阳等地为例》，《山西财经大学学报》2014 年第 36 卷第 S1 期。

港口等交通枢纽站点，利用地理区位优势，发展装卸、运输、储存等仓储物流业。荆门市掇刀区响岭村依托荆门火车站，兴办装卸、运输、储存等业务，2012 年村级积累达 1600 多万元①。宜昌市伍家乡共谊村、灵宝村抓住重点工程建设机遇，走联合开发、以地生财的路子，兴建标准厂房 20000 平方米，发展仓储物流服务业②。

（三）旅游业

农村集体经济组织利用生态资源优势和历史文化优势，创办农家乐、餐馆、招待所、度假村、休闲观光农业、娱乐场所等经济实体，开发旅游资源，打造旅游品牌，统一经营旅游业。随着经济的发展，人民生活水平的提高，人们对精神享受的追求越来越高，越来越多自然风光秀丽的村集体选择发展乡村旅游业。广水市武胜关镇碾子湾村，依托鸡公山风景区，成立了黑龙潭旅游公司，开发黑龙潭景区，2010 年村级集体收入达 28 万元，全村人均年收入 9353 元。

第二节　承包租赁

村级集体经济发展中，将村域内的山林、水面、矿产和"四荒"等资源以及闲置厂房、设备等集体资产对外承包租赁是最主要的实现形式，主要是因为这种形式操作简便，比较容易实现，风险小，投入少。农村资产资源分散零碎的特点导致其无法整体招商和共同开发③，也限制了其他经营形式的运用。但是，承包租赁的集体经济发展形式收益小，租金无法保障④，导致村集体经济发展缓慢⑤。因此，采取承包租赁的集体经

---

① 涂维亮、陈传新：《资本流动下农村集体经济滞后发展的风险及对策——以湖北荆门为例》，《长江大学学报》（自然科学版）2013 年第 10 卷第 17 期。

② 《宜昌市伍家乡开辟建设新思路积极壮大村集体经济》，2011 年 9 月 1 日，三峡宜昌网（http：//yc. cnhubei. com/html/jdxw/20110901 - 2643. html）。

③ 胡海军：《以租赁、承包经营为主的村级集体经济发展模式分析》，《村委主任》2010 年第 14 期。

④ 本乡本土的村民承包租赁时，存在不遵守合同的情况，见胡海军《以租赁、承包经营为主的村级集体经济发展模式分析》，《村委主任》2010 年第 14 期。

⑤ 涂维亮、陈传新：《资本流动下农村集体经济滞后发展的风险及对策——以湖北荆门为例》，《长江大学学报》（自然科学版）2013 年第 10 卷第 17 期。

济实现形式的关键是要坚持市场化运作,以公开招投标的方式对资产资源进行处理,实现收益的最大化。

一 农村土地家庭承包

我国农村集体经济发展的核心形式是家庭联产承包责任制,一切农村集体经济实现形式的创新离不开以家庭联产承包责任制为核心的农村基本经营制度的创新[①]。农村土地家庭承包制是按照农户家庭人口数量,将农村集体所有的土地平均分配给农户生产经营,农户自负盈亏,实现了农村土地所有权和使用权的分离。由于农户获得了生产和分配的自主权,劳动成果与劳动报酬直接相关,农民的责权利紧密结合,彻底破除了平均主义,家庭承包经营不仅受到农民的普遍欢迎,还极大调动了农民的生产积极性。湖北沔阳县(今仙桃市)有一户农民曾经贴出"责任制符合民意,大包干尤其优越"、横批"党同民心"的春联。

湖北家庭联产承包责任制的推行,各级领导干部都经历了一个认识上的发展过程,起步比较晚[②]。1982 年湖北省实行包干到户的生产队比重为 75.3% ,低于全国 80.9% 的水平。但是由于认识逐渐提高,办法具体,湖北跟上了全国农村改革的步伐,比全国提前一年全面普及家庭联产承包责任制。到 1983 年湖北省实行包干到户的农户比重已经达到 99.3% ,已经超过全国 1984 年时 99.1% 的水平。到 1984 年底,湖北普遍实行了水产承包责任制和山林承包责任制。集体堰塘和小水库实行家庭承包经营,承包期可以延长到 10 年至 30 年以上。林业"三定"过程中,湖北全省共给 383.27 万个农户划定自留山 1952.38 万亩,平均每户分到 5.1 亩自留山;有 20.56 万个生产队的 6470 万亩集体山林落实了不同形式的林业生产责任制,占应落实林业生产责任制生产队总数的 88%;全省 18211 个集体林场中,有 17650 个建立了不同形式的林业生产责任制,占 96.9% 。

---

① 薛继亮:《农村集体经济发展有效实现形式研究》,博士学位论文,西北农林科技大学,2012 年,第 60 页。

② 刘田喜等:《湖北农村改革 30 年》,湖北教育出版社 2008 年版,第 9 页。

随着社会主义市场经济的发展，以"均包制"为特征的家庭联产承包责任制逐步显现出产权模糊的制度性缺陷，从而导致农地经营细碎化，阻碍了农田水利、农业机械、农业科技等具有规模效益的农业物质技术装备条件改善。因此，农村集体经济实现形式在家庭联产承包责任制基础上进一步创新，出现了土地股份合作制、两田制等。

与农户承包经营直接相关是农业税费。1990—1997 年是农民负担快速增长期，1998—2001 年为高水平相对稳定期。1998 年、1999 年湖北全省农民负担总水平都在 200 元/亩以上，高的达到 400 元/亩[①]。谁承包了土地，谁就承担税费；谁得到了土地，谁就得到负担。许多农民不堪重负，纷纷弃田抛荒、外出打工。

二　集体企业承包经营

1983 年，湖北开始在社队企业推行承包责任制，把经营者的经济责任、经营权利、物质利益结合在一起，用合同形式将企业交给经营者自主经营，自负盈亏，国家依法征税，企业合理提留，经营者多劳多得。在一定程度上激励了承包经营者，使职工更加关心企业经济效益。到 1985 年，湖北全省实行承包经营的农村集体企业达到 2.3 万多个，占集体企业总数的90%[②]。

由于企业的管理水平与经营者素质存在差异，在推行承包经营责任制中，承包形式、内容、指标、收益分配、民主管理、企业规章制度等方面参差不齐。有的企业合同内容不全，只有单项上交指标，且承包额普遍偏低；有的承包者包盈不包亏，盈了归自己，亏损归集体；有的个人得大头，集体得小头；有的只顾眼前利益，机器设备超负荷运转。针对承包经营责任制中出现的问题，1987 年湖北农村集体企业开始引进竞争机制和风险机制，深化和完善承包经营责任制，95% 的农村集体企业实行了承包经营责任制。其中，有 5200 多个企业实行了招标承包，

---

① 杨孔平、陈樱：《推动农村"第二次飞跃"——湖北农村税费改革十周年回眸》，载杨孔平《土地"三权分置"与农村"二次飞跃"》，中国农业出版社 2017 年版，第 57 页。

② 中共湖北省委党史研究室编：《中国新时期农村的变革：湖北卷》，中共党史出版社 1998 年版，第 87 页。

1.4 万多人参加投标,有 1/3 的企业缴纳风险抵押金 3900 多万元,不少企业还实行了全员风险抵押承包①。1989 年初,湖北在开展承包经营责任制兑现的基础上,开始实行承包换届试点,对承包内容进行配套完善。

三 "四荒"资源租赁

1992 年 8 月,山西吕梁地区政府出台了《吕梁地委行署关于拍卖荒山荒沟荒坡荒滩使用权、加速小流域治理》的文件,该文件规定,任何人都可通过竞标、招标、议标等形式购买"四荒"的使用权,购买期限包括 30 年、50 年、100 年,使用权可以转让、入股、出租、抵押。山西省吕梁地区的做法引起了全国各地包括湖北一些地区的效仿,各地纷纷出台办法对域内"四荒"资源进行拍卖,从而为农村集体经济增加了新的收入来源。在大部分的边远农村,集体资源只有一些零碎的荒山、水库、堰塘等,集体经济的发展只有依靠出租这些资源获得一些收益。特别是村级债务严重的时候,很多地方政府一再要求村集体拍卖"四荒"用于还债。乡镇一级希望村级"四荒"拍卖收入缴纳税费,村一级希望通过拍卖"四荒"维持正常运转②。农村集体经济的不景气强化了乡村两级拍卖"四荒"的积极性,但"四荒"资源的拍卖进一步减少了农村集体经济发展的资源。

湖北一些农村集体经济组织在处置本村的"四荒"资源时,要么由于资金短缺,急于把集体资源变现,低估了资产价值,造成集体资产流失;要么"唯亲""唯友"暗箱操作,低价中标,使集体应得收益转移到少数农户或承包户手中③。如表 3—5 所示,湖北大部分村集体的"四荒"资源"拍卖"价格都只有每亩每年 100 多元,有的甚至不超过10 元④。

---

① 《中国乡镇企业年鉴》编辑委员会编:《中国乡镇企业年鉴 1978—1987》,农业出版社1989 年版,第 131 页。
② 贺雪峰:《新乡土中国》,北京大学出版社 2013 年版,第 190 页。
③ 高军、秦兴万:《农村集体资源管理亟待加强》,《中国财政》2010 年第 8 期。
④ 贺雪峰:《新乡土中国》,北京大学出版社 2013 年版,第 190 页。

表 3—5 湖北"四荒"资源租赁价格情况

时间	地点	面积（亩）	"四荒"内容	金额（万元/年）	单价（元/亩年）
1995 年	随州洪水镇阎家河村	150.00	荒水	2	133.33
1995 年	随州洪水镇马家荡村	85.05	荒水	1	117.58
2001 年	沙洋县某村	10794	"四荒"	148	137.11
2002 年	麻城市福田河镇磨石村	5500	荒山	25	45.45
2004 年	孝昌县邹岗镇牛迹村	150	荒地	0.45	30
2009 年	南漳县文笔峰村	5	河滩地	0.17	233.33

资料来源：1995 年随州洪山镇阎家河村和马家荡村的数据来自加长春、王洪波、彭玉琴《发展集体经济 分流农民负担》，《农家顾问》1996 年第 7 期。2001 年沙洋县的数据来自贺雪峰《乡村组织及其财政状况——湖北 J 市调查 第六章：村级债务》，村民自治进程中的乡村关系学术研讨会论文，武汉，2001 年 12 月，第 53 页。2002 年麻城市的数据来自程胜利《破译村级债务难题 巩固税费改革成果 湖北省总结推广麻城十条经验》，《人民日报》2003 年 6 月 29 日。2004 年孝昌县邹岗镇牛迹村的数据来自杨华、丁胜利《关于湖北省乡村债务问题的调研报告》，《湖北经济学院学报》2005 年第 3 期。2009 年南漳县的数据来自胡海军《以租赁、承包经营为主的村级集体经济发展模式分析》，《村委主任》2010 年第 14 期。

在"四荒"资源拍卖所得无法解决村级集体经济困难的时候，湖北一些地方将村民的承包地收回进行拍卖，比如水库、山林、抛荒地，或者将耕地挖成鱼塘进行"拍卖"①。因此，1999 年国务院办公厅专门出台了二号文件对"四荒"资源使用权拍卖进行了规范。2002 年实施的《农村土地承包法》第三章专门对"四荒"资源的招标、拍卖、公开协商等方式进行了具体规定，进一步规范"四荒"资源拍卖。

四 农户承包地统一出租发包

农村集体经济组织将农户承包地统一起来出租发包包括两种形式：一种是成立土地存贷合作社，将农户承包土地统一起来租赁给农业龙头企业，从中收取一定费用；另一种是将统一起来的土地再承包给农户，实行"反租倒包"。农村集体经济组织对统一起来的土地进行了以基础设

---

① 贺雪峰：《新乡土中国》，北京大学出版社 2013 年版，第 191 页。

施建设投资为主的专用性资产投资，收入来源高度依赖于土地转租收入，而农业用地的土地租金又不会太高，这就决定了该种形式下农村集体经济的自我积累能力非常有限。同时，土地存贷合作社或"反租倒包"的技术投入仅限于土地整理和种植区规划，为承租土地的种植大户搭建技术培训平台，而不重视为村集体培养种植能手和由村集体从事农业生产。普通农户很少参与土地存贷合作社的管理，造成土地经营风险的控制主体与承担主体相分离，不利于维持农村集体经济组织和农户之间的合作。

湖北各地农村集体经济组织纷纷探索将农户承包地统一出租发包。钟祥市彭墩村和荆门市东宝区泗水桥村通过成立土地存贷合作社，将农户分散的土地集中起来，然后再统一出租，获得存贷利差收益。应城市四里棚街道办事处栗树村 2006 年通过"反租倒包"的形式将村民的土地集中起来，完善农业基础设施，建立养鸡场、养猪场以及蔬菜三个产业基地，再倒包给农户经营，2011 年该村集体经济总收入达到 360 万元，农民人均纯收入 11000 元[①]。

五　集体资产租赁

集体资产租赁包括原有资产租赁和新建资产租赁，一般这类村的地理区位优势较为明显，要么紧邻城镇，要么交通方便。原有资产大多数是 20 世纪 90 年代政府鼓励乡镇企业发展时期创办企业遗留下来的办公用房、厂房、机器设备等资产，以及农村中小学撤并后空闲的校舍。新建资产多是商铺、仓库、工业厂房等开展物业经营的资产。

（一）原有资产租赁

原有资产租赁是将集体所有的办公用房、校舍、厂房、机器设备等闲置资产对外租赁，一方面可以物尽其用、变废为宝，另一方面村级组织不再直接经营企业，采用"运营不经营"的方式发展集体经济，实现了集体资产保值增值。如表 3—6 所示，湖北各地农村集体经济组织利用村原有资产开展租赁，取得了较好的经济收益。

---

① 陈敏:《村级集体经济的贫困与发展干预》，硕士学位论文，浙江师范大学，2013 年，第 36 页。

表3—6　　　　　　　湖北各地村集体利用村原有资产开展租赁情况

时间	地点	资产租赁情况	收益
2009 年	襄樊市南漳县南背村	将村集体企业南漳县龙腾商贸有限责任公司整体对外出租	每年按照公司总营业额的 12.5% 收取租赁费用，村集体收取租金 25 万元
2010 年	宜昌市夷陵区分乡镇界岭村	将村委会闲置的房产和场地租赁给宜昌市科力生食用菌业公司栽培食用菌	租金收入 1 万元
2010 年	荆州石首市大垸镇黄金剅村	将原有的村集体企业砖厂、塑料厂、供水站、村部大楼对外出租	租金收入 29 万元
2010 年	孝感市汉川市马口镇高庙村	将停产的村办企业精纺厂和电线厂的闲置厂房，以及村里的闲置小学校舍进行公开招租	租金收入 23.8 万元
2010 年	鄂州市庙鹅岭村	整合飞鹅宾馆、冶金机械厂等集体固定资产对外出租	每年的租金收入比以前自己经营的收入增加了两倍，村级收入连续两年增长 20% 以上，达到 2700 万元

　　注：襄樊市南漳县南背村的资料来源于胡海军《以租赁、承包经营为主的村级集体经济发展模式分析》，《村委主任》2010 年第 14 期。荆州石首市大垸镇黄金剅村和孝感市汉川市马口镇高庙村的资料来源于陈敏《村级集体经济的贫困与发展干预》，硕士学位论文，浙江师范大学，2013 年，第 35 页。

（二）新建资产租赁

　　由于工业化和城镇化程度较高，第二、第三产业较为发达，土地增值空间大，湖北一些"城中村""城郊村"和"园中村"利用地域优势和征地补偿金在本村附近建设标准厂房、仓储设施、专业市场、商铺等开展物业租赁经营。还有一些村级企业实力雄厚，拥有丰厚村级积累的村，打破地域限制，在城镇、工业功能区投资房地产，走物业经济之路。如表3—7 所示，湖北各地村集体经济组织利用地理区位优势大力发展物业经济，取得了较好的经济收益。

表 3—7   湖北各地村集体新建资产开展租赁情况

时间	地点	资产租赁情况	收益
2007 年	襄樊市施营社区	利用村集体土地兴办了竹木大市场、水产批发市场、旧货交易大市场、陶瓷专业大市场	集体纯收入达 800 多万元,上交国家税金 500 多万元,安排劳动就业人员达 5000 多人
2009 年	南漳县便河村	把村委会改建成一个占地 3500 平方米、拥有 148 个门面的风神大市场,门面以 300 元/月的价格出租	收取房屋租金 150 万元
2010 年	宜昌市伍家乡共和村	利用村级发展预留地,投资 840 万元建起了 13000 平方米的厂房,依托花艳火车站兴建仓储设施	年租赁收入 200 多万元
2010 年	宜昌市伍家乡联丰村	建成小区商业门面 6800 平方米	年租赁收入 64 万元
2012 年	荆门市东宝区子陵村	通过盘活土地建立子陵工业孵化园,将厂房对外出租	村集体年租金收入 660 多万元

注: 襄樊市施营社区的资料来自肖松琼《不负党的重托——记湖北省襄樊市施营社区党委书记韩开洪》,《学习月刊》2007 年第 8 期。南漳县便河村的资料来自胡海军《以租赁、承包经营为主的村级集体经济发展模式分析》,《村委主任》2010 年第 14 期。宜昌市伍家乡共和村和联丰村的资料来自《宜昌市伍家乡开辟建设新思路积极壮大村集体经济》,三峡宜昌网,2011 年 9 月 1 日。荆门市东宝区子陵村的资料来自涂维亮、陈传新《资本流动下农村集体经济滞后发展的风险及对策——以湖北荆门为例》,《长江大学学报》(自然科学版) 2013 年第 10 卷第 17 期。

第三节　股份合作

20 世纪 90 年代中期以后,湖北农村集体企业实行股份合作制产权制度改革,但是成功的不多。进入 21 世纪,湖北各地出现了土地股份合作社和社区股份合作社,取得了较大的成功,基本解决了由于产权约束造成的经营困境和集体资产流失问题。

一　股份合作制农村集体企业

股份合作制农村集体企业是湖北农村集体经济实行股份合作的萌芽形式。尽管限于当时的经济发展水平和管理水平，这种农村集体经济的实行形式并不是很成功。但是为城市企业股份制改革和以后的农村集体经济股份合作制改革积累了经验和教训，是湖北经济进行市场化改革的有益探索。

（一）农村集体企业股份合作制实现形式

20 世纪 80 年代中期，在农村集体企业实行承包经营责任制的同时，少数联户企业中萌芽了股份合作制。1988 年，襄樊市两家集体企业试行股份合作制，取得了良好的经济效应和社会效益，为股份合作制的全面推行作出了示范[①]。1993 年 5 月，湖北省乡镇企业工作会议主要学习推广了襄樊市股份合作制的经验，一些地市州纷纷派人到襄樊参观学习，股份合作制在全省推开。到 1993 年底，全省推行股份合作制的企业近两万家，股金总额 30 多亿元，其中现金入股超过 13 亿元[②]。2000 年湖北省一半以上的乡镇办集体企业都进行了产权制度改革[③]，大多是规模较大、经济效益好的企业[④]。

湖北农村集体企业股份合作制主要有三种形式：第一种是将集体资产折合成集体股，再吸纳企业职工以资金参股；第二种是将部分集体资产进行股份量化，并配股给职工，同时吸纳职工以对等的资金入股，实行股份合作与劳动合作相结合；第三种将集体资产全部折合成股份转让给企业部分职工或全体职工。湖北各地普遍采取了第一种和第二种形式进行股份合作制改造，在企业职工中进行集资。其中，经

---

① 中共湖北省委党史研究室编：《中国新时期农村的变革：湖北卷》，中共党史出版社 1998 年版，第 2 页。

② 《中国乡镇企业年鉴》编辑委员会编：《中国乡镇企业年鉴 1994》，中国农业出版社 1994 年版，第 72 页。

③ 梅建明、项小军：《湖北省乡镇企业 1978—2002 年发展概况、问题及对策研究》，《武汉科技大学学报》2003 年第 4 期。

④ 易应忠、何艳芳：《对湖北省乡镇企业股份合作制情况的调查及信贷管理对策》，《农村金融研究》1994 年第 3 期。

济较发达地区筹集民间资金比较容易，经济不发达地区筹集民间资金比较困难①。也有少数地方采取了第三种形式，如枣阳市在农村集体企业产权制度改革过程中，普遍采用了第三种形式，将集体资产转换为全体职工的股份，实行"工者有其股，持股上岗"，进行彻底的股份合作制改造。

（二）农村集体企业实行股份合作制的积极作用

湖北农村集体企业实行股份合作制在一定程度上产生了以下几个方面的积极作用②。

一是实现了投资主体多元化，拓宽了企业筹资渠道，缓解了企业资金紧缺的问题。农村集体企业通过实行股份合作制，把零星分散的资金和游离于生产流通之外的资金吸纳入股，变消费资金为生产资金，在一定程度上缓解了农村集体企业资金紧缺的燃眉之急。同时，投资主体多元化在一定程度上分散了投资风险。

二是有效地规范了政府行为，减少了不合理的行政干预。实行股份合作制，集体产权转化为股权，凭股权行使管理权和相应的责、权、利。企业生产经营中的重大问题不再由政府决策，而是由董事会决策，减少了行政干预，在一定程度上实现了政企分开，所有权和经营权分离。

三是转换了企业经营机制，强化了内部管理。乡镇企业实行股份合作制，加快了企业经营机制转换，确立了面向市场的生产经营机制，以技术为先导的发展机制，以章程为准则的约束机制，以按劳分配为主按资分红为辅的激励机制和科学、严格的管理机制。同时，职工入股增强了职工的主人翁意识，增强了职工的责任感和危机感，调动了职工的生产积极性。

（三）农村集体企业实行股份合作制存在的问题

湖北农村集体企业的股份合作制改革总体上不够规范③，导致大多数

---

① 易应忠、何艳芳:《对湖北省乡镇企业股份合作制情况的调查及信贷管理对策》，《农村金融研究》1994年第3期。

② 同上。

③ 同上。

企业没有真正独立，企业管理仍然没有改善，无法实现理论上应该达到的目的和预期效果①，以至于后来企业经营无法持续，集体资产一卖了之，集体企业变为私有制企业。湖北农村集体企业实行股份合作制存在的问题具体表现在以下两个方面。

一是组织机构和规章制度不符合股份合作制企业的要求。有的企业没有成立董事会、监事会和股东代表大会，董事长仍由厂长兼任，仍实行任命制。有的企业章程过多强调权利，而对责任和义务规定不多；有的企业规定同股不同利，大多是集体股利小，个人股利大，职工股利小，干部股利大；有的企业没有规定提取公积金和公益金，以及企业亏损或倒闭后资产清偿的办法。有的企业甚至没有制定章程。

二是企业财务管理存在很大漏洞。一方面，企业资金使用成本很高，有的企业将股金作为负债，实行约期退股；有的企业以 30%—40% 的红利率吸引股民入股，甚至有的企业既分红又保息。另一方面，企业资金流动性很低，盈利能力很差，无法保障贷款的本息和股金的分红。为了对原有关停企业进行改造，大多数股份制企业将吸纳的股金用于扩大生产规模的固定资产投资，流动资金缺口通过银行贷款解决。同时，企业的利润率大都在 20% 以下，在高红利率和长期投资比重过高的情况下，流动资金缺口将越来越大，影响企业可持续发展。

二　社区股份合作

农村社区股份合作是股份制和合作制相融合的一种农村集体经济实现形式。它在坚持土地集体所有和集体财产不可分割的前提下，按照合作制原则、借鉴股份制形式，将集体资产资源折股量化到人，实现股份合作制经营。这种实现形式确定了农民对集体财产的个人占有权、利益分配权、民主决策权以及民主管理权②。社区股份合作社在对社员进行配股的基础上进一步吸收社员以现金入股，吸收企业或非社员的个人投资，拓宽了集体

---

① 马发生：《湖北省乡镇企业产权制度改革中政策与理论问题的思考》，《乡镇企业研究》2000 年第 6 期。

② 薛继亮：《农村集体经济发展有效实现形式研究》，博士学位论文，西北农林科技大学，2012 年，第 29 页。

经济的融资渠道,有利于集体经济筹措资金,缓解了集体经济组织经营的资金压力。建立社区股份合作社,实现了村集体经济组织与村委会的政经分离,使村集体经济组织成为自主经营的独立经济实体,符合市场经济规律,保障了农村集体经济可持续发展。根据集体经济组织入股经营的对象不同,可以划分为土地股份合作和资金资产股份合作两种形式。

(一)土地股份合作

20 世纪 80 年代,土地股份合作在中国广东南海等地出现。国内土地入股入社大量涌现是在 2007 年《农民专业合作社法》施行后,土地股份合作逐渐成为土地流转的重要经营形式①。社区土地股份合作社是在村或村民小组一定的地域范围内,以农户承包地或者村集体拥有的土地、林场、荒滩等自然资源作价量化为集体经济组织成员股份,组建村办合作社,再吸引社会资本投资入股,共同开发经营;或者将集体土地作价入股到企业或者合作社,村集体在实体中占定额股份,并积极引导、鼓励村民入股,参与分红。这种形式主要是位于纯农区的农村集体经济采用。不论是吸引社会资本入股,还是入股私营企业或合作社,这种形式的一个重要特点就是产权明晰,无论是农户的承包经营权还是集体没有分到农户的土地,都确权确股到户、到村集体。这种农村集体经济实现形式一方面提高了土地产权的完整性和完全性②,农民的土地承包权量化成个人股权,实现了土地资源资本化③,促进了土地承包权与经营权分离④,从而充分发挥了土地承包权的财产权性,增加农民的财产性收入;另一方面促进了土地规模经营,社区土地股份合作社在保证群众利益、尊重群众愿望的基础上,将外出打工农户闲置的承包地统一入股到合作社,由村集体发展适度规模经营,保障了农户承包权收益,增加了集体经济收入。到 2018 年,湖北全省由村集体牵头成立的土地股份合作社达到

---

① 何安华:《土地股份合作机制与合作稳定性——苏州合作农场与土地股份合作社的比较分析》,《中国农村观察》2015 年第 5 期。

② 冀县卿、钱忠好:《农地股份合作社农地产权结构创新——基于江苏渌洋湖土地股份合作社的案例研究》,《农业经济问题》2010 年第 31 卷第 5 期。

③ 丁关良、蒋莉:《土地承包经营权入股农民专业合作社有关法律问题研究——以浙江省为例》,《山东农业大学学报》(社会科学版)2010 年第 3 期。

④ 薛继亮:《农村集体经济发展有效实现形式研究》,博士学位论文,西北农林科技大学,2012 年,第 132 页。

1098 个，入股土地90 万亩①。

　　表3—8 列举了湖北各地村集体开展土地股份合作的几种典型模式。从合作对象来看，有企业和农民合作社。其中，企业又包括农业企业和工矿企业，工矿企业有利用村集体土地开采矿产的，如宜昌市夷陵区龙泉镇柏家呼村；有利用集体土地建设厂房进行工业生产的，如汉川市刘家隔镇码头村。农民专业合作社的属性又分为村集体牵头和个人牵头。宜城市孔湾镇杜岗村是村集体牵头成立的合作社，类似于江苏省苏州市大力推广的合作农场模式②；沙洋县官垱镇王坪村是个人牵头成立的合作社。从入股土地类别来看，有村集体土地和农户承包地。孝南区龙岗村、同昶村、东桥村、彭桥村就是村集体机动地和农户承包地同时入股，宜城市孔湾镇杜岗村只有农户承包地入股，沙洋县官垱镇王坪村、宜昌市夷陵区龙泉镇柏家呼村、汉川市刘家隔镇码头村都只有村集体土地入股。

表3—8　　　　　　　湖北各地村集体开展土地股份合作的情况

时间	地点	方式	收益
2010 年	宜城市孔湾镇杜岗村	村集体引导动员村党员干部和经营大户带头以土地入股村办农桥蔬菜合作社	村集体经济年收入 7 万元
2010 年	沙洋县官垱镇王坪村	经过迁村腾地和土地流转，增加耕地 1500 亩，通过平整土地盘活集体荒芜土地 3000 多亩，村集体将这 4500 亩集体耕地入股沙洋现代田园生态农业合作社	分红收益用于村庄公益事业和扶持贫困农户
2010 年	宜昌市夷陵区龙泉镇柏家呼村	该村山地的大理石资源丰富，村集体以山地资源入股宜昌红岩矿业和五龙堡片石厂	村集体经济获得分红 7.6 万元

————————

　　① 数据来自湖北省农业厅农村经济经营管理局。
　　② 合作农场主要由村集体经济组织牵头成立并管理，村民以土地承包经营权、劳动力、农业机械等生产资料、资金自愿入股而成为合作农场的成员。参见何安华《土地股份合作机制与合作稳定性——苏州合作农场与土地股份合作社的比较分析》，《中国农村观察》2015 年第 5 期。

续表

时间	地点	方式	收益
2011 年	孝南区龙岗村、同昶村、东桥村、彭桥村	探索实行"土地入股,农企联姻,链式经营"的"春晖模式"	—
2012 年	汉川市刘家隔镇码头村	利用其交通便利等区位优势,将开发的"四荒地"入股圣帮服饰有限公司和天仙纺织有限责任公司	村集体每年可获得分红 10 余万元,村级集体经济收入达到 15 万元

注:宜城市孔湾镇杜岗村的资料来自张爱民《城乡一体化背景下发展壮大村级集体经济模式研究——以湖北襄阳等地为例》,《山西财经大学学报》2014 年第 S1 期。沙洋县官垱镇王坪村的资料来自黄国辅、丁建军、尹作亮、梁小青《农地入股发展集体经济模式的新探索——基于湖北沙洋王坪村新农村建设的调查研究》,《荆楚理工学院学报》2011 年第 10 期。宜昌市夷陵区龙泉镇柏家呼村和汉川市刘家隔镇码头村的资料来自陈敏《村级集体经济的贫困与发展干预》,硕士学位论文,浙江师范大学,2013 年,第 28 页。

村集体土地在与社会资本开展股份合作的过程中,存在一些风险和问题。一是信息不对称问题。龙头企业或个人牵头成立的合作社往往直接掌管财务,村集体和村民无法掌握准确的盈利信息,其股金分红收益无法保障,如专栏 3—3 春晖模式以龙头企业牵头成立的土地股份合作社就存在这样的问题。二是生态环境风险。随着国家对生态环保的重视,将强制性关停采石矿、砖瓦厂等破坏自然资源的项目和企业,以矿产资源对外开展股份合作的村集体,其收入来源将被切断。

专栏 3—3

春晖模式

"春晖模式"是湖北发展土地股份合作经营的一个典型模式,在全省乃至全国都产生了广泛的影响,具有极大的示范带动效应。湖北省委省政府高度重视,多名省领导做出批示,省农业厅厅长专门为合作社成立揭牌，中央相关部门领导给予高度评价，吸引了全国各地的参观考察学习团队。

春晖米业公司是孝感市的一家省级农业产业化重点龙头企业。为了保证粮源，公司采取了直接租赁土地、以农机等服务置换土地的季节性经营权等方式自己开展粮食生产。但是，仍然存在流转土地小而散，不利于机械化作业；流转时间短，流转关系不稳定等问题。于是，公司希望与农户建立长期的土地流转关系。2010 年 10 月开始，在孝南区政府和经管局的牵头与协调下，公司与土地条件较好、村组班子力量较强的龙岗、同昶、东桥、彭桥四个村，达成长期、规模流转土地的合作意向。2011 年 1 月 19 日，龙岗土地股份合作社正式成立。

龙岗土地股份合作社共有社员（股民）669 人，总资产 1062.02 万元，总股份 11773.73 股。其中，村集体和农民入股土地 6004.6 亩，每亩折 1 股，折合股份 6004.6 股，占总股份的 51%；春晖米业公司入股农机具 216 台套，折合股份 5769.13 股，占总股份的 49%。社员（股民）代表大会为合作社最高权力机构，拥有代表 52 人，其中春晖集团 25 人，龙岗等四个村的代表 27 人。理事会是社员（股民）代表大会的常设机构，有 9 名理事，其中春晖米业公司 2 人，村委会、村党支部成员 6 人，流转农户 1 人。合作社聘请春晖米业公司董事长谭伦蔚为职业经理人。

合作社的经营范围主要包括土地种植业和农机服务业。在土地种植方面，入股的 6000 多亩耕地都种植了水稻，实行"七统一"管理（统一种子、统一育秧、统一机耕、统一机插、统一机防、统一灌溉、统一机收）。合作社的利润分配采用"租金保底、盈余分红"的模式，即"360 + X"。其中，每年每亩 360 斤中籼稻作为保底租金，"X"就是盈余分红。合作社在提取"三金二费"（公积金、公益金、风险金、农机具折旧费和管理费）后的剩余利润，按村集体与农民占 51% 的股权比例进行分红。2015 年，入股农民亩均收入 556 元，其中保底租金 360 斤中籼稻折合 414 元，耕地地力保护补贴 107 元，分红 35 元。

这种"龙头企业 + 合作社 + 基地（农户）"的"春晖模式"一方面解决了土地抛荒问题，使农户能够放心长期在外务工。另一方面大大改善了农业生产条件，提升了农业现代化水平。春晖米业公司对土地进行了高标准的建设和整理，耕地面积增加了 10% 以上，地块面积由原来的

0.8 亩扩大到 30 亩,大大提高了机械耕种的效率,降低了生产费用。

但是,由于春晖米业公司董事长谭伦蔚作为副理事长兼经理,直接控制了合作社实际业务。同时,春晖米业公司人员负责合作社财务管理主要工作。村集体和农户在合作社的运营管理中处于弱势地位,无法准确掌握财务情况,也就无法保证年底分红的真实、公正,以及农民对合作社控制权的实现。

(资料来源:赵鲲:《理性看待公司主导下的土地股份合作——湖北春晖集团以股份合作形式流转土地情况调研》,《农村经营管理》2011 年第 12 期。张爱虎、徐琰:《孝南:"春晖模式"引来百花齐放》,《湖北日报》2016 年 12 月 7 日。)

(二) 资金资产股份合作

湖北主要在"三村"(城中村、城郊村和园中村)普遍实行了集体产权制度改革,建立了社区股份合作社,实行资金资产的股份合作。由于"三村"的土地大量被征用,村集体将富余的土地征用补偿金入股企业,还有的"三村"将村集体拥有的厂房、机器设备、仓库、商铺入股企业,实现了集体资产保值增值。这种形式风险高,回报也高。比如钟祥市桥当村集体积累资金 5320 万元,将部分资本入股到武汉飞德科技开发公司、武汉中百集团等企业,同时还控股经营着金利储运、中原磷化等 6 家股份制企业,2012 年村集体经济收入 550 万元[1]。谷城县石花镇平川村把集体企业厂房、机器设备入股到新引进的企业中,收取固定红利,增加了集体经济收入[2]。

开展资金资产股份合作的村集体主要集中在集体经济富裕、经营性资产较多的"三村"。如表 3—9 所示,2011—2013 年湖北完成集体产权股份合作制改革的"三村"数量分别为 167 个、216 个和 232 个,而同期全国完成集体产权股份合作制改革的村为 1.66 万个、2.4 万个和 2.8 万个,湖北在全国所占的比重非常小。这主要是因为全国完成农村集体产权制度改革的村 80% 都集中在上海、北京、广东、江苏和浙江

---

[1] 涂维亮、陈传新:《资本流动下农村集体经济滞后发展的风险及对策——以湖北荆门为例》,《长江大学学报》(自然科学版) 2013 年第 17 期。

[2] 张爱民:《城乡一体化背景下发展壮大村级集体经济模式研究——以湖北襄阳等地为例》,《山西财经大学学报》2014 年第 S1 期。

等市场化、城镇化和工业化相对比较发达的地区，这些地区的村集体经济富裕，集体产权改革呼声强烈，而湖北的空壳村、负债村多，改革动力相对不足。

表3—9　2009—2013年全国和湖北农村集体产权制度改革进展情况

项目 ＼ 年份	2009	2010	2011	2012	2013
全国完成产权制度改革的村数（万个）	1.07	1.29	1.66	2.4	2.8
湖北完成产权制度改革的村数（个）	—	—	167	216	232
量化资产总额（亿元）	2210.6	2528.1	3295	3618.6	3671.2
股东总数（万人）	1063.8	1718.6	2315.7	3710.2	3830.3
累计股金分红总额（亿元）	365	440.6	548.7	812.8	924.1
平均每股分红（元）	662	511	492	346	525

资料来源：历年《全国农村经营管理统计资料》。

如表3—10所示，湖北实行集体产权制度改革的"三村"也主要集中在经济较发达的地市（州）。2014年，湖北完成产权制度改革的273个"三村"主要集中在武汉、襄阳、黄石、黄冈、宜昌，正在进行产权改革的村也主要集中在武汉和襄阳。2016年，湖北完成产权改革的347个"三村"主要集中在武汉、襄阳、宜昌三市。2017年完成产权改革的889个村主要集中在荆门和宜昌。

表3—10　2014—2017年湖北农村集体产权制度改革的地区分布　（单位:%）

年份	类型	武汉	襄阳	黄石	黄冈	宜昌	荆门
2014	已完成产权制度改革的村	19	17	9	8	7	
	正在进行产权改革的村	53	15	—	—	—	
2016	已完成产权制度改革的村	23.4	14.6			12.7	
2017	已完成产权制度改革的村	—	—		—	20.1	43.1

资料来源：2014年的数据来源于廖长林《农村集体经济产权制度改革创新问题研究》，载中共湖北省委农村工作部编《三农研究》（2015年度），第120页。2016年和2017年的数据来源于湖北省农业厅农村经济经营管理局。

如表 3—11 所示,2016 年湖北完成产权制度改革的村比 2015 年增加 61 个,增长 21.3%。已完成集体产权制度改革的村量化资产总额 107.32 亿元,同比增长 20.8%;设立股东 49.87 万人,同比增长 28.9%;累计股金分红 5.13 亿元;平均每个股东分红 373.34 元,比 2015 年增长 61.5%。从湖北与全国农村集体产权制度改革进展情况对比来看,湖北的农村集体产权制度改革只占全国非常小的比重,但是 2016 年比 2015 年的比重有所上升,平均每股分红从低于全国平均水平上升到超过全国平均水平 18.93%。

表 3—11　　2015 年、2016 年全国和湖北农村集体产权制度改革进展情况

项目	2015 年			2016 年		
	全国	湖北	湖北在全国的占比(%)	全国	湖北	湖北在全国的占比(%)
完成产权制度改革的村数(个)	58122	286	0.49	66530	347	0.52
量化资产总额(亿元)	6073.83	88.81	1.46	6993.38	107.32	1.53
股东总数(万人)	8173.88	38.72	0.47	8672.75	49.87	0.58
累计股金分红总额(亿元)	1593.28	3.27	0.21	1802.67	5.13	0.28
平均每股分红(元)	314.16	230.90	73.50	313.93	373.34	118.93

资料来源:2015 年和 2016 年《全国农村经营管理统计资料》。

湖北完成集体产权制度改革的"三村"集体经济发展势头良好,乡村治理成效显著,潜江市张金村是其中的一个典型。

专栏 3—4

潜江市张金村社区股份合作社

潜江市张金村位于张金经济开发区内,属于典型的园中村。1993 年潜江市张金村乡镇企业总产值就在全省村一级排在第一位,达到 2.79 亿

元。因此，张金村开展集体经营性资产股份合作制改革具有先天优势。张金社区股份合作社成立于 2008 年 12 月，拥有股东人数 2559 人，共设置股份 3645 股，其中集体股 1087 股，个人股 2558 股。通过成立社区股份合作社，张金村的集体经济发展水平大大提高，乡村治理能力更强。2009 年张金村被湖北省委、省政府授予"湖北省村级经济发展先进村"，2012 年张金社区股份合作社被湖北省农村经济经营管理局授予"全省社区股份合作示范社"。

社区股份合作社成立后，张金村集体经济组织职能不再由村民委员会代理行使，而由社区股份合作社专门的集体经济组织行使，实现了农村集体经济的政经分离。张金社区股份合作社由董事会、监事会和股东代表大会组成，是符合现代企业制度的法人治理机构，为村集体经济的发展奠定了良好的组织基础。张金村集体经济摆脱了过去以土地出租收入为主的粗放发展，实现了向物业租赁、运输业等第三产业的转型。2009 年建成了占地面积 140 亩的农民工回归创业园，包括 3000 平方米的厂房及其配套设施。张金社区股份合作社还组建了潜江市鑫弘物流运输有限公司、潜江市张金社区劳动服务中心，为开发区内企业提供运输和劳动力中介服务。

社区股份合作社的成立，使得张金村社区治理有了经济手段，取得了良好的效果。通过将计划生育、殡葬改革、遵纪守法等事项纳入股份配置管理，对于违反相关规定、不遵守社区章程的违法乱纪村民一律取消其股份，不给予其分红，实现了对村民的有效管理，扰乱生产经营秩序等违法乱纪的现象大大减少。

（资料来源：《中国乡镇企业年鉴》编辑委员会编：《中国乡镇企业年鉴1994》，中国农业出版社 1994 年版，第 71 页。邹青：《股份合作社的样本——来自潜江市张金村社区股份合作社的报道》，《学习月刊》2012 年第 5 期。）

第四节　集体资产出售

出售集体资产就是将资产的集体所有权转变为私人所有权，产权性质发生了根本改变，是集体经济实现形式中最不可持续、整体经济效益最差的形式。由于农村土地的集体所有制是无法破坏的，因此集体资产出售的主要是农村集体企业的资产。农村集体企业资产出售主要集中在21 世纪初期,农村集体企业实行股份合作制改革失败后,纷纷采取了"一卖了之"的形式进行企业产权制度改革。汉川市马口镇高庙村的集体企业就是直接变卖了机器设备,虽然当时增加了村集体资金,但是村集体丧失了资产所有权,也就丧失了资产后续经营收入。2001 年老河口市52 家村办企业全部改制,其中 36 家原股份合作制企业中的集体股份全部退出,16 家企业卖给私人①。

"十五"期间(2001—2005 年)全国原有 159 万家农村集体企业中的 69.8% 已经改制成私营企业,17.6% 的集体企业实现了投资主体多元化,改制成为混合所有制企业,在全国乡镇企业资本中的民间资本已经占到 84.9%,比"九五"末提高了 30 个百分点。2007 年全国农村集体企业总数为 14.5 万家,而民营企业为 495.8 万家,股份公司和有限责任公司 50 多万家,农村集体企业资本金占农村集体企业权益资本的比例1996 年为 46%,2000 年降为 33%,2003 年再降至 16%。

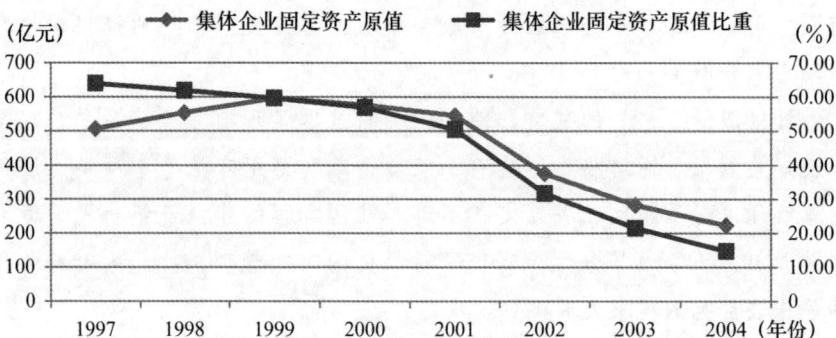

图 3—1　湖北农村集体企业固定资产原值及其占比(1997—2004 年)

资料来源:历年《中国乡镇企业年鉴》。

如图 3—1 所示,1997—2004 年,湖北农村集体企业固定资产原值1999 年达到历史最高值 596.11 亿元,之后逐年下降,2004 年减少到

---

① 杨国林:《包袱是这样卸掉的——湖北省老河口市化解村组债务纪实》,《农村工作通讯》2001 年第 4 期。

223.00 亿元。集体企业占乡镇企业固定资产原值的比重 1997 年为 63.98%，2002 年以前下降幅度还较慢，比重一直保持在 50% 以上，2002 年开始迅速下降，当年的比重猛降到 31.71%，2004 年只有 14.78%。在资产总额中，2005 年和 2006 年农村集体企业占乡镇企业资产总额的比重分别只有 8.79% 和 7.49% [①]。

本章小结

　　农村集体经济实现形式是否有效的衡量标准有两个：一是是否能够产生价值；二是价值分配是否合理。本章归纳的四种农村集体经济实现形式当中，承包租赁和集体资产出售分别通过转让集体资产资源的使用权和所有权，实现价值转换，获得集体经济收入。虽然这两种实现形式都能够产生价值，但是集体资产出售产生的价值是一次性的，不可持续的；承包租赁形式通过在不同的承包期产生价值，是可持续的。在价值分配合理性方面，长期租赁和一次性出售都使得村民在较长时间内丧失了集体资源使用权，资产资源当时出售和租赁的价格大大低于资产资源升值水平，村民的不平衡心理和对社会的不满意程度加剧，集体资产资源的价值分配效率极低。

　　统一经营和股份合作都是通过集体资产资源的经营实现保值增值，具有较强的可持续性。从价值产生效率来说，由于统一经营是在土地、生产工具等生产资料的所有权、使用权、收益权都归村集体的前提下，开展单纯的劳动合作，其产权模糊，集体经济组织机构政社合一，对集体经济组织成员缺乏经济激励，因此其价值产生效率较低。股份合作则是在明确集体经济组织成员对集体资产资源所有权、使用权、收益权的前提下，集体经济组织成员以土地、资金入股形成的资本合作与劳动合作，产权清晰，经济激励作用明显。由于股份合作形式采用现代企业法人治理机制，实现了政经分离，其管理组织效率明显提高。因此，股份合作形式比统一经营的价值产生效率更高。从价值分配合理性来看，由于统一经营的产权模糊，价值分配主要是按劳分配，在经营管理水平相

---

　　① 根据 2006 年和 2007 年《中国乡镇企业年鉴》中的数据计算得来。

对落后的情况下，存在平均分配的倾向，同时容易受到人为因素的干扰，因此，其价值分配效率较低。股份合作的产权清晰，价值分配是按劳分配与按资分配相结合，使集体经济成员能够获得集体资产增值收益，增加了财产性收入，分配更为合理。

通过对农村集体经济四种实现形式的对比，可以看出其有效性按照从弱到强排序依次是：集体资产出售、承包租赁、统一经营、股份合作。在不同的历史时期下，湖北对集体资产资源采用了不同的实现形式，产生了不同的效果，为后期探索农村集体经济的有效实现形式积累了宝贵的经验。

第四章

湖北农村集体经济规模和效益

改革开放以来,湖北农村集体经济发展总体上是趋于弱化的,其间经历了两次发展高潮:第一次是20世纪80年代中期乡镇企业快速发展,带动了集体经济发展;第二次是从2008年开始在"三村"集体产权制度改革的背景下,湖北全面扶持农村集体经济发展,促使村级集体经济开展市场化、规范化运作,找到了一条实现农村集体资产保值增值、收益共享的新途径。

第一节　农村集体经济发展政策

湖北促进农村集体经济发展的政策主要集中在两个时期:一个是党的十一届三中全会提出加快社队企业发展之后,湖北出台了多项政策措施鼓励社队企业发展;另一个是2008年中共湖北省委、省政府办公厅出台了《关于进一步发展壮大村级集体经济的意见》,在全省范围内全面推动集体经济发展。

一　鼓励农村工业发展

从20世纪80年代中期开始,湖北大力鼓励乡镇企业发展。这一时期的乡镇企业发展政策对农村集体经济发展产生了深远的影响,不仅在当时极大地繁荣了农村集体经济,也成为村级债务的重要来源。

（一）开始重视农村集体工业

改革开放之前,湖北一直不太重视农村工业的发展,把它作为农、林、牧、渔四个主业之外的副业。党的十一届三中全会决定以经济建设为中心，为社队企业的发展创造了宽松的政策环境，湖北对农村工业也有了新的认识。1979 年，在贯彻"调整、整顿、改革、提高"的"八字方针"时，湖北省委、省政府领导同志多次强调，湖北乡镇企业不是多了，而是少了，发展不是快了，而是慢了，乡镇企业要调上而不是调下[1]。1979 年国务院颁布的《关于发展社队企业若干问题的规定》（即"18 条"）为湖北解放思想、放开手脚，因地制宜，冲破"三就地"束缚，大力发展农村集体工业企业开辟了一条广阔的道路。这一时期，湖北省委、省政府明确要求，在农林牧渔业保持一定增长速度的同时，农村工业要有大幅度的增长，并大力发展商业、运输业、建筑业、服务业等第三产业，以扩大城乡经济交流和促进农村内部市场的发展[2]。

表 4—1　　　　　　　　　社队企业调整整顿的政策文件

时间	会议或文件名称	内容	范围
1978 年 12 月	党的十一届三中全会通过《中共中央关于加快农村发展若干问题的决定》	提出要加快发展社队企业	全国
1979 年 7 月	国务院颁布《关于发展社队企业若干问题的规定》	明确社队企业的地位、作用、发展方针、经营范围、发展规划等	全国
1979 年 6 月	省委常委扩大会议	在国民经济的调整中，要保护和发展社队企业。社队企业的发展，要坚持社会主义方向，坚持"四服务"（为农业服务、为人民生活服务、为大工业服务、为出口服务）的原则，大搞种植、养殖业，利用自己的农林牧副渔产品和其他土特产发展加工工业，因地制宜，就地取材。现有社队企业，要认真整顿、不断提高	湖北

---

① 《中国乡镇企业年鉴》编辑委员会编：《中国乡镇企业年鉴 1978—1987》，农业出版社 1989 年版，第 131 页。

② 廖长林、陶新安：《湖北农村经济发展战略的历史考察》，《湖北社会科学》2007 年第 10 期。

续表

时间	会议或文件名称	内容	范围
1980 年 3 月	省政府发出《关于贯彻执行国务院〈关于发展社队企业若干问题的规定（试行草案）〉几个问题的通知》	进一步明确社队企业调整发展、领导和管理体制、产供销、扶持社队企业发展农副产品加工业及有关经济政策等问题，着重强调要按照调整国民经济的"八字方针"，根据社队企业的不同情况进行调整。产品销售和原材料供应都无问题的，要进一步搞好革新、挖潜、多产多销；产品为市场需要，但质量或原材料存在一些问题的，要积极组织材料，努力把产品质量搞上去；少数产品销售和原材料供应困难很大的，要在县市人民政府统一安排下，实行并、转、停、关	湖北
1981 年 5 月	《国务院关于社队企业贯彻国民经济调整方针的若干规定》	明确提出社队企业发展要"发展短线，压缩长线，使其健康地发展"。"凡国营企业加工能力有剩余的，社队不再办同类企业和扩大加工能力，""社队棉纺厂、卷烟厂、小盐场应停止发展"	全国
1981 年 12 月	全省社队企业工作会议	对两年来社队企业的调整工作进行总结，提出要切实抓好社队企业的整顿	湖北

　　根据国家对社队企业调整整顿的方针，湖北从 1979 年开始对社队企业进行整顿。1982 年 5 月，湖北省政府批转省人民公社企业管理局《关于整顿社队企业的报告》，标志着全省社队企业整顿工作全面铺开。湖北各地党委政府十分重视社队企业的调整整顿工作，将部分与轻工局合并的县（市）社队企业局分离出来，单独办公；公社企业管理委员会，一般配备 3—5 名专职干部，加强对社队企业调整整顿工作的领导。财政、信贷、税收、物价等省直部门也积极支持社队企业的调整和整

顿，1980—1983 年湖北各级财政部门每年投入 3000 多万元扶持社队企业发展①。但是，由于多种原因，湖北乡镇企业发展仍然比较缓慢，1983年总产值 40.55 亿元，居全国第 11 位，1979—1983 年的五年年均增速 16%②。

（二）大力鼓励乡镇企业发展

1984 年中共中央、国务院转发农牧渔业部和部党组《关于开创社队企业新局面的报告》的通知（中发〔1984〕4 号），进一步统一了全党对发展乡镇企业的思想认识，掀起了全国乡镇企业发展的高潮。同年初，湖北省委、省政府根据中发〔1984〕4 号文件要求，将"社队企业"改为"乡镇企业"，除原有的社队两级企业外，把组办企业、联户企业、个体企业纳入其管理范围。从此，湖北乡镇企业进入了多层次、多行业综合性发展的新时期。1984 年湖北乡镇企业总产值达到 72.87亿元，比 1983 年净增 32.32 亿元，增幅达 80%，跃居全国第 9 位③，湖北乡镇企业发展进入了一个新的历史阶段。同年 12 月省委四届二次全体（扩大）会议的召开为湖北全面推进乡镇企业发展指明了方向。1985 年 2 月湖北出台了《关于加快发展乡镇企业若干政策问题的规定》，从金融、税收、供销、人才、政府管理等方面制定了详细的政策，标志着湖北进入大力鼓励乡镇企业发展的新阶段。湖北省委提出了"五个轮子一起转，重点抓村办"和"大力发展联办、户办企业"的指导思想，促进了这三种形式乡镇企业的发展。1987 年村办、联办、户办企业总产值分别比 1984 年增长 1.4 倍、0.9 倍、4.3 倍，均快于同期乡办企业发展速度④。

① 周顺明、李元江:《浅谈湖北省乡镇企业的现状及其发展》,《湖北财经学院学报》1984年第 5 期。
② 《中国乡镇企业年鉴》编辑委员会编:《中国乡镇企业年鉴 1978—1987》,农业出版社1989 年版,第 130 页。
③ 中共湖北省委党史研究室编:《中国新时期农村的变革:湖北卷》,中共党史出版社1998 年版,第 82 页。
④ 《中国乡镇企业年鉴》编辑委员会编:《中国乡镇企业年鉴 1978—1987》,农业出版社1989 年版,第 130 页。

表4—2　　　　　　　大力鼓励乡镇企业发展的政策文件

时间	会议或文件名称	内容	范围
1984 年 3 月	中共中央、国务院转发农牧渔业部和部党组《关于开创社队企业新局面的报告》的通知（中发〔1984〕4 号）	"发展多种经营，是我国实现农业现代化必须始终坚持的战略方针。""乡镇企业已成为国民经济的一支重要力量，是国营企业的重要补充。""各级党委和政府对乡镇企业要在发展方向上给予积极引导，按照国家有关政策进行管理，使其健康发展"	全国
1984 年 12 月	省委四届二次全体（扩大）会议	决定把发展乡镇企业作为振兴湖北经济的一个主攻方向	湖北
1985 年 1 月	中共中央、国务院下发《关于进一步活跃农村经济的十项政策》（中发〔1985〕1 号）	"对乡镇企业实行信贷、税收优惠"	全国
1985 年 2 月	《关于加快发展乡镇企业若干政策问题的规定》	要求进一步解放思想，清除"左"的影响，放开手脚，采取各种优惠政策，加快乡镇企业发展，尽快解决乡镇企业"腿短"问题	湖北
1987 年	中共中央五号文件《把农村改革引向深入》	"有条件的地方，还要组织资源开发，兴办集体企业，以增强为农户服务和发展基础设施的经济实力"	全国
1987 年	《关于进一步加快乡镇企业发展的若干规定》	强调要继续贯彻"积极扶持，合理规划，正确引导，加强管理"的指导方针，要完善企业经营机制，认真落实税收优惠办法，减轻企业负担和鼓励乡镇企业生产出口创汇产品等	湖北

1985 年以后的几年里，湖北省委、省政府每年都要召开一到两次全

省乡镇企业工作会议，并从多方面制定有利于乡镇企业发展的政策和措施，推动乡镇企业的快速发展①。1986 年底，湖北省委、省政府主要负责同志带领省直有关部门负责人到江浙重点学习考察发展乡镇企业的经验，回来后召开了两次省委常委扩大会议，形成关于学习江浙经验的《会议纪要》，以省委文件下发各地贯彻执行，推动了乡镇企业发展。1987 年，湖北省委、省政府提出了湖北经济要在全国"中部崛起"的发展战略，要求乡镇企业要有一个较大发展，提出了"大力发展、稳妥发展、扶持发展"的方针，要求乡镇企业在经营层次上，坚持"四轮驱动"，重点发展村、联、户企业；在产业结构上，重点发展第二产业；在经营规模上，以中、小为主②。在 1987 年开展的撤区并乡工作中，湖北省委、省政府再三强调，对乡镇一级的乡镇企业管理机构只能充实加强，不能削弱撤并，从而使乡镇一级管理机构增加 1100 多人，其中，国家干部 707 人。荆州、黄冈、襄樊、宜昌等地还实行了"双线领导"或"双轨制"，即各级党委、政府都有一名副职分管乡镇企业工作，并成立了乡镇企业工作领导小组。1987 年湖北乡镇企业总产值达到 186.97 亿元，比 1983 年增加 146.42 亿元，1984—1987 年四年间年均增速 46%。其中，乡、村两级集体企业总产值增加 83.14 亿元③。

（三）治理整顿提高

针对经济过热和通货膨胀等宏观经济问题，党的十三届三中全会作出治理经济环境、整顿经济秩序、全面深化改革的决定。1988 年下半年，国家开始紧缩银根，控制基本建设投资规模，对国民经济进行"治理整顿"。湖北乡镇企业遭遇资金短缺、市场疲软、能源和原材料供应紧张等问题。湖北一方面对消耗高、质量差、污染严重、效益差的企业进行治理，另一方面积极引导效益好的企业发展。

---

① 廖长林、陶新安：《湖北农村经济发展战略的历史考察》，《湖北社会科学》2007 年第 10 期。

② 《中国乡镇企业年鉴》编辑委员会编：《中国乡镇企业年鉴 1978—1987》，农业出版社 1989 年版，第 131 页。

③ 同上。

表4—3 治理整顿提高乡镇企业发展的政策文件

时间	名称	内容	范围
1989 年	省政府批转省乡镇企业局《关于促进乡镇企业持续、稳定、健康发展的意见》	指出要进一步明确指导思想，处理好治理整顿与发展乡镇企业的关系；调整产业结构，实行分类指导；深化企业改革；努力提高科技水平；加强企业管理；划清政策界限，抓好物资经销工作；管好用好资金；培养和造就一大批农民企业家	湖北
1990 年初	全省乡镇企业工作会议	指出要把乡镇企业提高到解决"三农"问题，振兴国民经济和建设中国特色社会主义的战略高度来认识，提出"大力发展、稳妥发展、扶持发展"乡镇企业的方针	湖北
1992 年 3 月	《国务院批转农业部关于促进乡镇企业持续健康发展报告的通知》	"各级人民政府和有关部门要把发展乡镇企业作为一项战略任务，切实加强领导，坚持不懈地抓下去"	全国
1993 年 2 月	国务院《关于加快发展中西部地区乡镇企业的决定》（国发〔1993〕10 号）	"必须把加快发展乡镇企业作为中西部地区整个经济工作的一个战略重点，提到各级政府重要工作日程上来。""地、县要一手抓农业，一手抓乡镇企业"	全国
1993 年 6 月	《关于突破性发展乡镇企业的决定》（鄂发〔1993〕13 号）	强调全省各地要认识乡镇企业的战略地位和作用，把推进股份合作制作为加快乡镇企业发展的突破口，创造和改善乡镇企业的内外部环境	湖北
1996 年 6 月	湖北省人民政府出台《关于加快发展乡镇企业若干政策问题的决定》（鄂政发〔1996〕47 号）	从人才、技术、资金、税收等方面给予支持，明确乡镇企业发展重点和发展方向	湖北

1992 年，邓小平南方谈话充分肯定了"乡镇企业是中国特色社会主义的三大优势之一"，引发乡镇企业发展的第二次飞跃①。此后，中央、国务院和省委、省政府连续下发文件，为乡镇企业改革与发展创造了空前良好的外部政策环境。1992 年，湖北金融部门新增乡镇工业贷款 10 亿元，省政府拿出 3000 万元周转金扶持落后地区的乡镇企业发展，省计委、省财政各拿出 100 万元为乡镇企业贷款贴息②。1996 年湖北省人民政府出台《关于加快发展乡镇企业若干政策问题的决定》明确提出，"'九五'期间各专业银行、农村信用社对乡镇企业的贷款，应在 1995 年贷款规模基础上，每年递增速度高于各项贷款平均递增速度"，每年安排"5000 万元财政周转金及 200 万元贴息资金"扶持"产品档次高、技术含量高、附加值高"的乡镇企业项目。这些政策有力促进了湖北乡镇企业发展，农村集体工业企业迅速增加，出现了乡乡上项目、村村办企业的热潮。1994 年湖北乡镇企业达到历史最高值 119.13 万家，其中，农村集体企业从 1992 年的 11.54 万家增长到 1996 年的 14.05 万家，占乡镇企业总数的 11%—13%③。

但是，有些政策要么被部门规定取代，要么落实不到位，没有得到很好的执行。主要表现在地方政府向乡镇企业乱收费、乱集资、乱处罚问题严重。20 世纪 90 年代末湖北乡镇企业所承担的社会负担一般有 60 多种，涉及 40 多个部门，对其拥有行政处罚权的单位有 34 家。企业承担的各类摊派费一般为 5 万—20 万元，占企业管理费的 2.4%—2.6%，占销售收入的 4.6%—12.6%，高于企业税收所占比率④。基层干部和企业干部职工对国家政策无法把握，再加上企业发展社会负担沉重，影响和

① 薛继亮:《农村集体经济发展有效实现形式研究》，博士学位论文，西北农林科技大学，2012 年，第 74 页。

② 廖长林、陶新安:《湖北农村经济发展战略的历史考察》，《湖北社会科学》2007 年第 10 期。

③ 数据来源于湖北省统计局《湖北统计年鉴 2003》，中国统计出版社 2003 年版，第 25 页。

④ 傅玉峰、李平:《负担沉重，步履维艰——乡镇企业负担透视》，《中国乡镇企业会计》1997 年第 11 期。

制约了乡镇企业的发展①。2002 年湖北全省乡镇企业数量减少到 99.37 万家，比 1994 年减少了 16.6%②。

二　发展壮大村级集体经济

随着中国进入以工补农、以城带乡的发展阶段，中央先后提出了建设社会主义新农村和开展精准扶贫的战略任务。农村集体经济发展重新进入中央和湖北省委的视野，2008 年开始湖北进入新一轮扶持农村集体经济发展的阶段。

（一）出台政策文件

农村税费改革之后，湖北大部分村级组织财力捉襟见肘，但工作任务又十分繁重，导致农村各类矛盾纷繁复杂，严重制约了农村公共事业的发展。为了保障村级组织运转，中央专门出台政策，明确提出"村级组织运转经费主要依靠发展农村集体经济、壮大村集体经济实力、增加村级收入来保障"。2008 年开始，湖北省委、省政府出台了一系列政策措施支持农村集体经济发展。各市、县根据该文件精神也相继制定了相同的政策文件和规划措施，全省各级共制定村级集体经济发展规划 25400 多个，确定发展项目 28300 多个。2011 年，湖北省委组织部分别与财政、农业、林业、商务、粮食、供销、农经、石化、电信、移动、烟草部门（行业），联合制定出台了"10 + 1"文件，全力支持村级集体经济发展。

2014 年国家开始全面推动精准扶贫工作，其中一项重要内容就是农村集体经济发展。湖北在开展精准扶贫工作中制定了"村集体经济收入达到 5 万元以上"的目标，逐步明确了通过资产收益保障村集体经济收入的路径。

---

① 黄锡坤、封斌林：《湖北省乡镇企业的现状、困难及对策》，《华中理工大学学报》（社会科学版）1992 年第 1—2 期。

② 数据来自湖北省统计局《湖北统计年鉴 2003》，中国统计出版社 2003 年版，第 25 页。

表4—4 发展壮大村级集体经济的政策文件

时间	名称	内容	范围
2008年12月	中共中央国务院出台《关于2009年促进农业稳定发展农民持续增收的若干意见》	提出"力争用3年左右的时间,逐步建立资金稳定、管理规范、保障有力的村级组织运转经费保障机制"	全国
2008年12月	中共湖北省委、省政府办公厅颁发了《关于进一步发展壮大村级集体经济的意见》(鄂办发〔2008〕34号)	提出"经过3—5年努力,力争全省90%以上的村集体经济年收入达到5万元以上"的目标,通过盘活集体资产、兴办农业项目、依法经营村级集体土地资产、增强村级企业活力、发展村级合作经济等途径发展壮大村级集体经济	湖北
2009年5月	中央办公厅、国务院办公厅发出《关于完善村级组织运转经费保障机制、促进村级组织建设的意见》(中办发〔2009〕21号)	"村级组织运转经费主要依靠发展农村集体经济、壮大村集体经济实力、增加村级收入来保障","大力发展村集体经济,增强村级组织自我发展和自我保障能力"	全国
2011年7月	省委组织部和省农业厅共同发出《关于发挥农业部门职能作用支持发展壮大村级集体经济的通知》(鄂组通〔2011〕93号)	充分发挥农业厅各职能部门的作用,挖掘集体资源潜力,加强集体"三资"管理,推进集体产权制度改革,化解村级债务,加强组织领导	湖北
2011年9月	省委组织部和省农村经济经营管理局发出《关于管好盘活农村集体三资促进村级集体经济发展的通知》(鄂组通〔2011〕135号)	加强"三资"清理、强化规范管理、推进规范交易	湖北
2014年1月	中共中央办公厅、国务院办公厅印发了《关于创新机制扎实推进农村扶贫开发工作的意见》	明确提出"发展集体经济,增加村级集体积累"	全国

时间	名称	内容	范围
2015 年 9 月	中共湖北省委十届六次全体（扩大）会议通过《湖北省委省政府关于全力推进精准扶贫精准脱贫的决定》	提出贫困村脱贫标准之一是"村集体经济收入达到 5 万元以上"，精准脱贫措施包括"探索建立扶贫资源资本化投入机制。积极推行农村资源变股权、资金变股金、农民变股民的改革试点"	湖北
2015 年 11 月	《中共中央、国务院关于打赢脱贫攻坚战的决定》	"探索资产收益扶贫"。财政专项扶贫资金和其他涉农资金投入形成的资产，可折股量化给贫困村。资产可由村集体统一经营。"贫困地区水电、矿产等资源开发，赋予土地被占用的村集体股权"	全国
2016 年 2 月	中共湖北省委、湖北省人民政府出台了《关于贯彻实施〈中共中央、国务院关于打赢脱贫攻坚战的决定〉的意见》	"大力实施资产收益脱贫"，"贫困地区水电、矿产等资源开发，赋予土地被占用的村集体股权，让贫困人口分享资源开发收益"	湖北

　　除了出台政策文件，湖北还加强了组织机构设置。2010 年 1 月，湖北省成立以省委副书记任组长的"发展壮大村级集体经济领导小组"，统筹推进全省村级集体经济工作。各市、县政府也先后成立发展壮大村级集体经济工作领导小组。武汉市从市农业局、林业局以及经管局、粮食局等多个涉农部门抽调部分干部组建村级集体经济发展工作领导小组和办公室。

　　尽管湖北专门制定了扶持村级集体经济发展的政策文件，成立了领导村级集体经济发展的组织机构，但是由于政策缺乏可操作性，各市、县对省里制定的政策措施只是简单地照套、照转，而没有结合本地实际进行有效转化，导致政策不明朗、办法不可行，操作性、指导性、实效性不强。同时，由于缺乏强有力的督办、监管机制，不少政策措施只是停留在文件上、表述在口头上，没有得到很好的落实。

（二）加大扶持力度

湖北各级政府及相关部门从资金、项目、土地、税收和金融等方面对农村集体经济发展进行全面支持。

湖北各级财政部门安排专项资金用于奖励支持农村集体经济发展，从 2009 年开始，湖北省级财政对集体经济发展先进村进行奖励。2009 年拨付 500 万元奖励 100 个当年集体经济发展又好又快的村，奖励标准是每个村 5 万元；2010 年省财政安排 1000 万元资金，对 500 个村级集体经济进步村给予奖励，每村奖励 2 万元；2015 年，对 100 个村级集体经济发展进步村进行奖励，每个村 5 万元。2010 年湖北从省级层面整合各个部门的支农惠农资金 78.9 亿元，建立村级集体经济专项扶持资金 12.6 亿元，采取贴息、补助或奖励的办法，重点对集体经济"空壳村"和薄弱村进行资金扶持。湖北各地也采取"以奖代补"等形式，对村级集体经济发展好、增速快、后劲大的村给予资金奖励。2010 年武汉市财政安排 300 万元专项发展资金，对在三年内实现村集体经济年经营性收入达到 5 万元以上的"空壳村"给予 2 万元奖励。武汉市还专门组建了武汉市农业投资公司，为村级集体经济发展项目融资。汉川市每年安排 100 万元专项资金扶持村集体收入低于 5 万元的村。荆门市对村级集体经济年收入超过 5 万元的村给予 1 万元奖励；对农村集体通过土地整理、复垦、开发增加的耕地一半以上用于集体经济的村，给予 3 万元的扶持资金①。

湖北对村集体企业实行税收减免政策，村集体新办企业三年内的所得税，县、乡留成部分全部奖励给村集体，村集体企业新增税金，县、乡留成部分的 50% 奖励给村集体，集体企业对本村的社会事业捐赠，按税法规定在税前扣除。汉川市对于没有条件兴办企业的村集体，允许其通过招商引资使合作企业在市工业园区落户，市财政按照湖北省税收返

---

① 涂维亮、陈传新：《资本流动下农村集体经济滞后发展的风险及对策——以湖北荆门为例》，《长江大学学报》（自然科学版）2013 年第 17 期。

还政策的 50% 奖励给村集体①。

（三）充实基层组织力量

湖北通过政府部门结对帮扶、人才引进与培养、加强考核激励等措施加强农村基层组织力量，带动村级集体经济发展。

湖北通过开展"城乡互联、结对共建"和"万名干部进万村入万户"活动，实行经济部门联穷村、党群部门联弱村、政法部门联乱村。2010年湖北全省共实施帮扶项目 2.76 万个，下达项目资金 32.2 亿元；捐赠物资折合资金 2.56 亿元，捐赠资金 6.85 亿元②。

为了加强农村基层组织建设，湖北省实施"一村一名大学生"计划和大学生村官培养工程，设立专项创业基金，鼓励和支持大学生村官领办实体，创业发展。选派机关干部、外出务工人员、致富经营能手、退伍军人等到村任职。对村干部开展集中培训，开展村支书跨村交流任职，由强村带弱村，富村带穷村。武汉市为充实基层领导力量，在行政组织部门、国企选派了数百名干部在市内部分村挂职村党组织"第一书记"。同时，组建了多个市级技术培训服务中心免费对农村骨干队伍进行技术培训。黄冈市选聘村级发展顾问，为各村制定了村级集体经济发展规划和年度计划，并在产业开发、项目论证、资本运作、技术指导、信息推介等方面给予帮助。

为了充分激励农村党员干部发展集体经济的积极性，湖北各县（市、区）纷纷将发展壮大村级集体经济纳入乡镇、街道考核内容，并直接与村镇干部的经济待遇、政治升迁挂钩。2010 年，汉川市委、市政府与乡镇签订村级集体经济责任状，并将年终考核结果作为乡镇干部提拔任用和奖励表彰的重要依据，对于村级集体经济年收入低于 5 万元的村干部不予评先提名。2012 年，襄阳市出台五十号文件规定："对发展壮大村级集体经济作出贡献的村干部，经村民代表大会讨论通过，从当年实现的村集体经济经营性纯收入中，拿出 5%—10% 的比例奖励村干部。"但是，湖北还有一些地方没有出台明确有效的激励办法，在已经出台激励政策

①　陈敏：《村级集体经济的贫困与发展干预——湖北省实证研究》，硕士学位论文，浙江师范大学，2013 年，第 29 页。

②　同上。

的地方,实际操作过程中激励政策难以兑现,导致出现了"发展好坏一个样、发展快慢一个样"的"大锅饭"现象,村干部、村能人仍然缺乏发展壮大村级集体经济的动力。

(四)进行宣传引导

湖北各级组织部门、宣传部门通过树立典型、总结经验,对全省村级集体经济发展进行宣传引导,营造良好的氛围。湖北省委组织部将全省发展壮大村级集体经济典型案例进行科学分类总结,编印了《湖北省发展壮大村级集体经济百例点评》一书,免费发放到全省乡镇、村。湖北各市、县也按照不同经营模式、产业类型选择树立典型,编印案例,为各村集体发展提供借鉴和参考。湖北还在党报、网络、电视等新闻媒体上开设专栏,大力宣传农村集体经济发展典型,用身边的典型引导推动农村集体经济工作。时任省委常委、省委组织部部长侯长安同志在《人民日报》发表了《发展壮大村级集体经济,夯实凝聚群众的物质基础》署名文章①,对湖北发展壮大村级集体经济的经验和做法进行宣传。2010年和2011年,湖北连续两年召开村级集体经济工作专题会议,会议对发展壮大村级集体经济进行全面部署,对先进县(市、区)、先进乡镇、先进村和先进单位进行表彰,通过召开现场会、观摩会、招商推介会,总结推广先进经验,形成了发展农村集体经济的良好氛围。

第二节 农村集体经济投资和资产

湖北农村集体经济投资主要集中在20世纪90年代以乡镇企业投资为主的生产性投资领域和农村税费改革后以财政转移支付为主的公益性事业领域。与此相对应,湖北农村集体资产经历了20世纪80年代和21世纪初期两次减少期,以及20世纪90年代和农村税费改革后两次增长期。

---

① 湖北省委组织部课题组:《发展壮大村级集体经济有效途径问题研究》,2012年4月10日,湖北组工网(http://www.hbtmdj.gov.cn/jicengdangjian/dangjianyanjiu/4790/)。

一　农村集体经济固定资产投资

湖北农村集体经济固定资产投资在农村税费改革前随着农村集体企业投资波动，主要集中在生产性领域；税费改革后随着财政转移支付力度加大不断增加，主要集中在公益事业领域。

（一）投资总额

以农村税费改革为分界点，湖北农村集体经济固定资产投资可以分为两个阶段：前一个阶段固定资产投资主要来自农村集体企业投资，后一个阶段固定资产投资主要来自财政转移支付。如图4—1所示，湖北农村集体所有制单位全社会固定资产投资额1981—1992年总体呈缓慢增长的状态。1981年湖北农村集体经济投资额只有1.66亿元，1982年达到5.66亿元，是上一年的2.4倍。从1985年开始投资额超过10亿元，比上年增长44.2%，之后一直在10亿元上下波动。其中，1989年由于经济紧缩，投资额比上年减少了24.1%。20世纪90年代中期乡镇企业投资带动了湖北农村集体经济的投资热潮。1993年湖北农村集体经济全社会固定资产投资开始猛增，1993年超过15亿元，1994年超过25亿元，1995年超过45亿元，1996年超过65亿元。随着乡镇企业发展放缓，1997—2000年增幅有所放缓，2000年达到历史最高点98.95亿元。湖北农村集体经济全社会固定

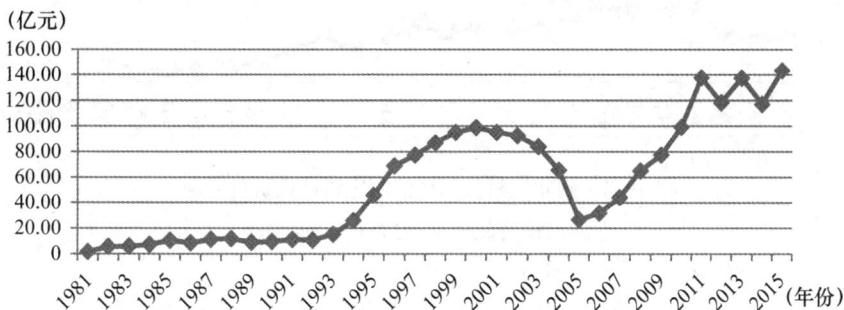

图4—1　湖北农村集体经济全社会固定资产投资总额

（1981—2015年）

资料来源：历年《湖北统计年鉴》。

资产投资额从 2001 年开始下降，2004 年和 2005 年减幅最大，分别比上年减少21.9%和59.5%。2005 年只有 26.55 亿元，与 1994 年的投资水平相当。湖北农村集体经济全社会固定资产投资额从 2000 年的 98.95 亿元下降到 2005 年的 26.55 亿元，年均减少 23.1%。从 2006 年开始，投资额快速增加，一直增加到 2011 年的 137.69 亿元，年均增长 31.57%。2011—2015 年投资额一直在 120 亿—140 亿元之间波动，2015 年达到历史最高点 143.42 亿元。

(二) 资金来源

湖北农村集体经济固定资产投资的资金来源主要是自有资金和金融机构贷款两个方面，两者基本上呈反向波动状态。金融机构的贷款政策是两者比重相对变化的最主要原因。如图 4—2 所示，湖北农村集体经济全社会固定资产投资资金主要来源于自筹，其次是金融机构贷款，自筹资金的比重一直高于金融机构贷款。其中，1982 年自筹资金比重达到历史最高点 69.5%，之后一直下降，1988 年达到历史最低点 40.6%，之后缓慢上升，1995 年达到波峰 65.8%，1996 年大幅下降到 45.2%，1997—2003 年一直保持在 50% 以上，2004 年有所下降，只有 43.7%。

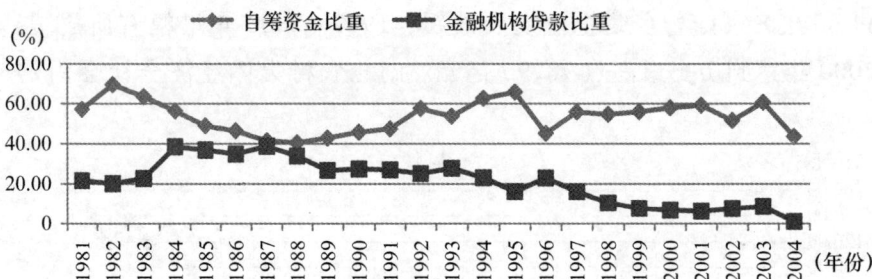

图4—2　湖北农村集体经济固定资产投资自筹和
金融机构贷款比重（1981—2004 年）

资料来源：历年《湖北统计年鉴》。

金融机构贷款比重总体上先升后降，分为五个阶段：第一阶段是 1981—1983 年，金融机构贷款比重在 20% 左右；第二阶段是 1984—1988 年，金融机构贷款比重在 35% 左右，是金融机构贷款比重最高的时期；第三阶段是 1989—1994 年，金融机构贷款比重在 25% 左右；第四阶段是

1995—1998 年的波动调整阶段，金融机构贷款比重由 20% 以上向 10% 以下过渡；第五阶段是 1999—2004 年，金融机构贷款比重在 10% 以下，其中 1999—2003 年一直在 7% 左右，2004 年迅速下降到只有 1.1%。这五个阶段中，第二阶段和第三阶段，地方政府充分利用了银行和信用社的预算软约束，通过大量贷款来兴办集体企业或对原有企业进行规模扩张[1]，因此，金融机构贷款比重一直保持在较高水平。第四阶段的波动调整有两方面的原因：一方面 1994 年银行实行了商业化改革，其贷款发放不再依据地方政府指令，而更加看重企业的盈利能力和还贷前景，从 1994 年开始乡镇企业发展明显放缓，银行对乡镇企业的贷款明显减少，因此，1995 年和 1997 年金融机构贷款比重下降到 16.2%，1998 年进一步下降到 10.5%；另一方面政府部门要求金融机构加大对乡镇企业贷款力度，因此，1996 年贷款比重上升到 23.0%。

（三）行业结构

如图 4—3 所示，1981—1995 年期间，湖北农村集体经济固定资产投资当中物质性建设投资比重一直高于非物质生产性建设投资比重，一直在 70% 上下波动。其中，1993 年物质生产性建设投资 12.63 亿元，非物质生产性建设投资只有 2.58 亿元，物质生产性建设投资比重最高，达到 83.0%；1991 年物质生产性建设投资 7.52 亿元，非物质生产性建设投资只有 3.62 亿元，物质生产性建设投资比重最低，为 67.5%。

如图 4—4 所示，在物质生产性建设投资当中，工业所占的比重最高，其次是农业和交通运输业，最后是建筑业。其中，工业的全社会固定资产投资所占比重以 1993 年为界划分为两个阶段：第一个阶段是 1981—1993 年，工业投资比重在波动中呈上升趋势，1988—1990 年由于乡镇企业处于调整整顿期，工业投资比重有所下降，之后从 1990 年的 38.0% 上升到 1993 年的 66.6%；第二个阶段是 1994—2003 年，工业投资比重逐渐下降，2001 年工业投资比重最低，只有 29.3%。2004 年，由于农业投资急剧减少，从 2003 年的 24.83 亿元减少到 2004 年的 5.87 亿元，工业投资达到 35.86 亿元，因此，工业投资比重迅速上升到 54.68%。

---

① 谭秋成：《转型时期乡村组织行为与乡镇企业发展》，《中国社会科学》2003 年第 2 期。

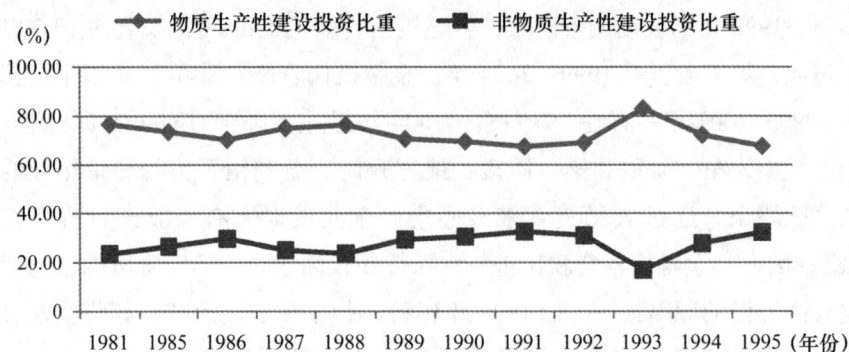

图4—3　湖北农村集体经济物质和非物质生产性

建设投资比重（1981—1995 年）

资料来源：历年《湖北统计年鉴》。

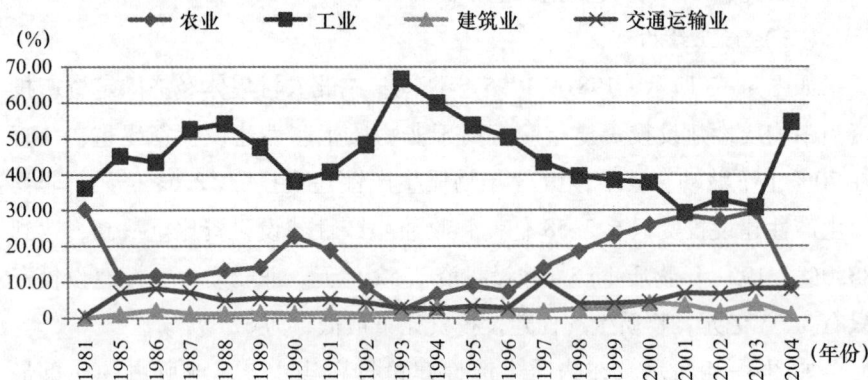

图4—4　湖北农村集体经济物质生产各行业固定

资产投资比重（1981—2004 年）

资料来源：历年《湖北统计年鉴》。

　　农林牧渔业投资比重基本上与工业呈反向波动，1981—1985 年农业投资比重迅速下降，从30.16% 下降到11.18%。之后逐渐上升到1990 年的22.74%，1993 年农业投资比重最低，只有2.17%。1993 年后农业投资比重逐渐回升，到2003 年达到29.57%，基本与1981 年持平。2004 年农业投资大幅减少，其比重只有8.95%。

　　交通运输仓储业投资比重1981 年最低，为0.60%；1997 年最高，为10.33%。1988—1992 年在5% 上下波动，1993—1996 年在3% 上下波动，

1998 年开始比重逐渐上升，由 1998 年的 4.01% 上升到 2004 年的 8.19%。

建筑业投资比重一直较低，1985—1993 年都不超过 2%，1994 年开始比重有所上升，但仍不超过 5%。

如图 4—5 所示，在非物质生产性行业当中，文化教育广播电视业投资比重整体呈下降趋势。1981—1993 年波动较大，基本上在 10% 以上，其中，1985 年和 1992 年更是达到 18% 以上，这两年的投资额都超过了1.9 亿元；只有 1981 年、1988 年和 1993 年在 5% 左右。受到"普九"达标的影响，1994 年开始，文化教育类投资比重上升，1996 年文化教育类固定资产投资额 7.76 亿元，占全社会固定资产投资总额的比重达到11.25%。1995—1998 年文化教育广播电视业投资比重都在 10% 上下波动。"普九"达标结束后，文化教育广播电视业投资比重迅速下降，到2004 年只有 0.84%。

卫生体育社会福利的固定资产投资比重从 1981 年到 1991 年呈增长趋势，1988—1991 年都在 7% 上下波动，1992—2002 年比重在 1% 上下波动，2003 年和 2004 年比重迅速回升到 5% 以上。

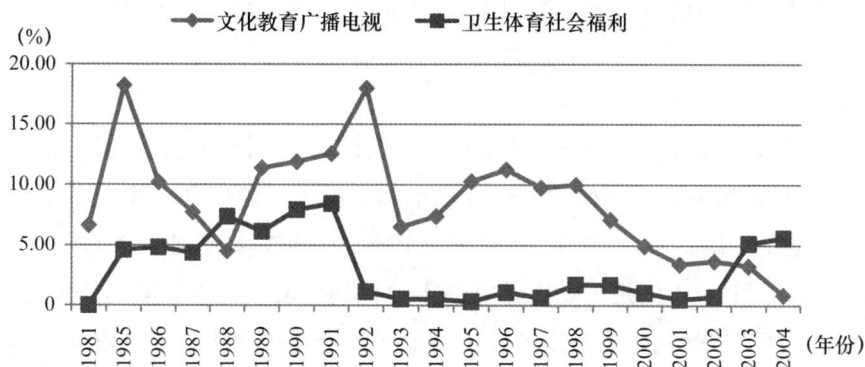

图 4—5 湖北农村集体经济非物质生产性固定
资产投资比重（1981—2004 年）

资料来源：历年《湖北统计年鉴》。

（四）投资用途

如表 4—6 所示，1981—1995 年，湖北农村集体经济固定资产投资主要用于建筑安装工程，其比重一直高于购买设备工器具和大牲畜的比重。

建筑安装工程固定资产投资比重呈下降趋势,从 1981 年的 77.81% 下降到 1995 年的 55.94%。购买设备工器具和大牲畜的固定资产投资比重在20%—40%,整体呈上升趋势,1993 年比重最高,达到 41.23%,比1981 年最低比重 22.32% 提高了 18.91 个百分点。这可能是因为要先修建厂房,再购置机械设备。

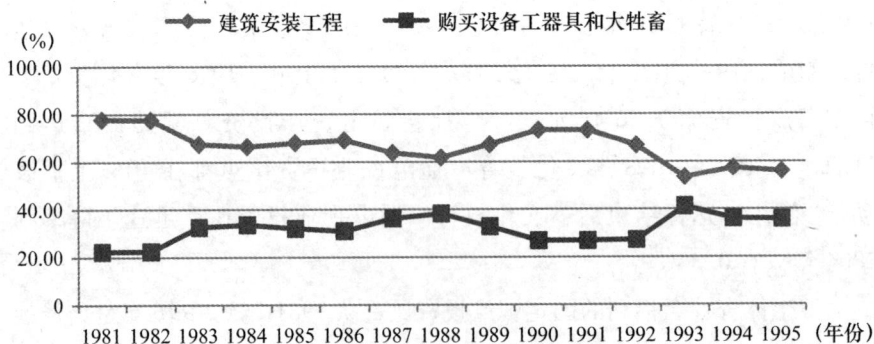

图4—6 湖北农村集体经济全社会固定
资产投资用途比重(1981—1995 年)

资料来源:《湖北固定资产投资"九五"计划与四十六年统计资料》,第463 页。

(五)地区分布

从地区来看,1987 年和 1989 年湖北农村集体经济固定资产投资额排前三位的地区分别是荆州地区、襄樊市和武汉市,1987 年投资额分别为3.15 亿元、1.96 亿元和 1.28 亿元,1989 年投资额分别为 2.5 亿元、1.12 亿元和 1.02 亿元。1991 年宜昌市取代襄樊市成为排名第二的地区,1992 年武汉取代荆州成为排名第一的地区,1991—1995 年湖北农村集体经济固定资产投资总额排在前三位的地区是武汉市、宜昌市和荆沙市,5年累计投资额分别为 14.96 亿元、14.44 亿元和 11.73 亿元。1994 年开始黄冈市成为排名前三位的地区。2000—2005 年,湖北农村集体经济固定资产投资额排在前三位的地区分别是武汉市、荆门市和黄冈市,6 年投资总额分别为 81.54 亿元、48.77 亿元和 48.03 亿元。

如图 4—7 所示,排名前三位的地区固定资产投资额所占的比重结构,1987 年、1989 年和 2004 年、2005 年,排名第一位的地区投资比重超过 25%，2005 年甚至高达 36.01%，大大高于排名第二的地区，投资较为集中。1991—1995 年和 2000—2003 年，排名前三位的地区投资比重差异不大，基本都在 10%—20%。这说明这两个时期湖北各地之间的农村集体经济固定资产投资较为均衡。

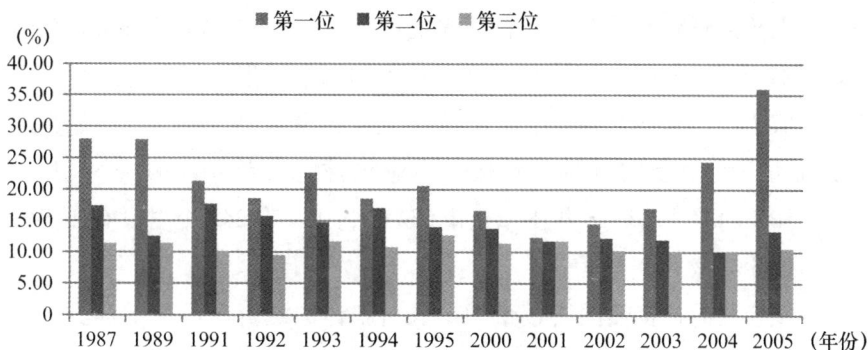

图 4—7　湖北农村集体经济全社会固定资产
投资地区分布结构（1987—2005 年）

资料来源：历年《湖北统计年鉴》。

二　农村集体资产

农村集体资产包括农民集体所有的土地、森林、山岭、草原、荒地、滩涂等资源性资产，这部分都是国家赋予村集体的；用于经营的房屋、建筑物、机器设备、工具器具、农业基础设施、集体投资兴办的企业及其所持有的其他经济组织的资产份额、无形资产等经营性资产，这部分资产大都是农村集体经济组织的村民通过长期奋斗所创造的共同财富；用于公共服务的教育、科技、文化、卫生、体育等方面的非经营性资产[1]，大部分是国家财政投入形成并移交村集体所有和管理的。狭义的农村集体资产只包括经营性资产和非经营性资产，即账目资产[2]。广义的农村集体资产还包括资源性资产。改革开放之初，家庭联产承包责任制的推行使得集体资产大量减少，随后集体资产随着集体企业的发展先增后

---

[1]　《中共中央 国务院关于稳步推进农村集体产权制度改革的意见》，2016 年 12 月，中国政府网（http://www.gov.cn/gongbao/content/2017/content_5163444.htm）。

[2]　本书研究的内容是狭义的集体资产。

减。农村税费改革后，湖北加大对农村的财政转移支付，公共事业领域资产不断增加。

（一）资产总量

家庭联产承包责任制推行过程中，把集体房屋、耕畜、农船和大中型农机具等绝大多数集体资产都分到户，导致集体资产迅速减少。根据中共中央政策研究室、农业部农村固定观察点办公室从改革初期对全国274 个村庄的跟踪调查统计显示 1978 年平均每个村集体拥有生产性固定资产原值 31 万元，而 1984 年只有 22 万元，减少了 29.1%，其中最突出的是牲畜、大中型农机具、农林牧渔业机械，三者分别减少 85.4%、65.3% 和 46.8%[①]。1988 年枣阳全市 634 个村中，有 242 个村没有任何资产，占比 38.2%[②]。

乡镇企业的投资热潮直接带动了农村集体固定资产迅速增加。在对全国 274 个村的调查中发现，1990 年村集体拥有的生产性固定资产原值比 1984 年增长了 283.6%，年均增长 20%。其中，工业机械增长了291.9%，农牧渔业机械增长了 145.6%，运输机械增长了 93.8%，生产用房增长了 180.5%[③]。湖北也在乡镇企业固定资产投资的带动下实现了村集体资产的快速增长。如图 4—8 所示，湖北农村集体企业固定资产原值从 1997 年的 506.59 亿元增长到 1999 年的 596.11 亿元。随着农村集体企业改制和农村集体经济组织逐渐退出经营领域，湖北农村集体企业固定资产原值也迅速减少，到 2004 年只有 223.00 亿元。

从各地的情况来看，进入 21 世纪以后，湖北大部分地区农村集体新增固定资产逐渐减少，资不抵债的村也逐渐增多。荆门市新增固定资产从 2001 年的 9.33 亿元减少到 2004 年的 6.40 亿元，黄冈市从 2001 年的 7.51 亿元减少到 2004 年的 1.90 亿元。只有武汉市的新增固定资产在波动中增长，从 2001 年的 5.93 亿元增长到 2004 年的 15.14 亿元。2002 年

---

① 中共中央研究室、农业部农村固定观察点办公室:《完善中的农村双层经营体制——对274 个村庄的跟踪调查》，中共中央党校出版社 1992 年版，第 79 页。

② 湖北省枣阳市经管科:《强化审计监督 巩固集体经济》，载农业部农村经济合作指导司、农业部经营管理总站《农村合作经济经营管理资料汇编》(1990)，1991 年，第 74 页。

③ 中共中央研究室、农业部农村固定观察点办公室:《完善中的农村双层经营体制——对274 个村庄的跟踪调查》，中共中央党校出版社 1992 年版，第 79 页。

底，湖北全省有 18.4% 的村资不抵债。

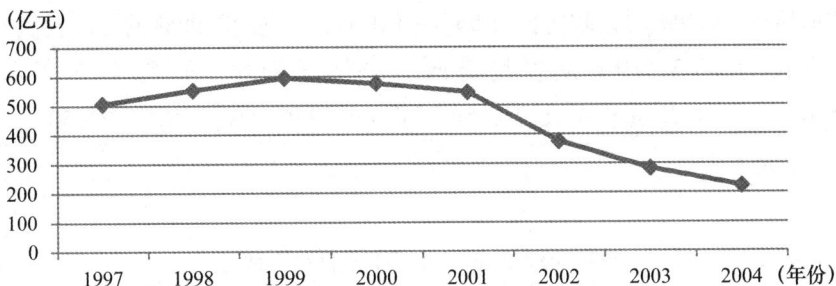

图4—8　湖北农村集体企业固定资产原值（1997—2004 年）

资料来源：历年《中国乡镇企业年鉴》。

农村税费改革以后，随着财政转移支付力度不断加大，以及农村集体产权制度改革盘活集体资产，湖北农村集体经济资产总量和村均资产呈不断上升的趋势。如图4—9 所示，湖北农村集体经济总资产2010 年为533.25 亿元，2017 年增加到1006.69 亿元，年均增长 9.50%。村均资产2010 年为 201.50 万元，2017 年增长到 399.69 万元，年均增长 10.28%。但是 2013 年、2015 年和 2016 年湖北村均资产低于同期全国平均水平30% 以上[①]。

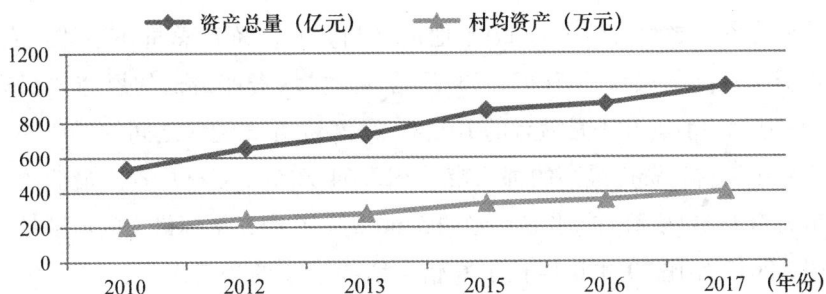

图4—9　湖北村集体经济组织总资产和村均资产（2010—2017 年）

资料来源：湖北省农业厅农村经济经营管理局统计资料。

---

① 根据历年《中国农村经营管理统计年报》数据计算。

（二）地区差异

湖北各地农村集体资产差异较大。1999 年对湖北 182 个行政村调查数据显示，9.9% 的行政村拥有 55.29% 的资产，而 48.90% 的行政村资产比重仅为 11.32%[1]；从村均资产分布情况来看，如表 4—5 所示，45.05% 的村村均资产为 10 万—50 万元，26.37% 的村村均资产为50 万—100 万元。

表4—5　　　　　　　　1999 年湖北 182 个行政村资产分布情况

村均资产总额	182 个行政村资产分布
10 万元以下	3.85%
10 万—50 万元	45.05%
50 万—100 万元	26.37%
100 万—500 万元	20.32%
500 万元以上	4.41%

资料来源：杨琳：《村级财务何时走出恶化深渊——对湖北省村级财务状况的调查》，《调研世界》2001 年第 10 期。

如图 4—10 所示，2010 年湖北村均资产排名前三位的地区分别是武汉市、鄂州市和宜昌市，三地村均资产之和占到全省 17 个地市（州）村均资产总量的四成。排名后三位的地区分别是神农架、孝感市和恩施州，三地村均资产之和占到全省 17 个地市（州）村均资产总量还不到一成。村均资产最高的武汉市为 622.33 万元，而村均资产最低的恩施州只有 66.03 万元，前者几乎是后者的 10 倍。到 2017 年，地区之间的资产差异有所缩小。村均资产最高的鄂州市为 912.64 万元，而村均资产最低的孝感市为 161.21 万元，前者是后者的 5.66 倍。其中，增幅最大的地区是恩施州，2017 年比 2010 年增长了 6 倍；增幅最小的是武汉市，2017 年比 2010 年仅增长了 11.48%。

---

① 杨琳：《村级财务何时走出恶化深渊——对湖北省村级财务状况的调查》，《调研世界》2001 年第 10 期。

（万元）

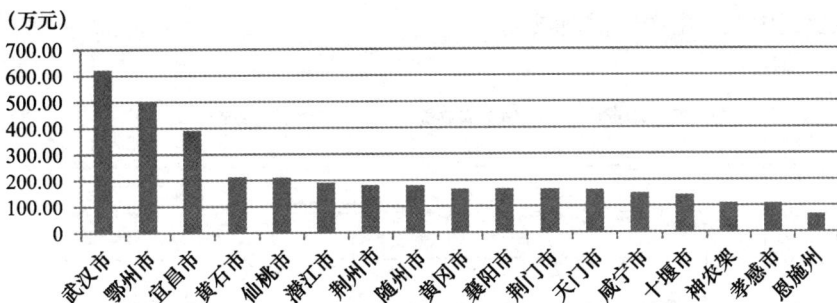

图4—10　2010年湖北各市（州）村均资产总额

资料来源：湖北省农业厅农村经济经营管理局统计资料。

2015年武汉市蔡甸区消泗乡集体资产共计1041万元，村均86.7万元，其中固定资产711万元，村均59万元。集体资产10万—50万元的村有4个，50万—100万元的村有6个，100万元以上的村有2个。各村之间集体资产的差异比较大，有区位优势、基础设施完善、产业结构较好的村，集体资产明显较高。例如渔樵村集体资产最高，约310万元，而集体资产最少的洪南村只有15万元，前者是后者的21倍[①]。

（三）资产结构

湖北农村集体资产当中，长期资产所占比重最大，其次是流动资产，最后是农业资产。如图4—11所示，2010—2017年，湖北农村集体经济长期资产比重都在55%以上，比重有所上升，2015年以后都在60%以上。流动资产比重从2010年的40.95%下降到2015年的34.73%。农业资产比重变化不大，一直在2%—3%。

如图4—12所示，在长期资产中，湖北农村集体固定资产原值不断增加，从2010年的257.22亿元，增加到2017年的487.23亿元。经营性固定资产原值则不断下降，从2010年的34.71亿元下降到2016年的26.18亿元，2017年有所增加，超过2010年达到35.61亿元。经营性固定资产原值所占的比重也不断下降，从2010年的13.49%下降到2016年的5.81%，2017年回升到7.31%。这说明湖北农村集体经济固定资产增长

---

① 王涵、石恋：《农村集体经济创新发展模式探析——以湖北省武汉市蔡甸区消泗乡为例》，《科技创业月刊》2016年第29卷第12期。

主要集中在非生产经营领域。

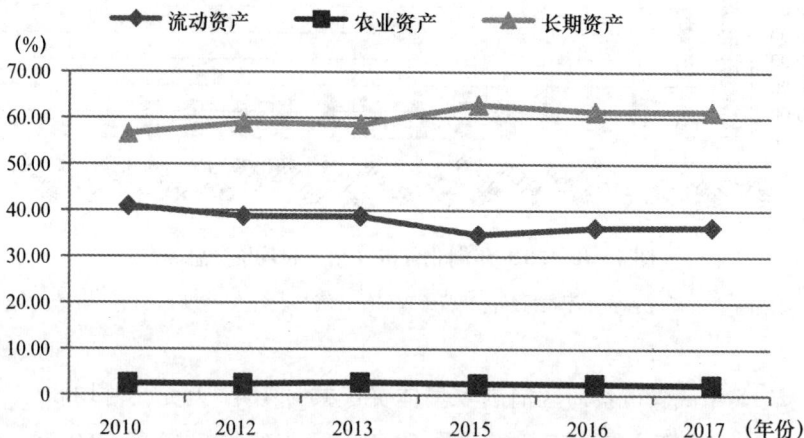

图 4—11　湖北农村集体资产结构（2010—2017 年）

资料来源：湖北省农业厅农村经济经营管理局统计资料。

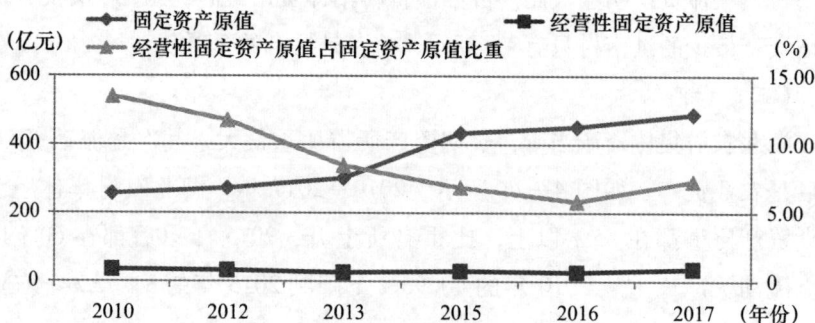

图 4—12　湖北农村集体固定资产原值（2010—2017 年）

资料来源：湖北省农业厅农村经济经营管理局统计资料。

　　根据对 182 个行政村调查，1999 年由 "三提五统" 和其他收费形成的村民欠款总额达 4271.8 万元，占总资产的 19.48%，占村级债权总额的 94.07%①。这些村民欠款大部分是坏账，收回的可能性很小。越是资

---

　　① 杨琳：《村级财务何时走出恶化深渊——对湖北省村级财务状况的调查》，《调研世界》2001 年第 10 期。

产量大的村，村民欠款比重越小。资产总量越小的村，村民欠款占资产总额的比重越大。在资产总额 50 万元以下的村当中，村民欠款 2167. 1 万元，占资产总额的 88. 45% ①。如图 4—13 所示，应收款项总量不断增加，但其占流动资产的比重不断下降，占总资产的比重也不断下降。

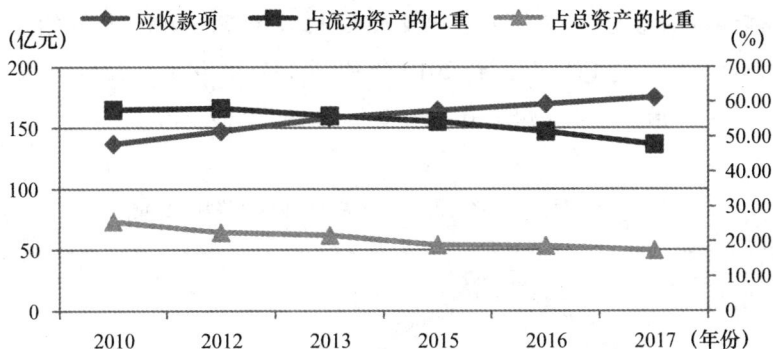

图 4—13 湖北农村集体经济应收款项金额及其占比

（2010—2017 年）

资料来源：湖北省农业厅农村经济经营管理局统计资料。

第三节 农村集体经济收入和支出

一 农村集体经济收入

湖北农村集体经济总收入经历了先增后减的过程。进入 21 世纪后，农村集体经济在整个农村经济中的地位日渐式微。其中一个重要原因就是农村集体企业经营效益下降。农村税费改革后，外源性收入占比逐渐增加。全省各地农村集体经济收入差距较大，与各地的地理区位有很大的关系。

（一）收入总量

如图 4—14 所示，1987—2017 年湖北农村集体经济收入②整体呈先增

---

① 杨琳：《村级财务何时走出恶化深渊——对湖北省村级财务状况的调查》，《调研世界》2001 年第 10 期。

② 因为从 2011 年开始湖北省农业厅统计的农村集体经济收入不包括乡镇办集体企业收入，为了保持数据的连贯性，这里的农村集体经济收入不包括乡镇办集体企业收入。

后减的态势，1999 年为历史最高点，达到 908. 15 亿元。在此之前经历了
一个快速增长期，从 1992 年开始，年均增速 40.68%。1999 年之后湖北
农村集体经济收入快速下降，到 2008 年时只有 169. 01 亿元，年均减少
16.83%。其中，2007 年减幅最大，比 2006 年减少了 236.21 亿元，减幅
56.40%。随着 2008 年底湖北省委省政府出台《关于进一步发展壮大村
级集体经济的意见》，大量人财物投入农村集体经济，2009 年开始湖北农
村集体经济收入迅速回升，到 2010 年达到 305. 30 亿元。2011 年又下降
到 147. 43 亿元，之后缓慢上升，2017 年为 193. 92 亿元。

图 4—14   湖北农村集体经济总收入及其在农村经济
总收入中的比重① （1987—2017 年）

资料来源：1987—2010 年的农村集体经济收入数据来自历年《中国农业统计资料》，2011—
2017 年数据来自湖北省农业厅农村经济经营管理局统计资料。

湖北农村集体经济收入在整个农村经济总收入中的比重先升后降，
与农村集体经济收入绝对值的变化趋势基本相同。从 1987 年的 14.05%
提高到 1996 年的 22.59%，然后一直下降到 2008 年的历史最低点
3.22%，2009 年回升到 5.12%，2010 年又下降到 4.93%。其中，1987—
1990 年湖北农村集体经济收入在整个农村经济总收入中的比重在 13%—
15%，1991—2003 年在 15% 以上，2007 年开始基本都在 5% 以下，集体

---

① 由于无法查找到 2010 年以后湖北农村经济总收入的数据，限于数据的可获得性，湖北
农村集体经济在农村经济总收入中的比重数据截止到 2010 年。

经济在农村经济中的地位日渐式微。

（二）收入来源

改革开放以后，特别是 1984 年以来，湖北农村集体经济收入来源主
要由五部分组成：生产经营收入、承包发包收入、村提留、村内兴办集
体公益事业的资金、各种其他收入。其中，生产经营收入一直是主要收
入来源，特别是在 2004 年之前一直占农村经济总收入的 50% 以上。如
图 4—15 所示，1987—1995 年，湖北村组两级企业经营收入占农村集体经
济收入的比重一直保持在 90% 以上。从 1992 年开始村组两级企业收入迅
速增加，带动了农村集体经济总收入快速增长。1997 年湖北村组两级企
业收入达到历史最高点 686.97 亿元。随着乡镇企业产权制度改革和企业
经济效益下滑，村组两级企业收入逐年减少，其占农村集体经济收入总
额的占比也不断下降。到 2010 年，湖北村组两级企业收入只有 107.54 亿
元，占比也下降到 35.22%。

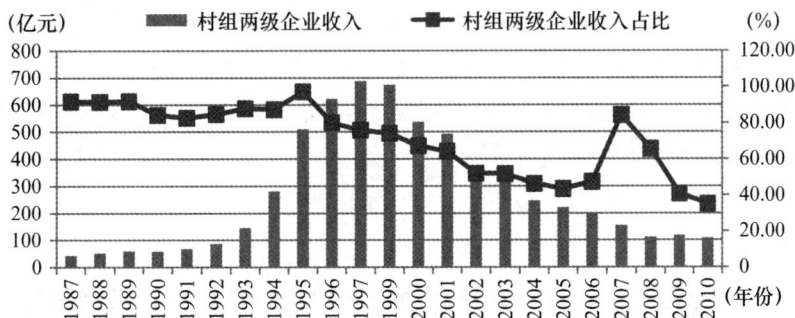

图 4—15　湖北村组两级企业收入额及其占比（1987—2010 年）
资料来源：历年《中国农业统计资料》。

1992 年 12 月 7 日国务院正式颁发了《农民承担费用和劳务管理办
法》，规定村级组织可以对农民收取三项提留：即公积金、公益金和管理
费。湖北从 1990 年开始收取村级提留，如图 4—16 所示，1990 年和 1991
年村级提留总额超过 8 亿元，在农村集体经济收入中的比重在 10% 以上。
1992 年湖北村级提留总额下降到 5.29 亿元，比重也下降到 5.16%。之后
村级提留总额不断增加，1997—2001 年都在 18 亿元以上，1999 年达到历
史最高点 20.61 亿元，占农村集体经济总收入的比重一直保持在 2% 左

右。2002 年前，湖北村均提留 46812 元①。2002 年湖北开始逐渐取消
"三提五统"，村提留金额下降到 8.01 亿元，占比 1.12%。2003 年完全
取消村提留，村提留就不再是农村集体经济收入来源了。

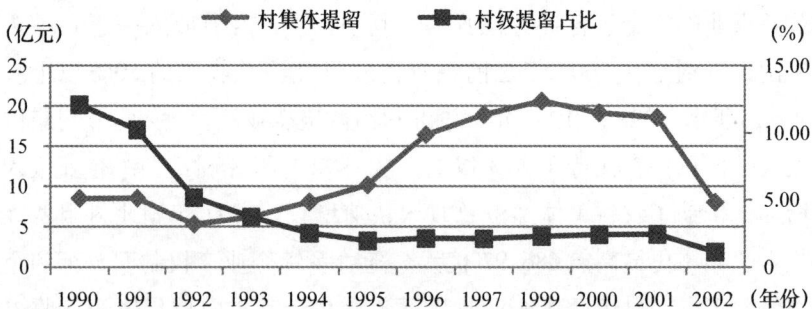

图 4—16 湖北村级提留收入及其占比（1990—2002 年）
资料来源：历年《中国农业统计资料》。

　　实行农村税费改革和取消农业税后，湖北农村集体经济收入来源除
了原有的经营收入和发包上交收入外，还新增了一项以原农业税附加为
基数的省级转移支付资金和村级办公经费转移支付资金，以及各村从上
级部门争取来的项目资金、社会赞助款、对口帮扶资金、"通村公路"补
助等其他收入。税费改革后，湖北村均两税附加收入 16276 元②。如
表 4—6 所示，对湖北各地抽样调查和典型性调查显示，2007—2009 年，
通城县、枝江市、樊城区太平店镇的村级收入来源中，财政转移支付占
比都在 40% 以上，11 个县市财政转移支付平均占比也在 35% 以上。这还
只是平均值，有的村财政转移支付占比高达 100%。比如通城县就有 17%
的村无自筹收入③，完全依靠财政转移支付，樊城区太平店镇也存在这种

————————————

　　① 傅光明、程晓培：《建立村级组织运转和最低经费保障机制——基于湖北省 11 个县市村
级组织经费保障的调查》，《地方财政研究》2009 年第 2 期。
　　② 同上。
　　③ 自筹收入主要包括村级企业上交承包收入，村组鱼池、堰塘、荒山荒坡的承包收入，集
体土地征收补偿收入，"一事一议"收入，其他收入等村集体经济组织通过努力争取来的收入，
具有特殊性和差异性。相比较而言，财政转移支付主要包括农业税附加转移支付、村级办公经费
转移支付，是依靠政策文件被动获得的收入，具有普遍性和无差异性。

情况。尽管各地村级自筹收入来源有所差异，但是经营收入比重都不高，2008 年枝江市经营收入占总收入 1/5 左右；2007 年通城县只有 10.88%，并且大部分还是集体林地的退耕还林资金①；2007 年江陵县有 74% 的村无经营收入②。

表 4—6　　　　　　湖北各地调研农村集体经济收入来源结构

年份	2007	2007	2008	2009
地点	湖北 11 个县市	通城县	枝江市	樊城区太平店镇
总收入（万元）	30902	1441.5	1931.9	
其中：财政转移支付（万元）	11418	595.5	871	105
占总收入比重（%）	36.90	41	45.09	46
村级自筹（万元）	19484	845.7	1060.9	123.3
占总收入比重（%）	63.05	59	54.91	54
其中：经营收入（万元）	—	156.8	391.7	—
占总收入比重（%）	—	10.88	20.28	
发包及上交收入（万元）	—	428.2	—	—
占总收入比重（%）	—	29.71	—	
其他收入（万元）	—	260.6	669.2	—
占总收入比重（%）	—	18.08	34.64	

资料来源：2007 年湖北 11 个县市 3299 个村、通城县调查数据来自傅光明、程晓培《建立村级组织运转和最低经费保障机制——基于湖北省 11 个县市村级组织经费保障的调查》，《地方财政研究》2009 年第 2 期。2008 年枝江的数据来自向兆清《建立村级保障激励机制 促进农村基层组织建设——来自湖北枝江市的调查与思考》，《农村经营管理》2009 年第 12 期。2009 年樊城区太平店镇的数据来自周毅《湖北襄樊樊城区：集体经济发展为何后劲不足》，《人民政协报》2010 年 9 月 6 日 B2 版。

如图 4—17 和图 4—18 所示，2010—2016 年，湖北农村集体经济收入来源中，经营收入占比最高，其次是其他收入，排在第三位的是补助

① 傅光明、程晓培：《建立村级组织运转和最低经费保障机制——基于湖北省 11 个县市村级组织经费保障的调查》，《地方财政研究》2009 年第 2 期。
② 同上。

收入,第四位是发包及上交收入,最后是投资收益。农村集体经济组织依靠资源资产经营获得的收入当中,经营收入金额和占比都呈下降趋势,从 2010 年的 68.69 亿元减少到 2017 年的 43.34 亿元,比重也从 49.21%下降到 22.35%。发包及上交收入有所增加,从 2010 年的 13.81 亿元增加到 2017 年的 23.85 亿元,但是其占总收入的比重一直在 10%上下波动。投资收益有小幅增长,从 2010 年的 1.26 亿元增加到 2017 年的 3.15 亿元,但是其比重一直没有超过 2%。这说明湖北农村集体经济增长点少,自身造血功能不足。

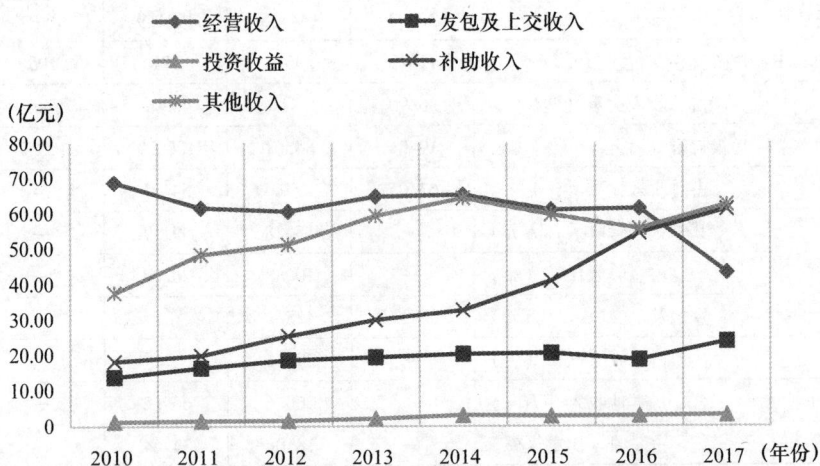

图 4—17 湖北农村集体经济各项收入金额 (2010—2017 年)
资料来源:湖北省农业厅农村经济经营管理局统计资料。

湖北农村集体经济组织从上级政府、社会组织等外界无偿获得的各种资金快速增长。其中,补助收入大幅度增加,从 2010 年的 18.18 亿元增加到 2017 年的 61.15 亿元,年均增长 20.03%,超过经营收入成为第二大收入来源;其占比呈显著上升趋势,从 2010 年的 13.03%上升到 2017 年的 31.53%。其他收入也有明显的增长,从 2010 年的 37.63 亿元增长到 2017 年的 64.42 亿元,超过经营收入成为第一大收入来源,其占比一直在 30%上下波动。2014—2016 年湖北农村集体经济补助收入和其他收入共占比 52.27%、54.42%和 57.01%,分别高于全国平均水平 9、

10、11 个百分点；2017 年这一比例更是上升到 63.72%。这说明湖北农村集体经济相比全国平均水平来讲，更加依靠上级政府转移支付等从外界无偿获得的资金，而且依赖程度不断加深。

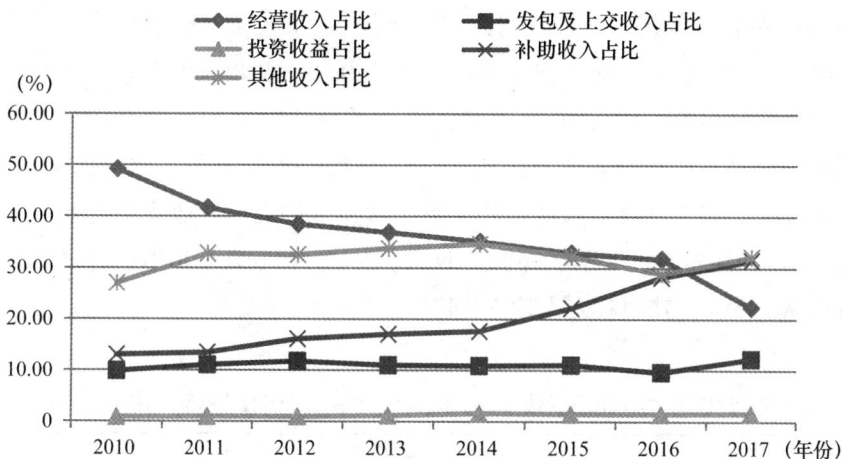

图 4—18　湖北农村集体经济收入来源结构（2010—2017 年）

资料来源：湖北省农业厅农村经济经营管理局统计资料。

在外源性收入当中，2016 年和 2017 年湖北全省"一事一议"资金总额分别为 19.22 亿元和 15.43 亿元，分别对 10676 个和 10174 个村进行奖补，平均每个村分别获得奖补资金 18.0 万元和 15.2 万元。2016 年湖北有 199 个村获得"美丽乡村"建设资金 6 亿元，平均每个村 301.5 万元；2017 年有 389 个村获得"美丽乡村"建设资金 11 亿元，平均每个村 283.6 万元①。

受到经济发展水平、地理区位条件的影响，湖北各地农村集体经济收入来源结构存在较大差距。2010 年在湖北 17 个地市（州）当中，鄂州市农村集体收入主要来自经营收入，其比重在全省最高，高达 85.58%，对外界资金依赖性较弱，补助收入和其他收入比重在全省最低，分别只有 1.44% 和 6.01%。神农架林区和恩施州地处山区，经济发展水平较低，其农村集体经济收入主要来源于外部资金。神农架林区的其他收入比重在全省最高，高达 76.72%，而经营收入、发包及上交收入、投资收益的

_____

① 数据来源于湖北省财政厅。

比重都是全省最低。恩施州的补助收入比重在全省最高,为 51.89%。

从调查情况来看,湖北各县(市、区)农村集体经济收入来源存在较大差距。从村均总收入来看,2017 年黄州区和郧阳区都在 70 万—80 万元的水平,相差不大。从村均内生性收入来看,老河口市和郧阳区都在 10 万元左右,黄州区高于它们 20 多万元。黄州区和郧阳区村均经营收入都在 8 万元左右,而老河口只有不到 3 万元。黄州区的发包及上交收入最高,村均 19 万元,几乎是老河口市的 3 倍、郧阳区的 9 倍。黄州区的投资收益也是最高的,村均接近 4 万元,基本上是老河口的 4 倍、郧阳区的 3 倍。从收入来源结构来看,黄州区的内生性收入占比高于郧阳区 25 个百分点。郧阳区外源性收入占比超过 80%,其中,补助收入占比 30.25%,其他收入占比 55.47%。

表4—7　2017 年调查湖北三县(市、区)农村集体经济收入来源结构

项目		黄州区	老河口市	郧阳区
村均收入 (万元)	总收入	79.42	—	72.02
	内生性收入	31.43	10.42	10.29
	经营收入	8.45	2.91	7.08
	发包及上交收入	19.04	6.48	1.92
	投资收益	3.94	1.03	1.29
	外源性收入	47.99	—	61.74
	补助收入	—	—	21.79
	其他收入	—	—	39.95
各项收入占 总收入的比重 (%)	内生性收入	39.57		14.28
	经营收入	10.64		9.82
	发包及上交收入	23.97		2.66
	投资收益	4.97		1.80
	外源性收入	60.43		85.72
	补助收入	—		30.25
	其他收入	—		55.47

注:根据黄州区财政局、老河口市经管办、郧阳区经管局提供的数据计算得出。内生性收入是指农村集体经济组织通过自身经营从内部获得的收入,包括经营收入、发包及上交收入、投资

收益。外源性收入是指农村集体经济组织从外界无偿获得的资金，包括补助收入和其他收入。

（三）内生性收入分组

湖北无内生性收入的村还占有一定比例，并且大都集中在 10 万元以下。如表 4—8 所示，2000 年湖北建始县有 40% 的村无内生性收入，2009 年樊城区太平店镇有 14% 的村无内生性收入，2015 年蔡甸区消泗乡有 16.7% 的村无内生性收入。建始县和樊城区太平店镇内生性收入在 10 万元以下的村占比高达 100%，南漳县城关镇为 73%，荆州市为 73.9%，蔡甸区消泗乡为 66.7%，老河口市为 77%。黄陂区和郧阳区地处城市郊区，集体经济发展水平较高，村级内生性收入在 10 万元以上的村分别占比 63% 和 74.2%。

表 4—8　　　　湖北各地调研农村集体经济收入分组结构　　（单位:%）

时间	2000 年	2009 年	2009 年	2011 年	2015 年	2016 年	2017 年	
地点	建始县	樊城区太平店镇	南漳县城关镇	荆州市	蔡甸区消泗乡	黄陂区	老河口市	郧阳区
无内生性收入的村比重	40	14	0	0	16.7		0	9
1 万—5 万元的村比重	60	36	15	29.7	33.3	27	0	
5 万—10 万元的村比重	0	50	58	44.2	16.7		77	16.8
10 万—100 万元的村比重	0	0	21	25.1	33.3	62.6	23	65.7
100 万元以上的村比重	0	0	6	1	0	0.4	0	8.5

资料来源：2000 年建始县的数据来自张正义《当前农村村级组织建设的现状——湖北省建始县百村问卷调查与分析》，《湖北社会科学》2001 年第 5 期。2009 年樊城区太平店镇的数据来自周毅《湖北襄樊樊城区：集体经济发展为何后劲不足》，《人民政协报》2010 年 9 月 6 日 B2 版。2009 年南漳县城关镇的数据来自胡海军《以租赁、承包经营为主的村级集体经济发展模式分析》，《村委主任》2010 年第 14 期。2011 年荆州市的数据来自李程云《农村社会转型期基层党组织建设问题研究》，硕士学业论文，长江大学，2013 年，第 10 页。2015 年蔡甸区消泗乡的数据来自王涵、石恋《农村集体经济创新发展模式探析——以湖北省武汉市蔡甸区消泗乡为

例》，《科技创业月刊》2016 年第 29 卷第 12 期。2016 年黄陂区的数据由黄陂区政府提供，2017 年老河口市和郧阳区的数据分别由老河口市经管办和郧阳区经管局提供。

从湖北省整体情况来看，截至 2011 年 9 月底，村级集体经济年收入 5 万元以上的村新增 11323 个，达到 16270 个，占全省建制村总数的 62.6%，比 2009 年提高了 43 个百分点。如图 4—19 所示，2010—2016 年，湖北当年无内生性收入村的占比整体呈下降趋势，从 2010 年的 41.92% 下降到 2016 年的 28.36%，下降了 13.56 个百分点。有内生性收入但低于 5 万元的村占比也逐渐下降，从 2010 年的 32.35% 下降到 2016 年的 23.67%，下降了将近 9 个百分点。内生性收入 5 万—10 万元的村占比有所波动，但是 2012 年开始其占比整体高于 2010 年和 2011 年，2016 年占比 26.72%，比 2010 年提高了 10.28 个百分点。10 万—50 万元的村占比也从 2010 年的 7.21% 上升到 2016 年的 16.77%，提高了 9.56 个百分点。内生性收入在 50 万—100 万元和 100 万元以上的村比重都没有超过 3%，占比都略有增长。这说明湖北农村集体经济整体内生性收入水平在不断提升，原先没有内生性收入的开始有内生性收入了，原先内生性收入在 5 万元以下的开始超过 5 万元，甚至达到 10 万元以上。2010 年湖北农村集体经济内生性收入超过 5 万元的村占比 1/4 左右，2016 年接近一半的村内生性收入超过了 5 万元。

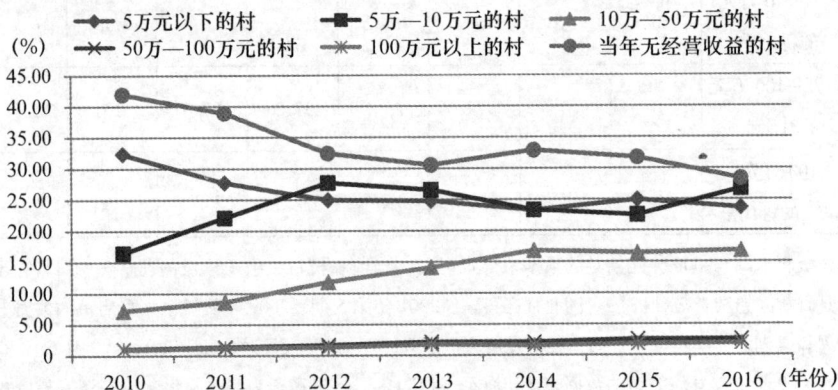

图 4—19 湖北农村集体经济经营性收益分组结构（2010—2016 年）
资料来源：湖北省农业厅农村经济经营管理局统计资料。

　　从表4—9所示的2010年内生性收入分组排前三位的地市（州）分布情况来看，湖北各地市（州）的农村集体经济发展还存在较大的差距。比如无内生性收入的村占比排在前两位的地区恩施州和十堰市，有超过70%的村都没有内生性收入，而有内生性收入的村占比排在前三位的鄂州市、孝感市和荆州市，超过70%的村都有内生性收入。鄂州有内生性收入的村比重最大，同时，当年内生性收入超过10万元的村比重在全省也是最高的，说明鄂州市农村集体经济整体发展水平较高。宜昌市有超过40%的村内生性收入在5万—10万元，说明其整体发展比较平均。但是，到2017年，无内生性收入的村占比排在前两位的分别为恩施州和鄂州市，有超过50%的村都没有内生性收入；有内生性收入的村占比排在前三位的分别为襄阳市、仙桃市和武汉市，超过90%的村都有内生性收入。其中，变化最大的是鄂州市，从有内生性收入的村占比最高变成无内生性收入的村占比排第二位。

表4—9　　　　　2010年和2017年湖北农村集体经济内生性
收入分组排前三位的地市（州）　　　　（单位:%）

内生性收入分组	第一位		第二位		第三位	
	2010年	2017年	2010年	2017年	2010年	2017年
无内生性收入的村占比	恩施州 (74.14)	恩施州 (57.34)	十堰市 (70.33)	鄂州市 (53.42)	随州市 (58.06)	十堰市 (42.27)
有内生性收入的村占比	鄂州市 (78.26)	襄阳市 (95.39)	孝感市 (75.15)	仙桃市 (91.11)	荆州市 (75.01)	武汉市 (90.72)
其中: 5万—10万元的村占比	宜昌市 (42.36)	襄阳市 (44.73)	襄阳市 (26.65)	黄冈市 (44.40)	荆州市 (24.40)	孝感市 (41.76)
10万—50万元的村占比	鄂州市 (15.22)	武汉市 (41.36)	襄阳市 (10.28)	神农架林区 (38.81)	宜昌市 (10.09)	襄阳市 (31.32)
50万—100万元的村占比	鄂州市 (5.59)	随州市 (8.96)	黄石市 (3.55)	宜昌市 (6.95)	潜江市 (2.38)	鄂州市 (5.90)
超过100万元的村占比	鄂州市 (4.35)	鄂州市 (5.59)	武汉市 (3.78)	宜昌市 (4.58)	仙桃市 (1.64)	随州市 (3.69)

资料来源：湖北省农业厅农村经济经营管理局统计资料。

2016 年湖北有 9 个县（市、区）当年无内生性收入的村所占比重超过本级总村数的 75% 以上，分别是：长阳县 98.1%、建始县 98%、梁子湖区 89.5%、巴东县 87.6%、沙市区 86.5%、房县 85.6%、松滋市 84.6%、咸丰县 83.3%、崇阳县 76.7%[①]。

这种地区发展的差异与各地的地理区位有很大的关系。地理位置好的村依靠工业园区和集镇的优势，通过承包经营、租赁经营、股份制合作等办法，多渠道获得收入。而多数村只能依靠自然资源进行有限开发，但是各村为化解债务已将土地等资源资产一次性处理，收入来源正在逐步萎缩，尤其是偏远山区村庄由于交通不便，更难对资源资产进行开发经营，增收后劲不足。

（四）地区差异

湖北各地村均集体经济收入差异较大。从村均总收入来看，2010 年鄂州市最高，为 767.65 万元；恩施州村均收入最低，只有 7.13 万元，前者是后者的 100 倍。另外，武汉市和咸宁市的村级收入在 100 万元以上，其他地市（州）都在 100 万元以下。从村均经营收入来看，鄂州市高达 656.99 万元，是排在第二、三位的咸宁市、武汉市的 10 倍。排在第四位和第五位的荆门市、孝感市村均经营收入刚刚超过 20 万元，只有咸宁市、武汉市的 1/3 左右。排在最后的恩施州和神农架林区，村均经营收入还不到 1 万元。

2017 年，村均总收入还是鄂州市最高，为 539.33 万元；恩施州村均收入最低，为 19.81 万元，前者是后者的 27 倍。另外，村均收入在 100 万元以上的地区包括咸宁市、武汉市、宜昌市、荆门市、黄石市、随州市，比 2010 年增加了四个地市（州）。从村均经营收入来看，鄂州市仍然排在第一位，为 103.21 万元，排在第二位的咸宁市为 88.05 万元，差距明显缩小。排在最后两位的分别是恩施州和仙桃市，村均经营收入仍然不到 1 万元。

二 农村集体经济支出

2010—2017 年湖北农村集体经济支出总额整体上呈增长态势。其中，

---

① 数据来自湖北省农业厅农村经济经营管理局统计资料。

其他支出和管理费用不断增加，而经营支出持续减少。非生产性支出比
重过高，农村集体经济经营缺乏可持续性，总体上呈现出收不抵支的
状况。

（一）支出总额和结构

如图4—20所示，2010—2017年湖北农村集体经济支出总额整体上
呈增长态势，从2010年的113.47亿元增长到2017年的148.12亿元，年
均增长3.88%。其中，其他支出和管理费用不断增加，而经营支出持续
减少。其他支出从2010年的36.45亿元增加到2017年的78.93亿元，年
均增长11.67%。管理费用从2010年的17.36亿元增长到2017年的
36.47亿元，年均增长11.19%。经营支出从2010年的59.66亿元减少到
2017年的32.72亿元，年均减少8.23%。伴随着各项支出金额的变化，
湖北农村集体经济支出构成也发生了变化，经营支出从占到总支出一半
左右下降到接近1/5，而其他支出从1/3的占比上升到一半的比重，管理
费用所占比重也从2010年的15.30%上升到2017年的1/4。

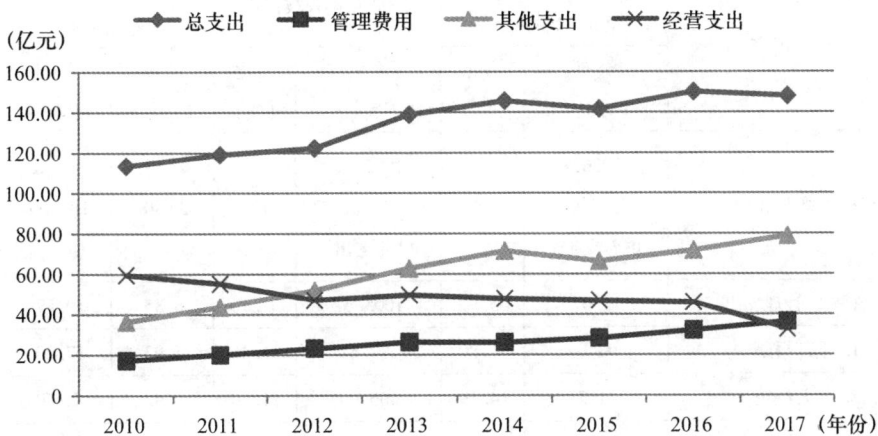

图4—20 湖北农村集体经济支出总额和各项支出金额（2010—2017年）

资料来源：湖北省农业厅农村经济经营管理局统计资料。

湖北农村集体经济经营性收入和支出所占比重都有所下降，说明集
体经济开展经营情况不容乐观。在经营性支出当中，当年扩大再生产支
出在3亿元上下波动，占支出总额的比重一直没有超过3%，占经营性支

出的比重也没有超过 8%，说明农村集体经济经营缺乏可持续性。与此同时，图 4—20 中湖北全省总额的数据是将全省所有村集体经济支出总额进行平均后得出的，并不能反映村与村之间的差距，尤其是占全省大多数的集体经济并不发达的村庄的支出情况。如表 4—10 典型地区的村集体支出情况所示，集体经济发展不好的村管理支出和其他支出比重很大，经营支出只占非常小的一部分，甚至没有经营支出。根据对湖北 11 个县市 3299 个村的调查，管理支出占比 45.99%，其他支出占比 54.01%[1]，没有经营性支出。湖北枝江市就是一个农村集体经济发展滞后的典型地区，80% 以上的村无集体经济收入，村级收入主要来源是税改转移支付补助资金，2008 年枝江全市村级总支出 1905.82 万元（不含五保户供养支出），其中经营性支出 28.13 万元，主要是生猪防疫服务经费，仅占比 1.48%[2]。我们调查的广水市陈家河村 2016 年也没有经营性支出。

表 4—10 湖北典型地区农村集体经济支出

内容	2007 年调查 11 个县市 3299 个村		2008 年调查枝江市		2016 年调查广水市陈家河村	
	金额（万元）	占比（%）	金额（万元）	占比（%）	金额（万元）	占比（%）
村级总支出	29367（含五保户供养支出）	100	1905.82（不含五保户供养支出）	100	34.48	100.00
（一）管理支出	13507	45.99	1005.61	52.76	6.85	19.87
1. 干部报酬	9340	31.80	599.61	31.46	5.93	17.20
2. 办公经费	4167	14.19	406.00	21.30	0.92	2.67
（二）其他支出	15860	54.01	872.08	45.76	27.63	80.13
1. 公益事业开支	8000	27.24	842.87	44.23	11.62	33.70

---

① 傅光明、程晓培：《建立村级组织运转和最低经费保障机制——基于湖北省 11 个县市村级组织经费保障的调查》，《地方财政研究》2009 年第 2 期。

② 向兆清：《建立村级保障激励机制 促进农村基层组织建设——来自湖北枝江市的调查与思考》，《农村经营管理》2009 年第 12 期。

续表

内容	2007 年调查 11 个县市 3299 个村		2008 年调查枝江市		2016 年调查广水市陈家河村	
	金额（万元）	占比（%）	金额（万元）	占比（%）	金额（万元）	占比（%）
2. 五保户供养	3289	11.20	——	——	——	——
3. 其他支出	4571	15.57	29.21	1.53	16.01	46.43
（三）经营支出	0	0	28.13	1.48	0	0

注：枝江市的干部报酬支出包括村组干部报酬 576.8 万元和老干部退职补助 22.81 万元，办公经费包括日常办公经费 161.8 万元、村换届选举经费 127 万元、惠农补贴工作经费 25.37 万元、党员活动经费 29.41 万元、新农合工作经费 23.76 万元、农业统计调查 5.18 万元、计划生育工作经费 20.52 万元、社会治安综合治理工作经费 12.96 万元，公益事业支出包括修建道路支出 831.6 万元、自来水维护支出 11.27 万元，其他支出为抢险救灾支出 29.21 万元。

资料来源：11 个县市的调查数据来自傅光明、程晓培《建立村级组织运转和最低经费保障机制——基于湖北省 11 个县市村级组织经费保障的调查》，《地方财政研究》2009 年第 2 期。枝江市的数据来自向兆清《建立村级保障激励机制 促进农村基层组织建设——来自湖北枝江市的调查与思考》，《农村经营管理》2009 年第 12 期。广水市陈家河村的数据来自笔者调查，由村委会提供。

　　其他支出迅速增长的一个重要原因就是公益性基础设施支出快速增长，2017 年达到 69.40 亿元，占其他支出的 87.93%，占总支出 46.86%，是 2010 年的 2.67 倍，年均增长 15.04%。2008 年枝江市修建道路支出 831.6 万元，占其他支出的 95.36%，占总支出的 44.0%。2016 年广水市陈家河村的公益事业开支 11.62 万元，主要用于修建滚水桥、通村公路和通湾公路，占总支出的 33.7%。2017 年郧阳区公益事业建设支出占总支出的 65.1%。

　　管理费用当中，干部报酬增长最为显著，从 2010 年的 8.25 亿元增长到 2017 年的 22.71 亿元，年均增长 15.57%，占管理费用的比重从 47.52% 上升到 62.27%，占总支出的比重从 7.27% 提高到 15.34%。相比湖北省全省平均水平，有些地方的干部报酬比重更高。如表 4—10 所示，有的地方干部报酬占总支出的比重超过了 30%。2011—2014 年湖北全省村干部报酬每年增加 1 亿元左右，2015 年开始每年增加 3 亿元左右。因此，从 2015 年开始，湖北村干部报酬明显增加。如表 4—11 所示，

2005—2012 年湖北各地村干部年平均工资变化不大。村级转移支付资金仍然按照 2002 年农村税费改革时定标准,尽管物价一直在涨,但村组干部报酬未做调整①。虽然 2008 年湖北省委一号文件规定,按照人均 3000元的标准增加村干部报酬的资金,其中省级财政补助 2000 元,县级财政配套 1000 元,但有的地方由于财政困难一直没有落实②。2005 年麻城市村干部平均年工资为 3000 元,到 2007 年被调查的 11 个县市当中,孝南区村干部工资最低,每年仍然只有 3521 元③。2012 年荆州市被调查的村干部中,仍有超过一半的村干部年工资低于 4000 元。2013 年经济条件略好的丹江口市均县镇村干部年薪也不超过 6000 元④。但是从 2015 年开始,无论是农村集体经济发展水平较差的广水市还是经济较为发达的武汉市,村干部工资都有明显增加。如广水市陈家河村 2015 年村干部平均工资为 10666 元,2016 年增加到 19780 元,增加了 9000 多元。2017 年武汉市黄陂区和郧阳区樱桃沟村的村主职干部平均工资接近 3 万元,其中黄陂区村主职干部为 4.2 万元,村副职干部为 2.5 万元;郧阳区樱桃沟村主职干部 4.5 万元,副职干部 2.16 万元。

表 4—11　　　　　　　湖北各地村干部人均年工资水平

年份	地点	村干部人均年工资
2000	建始县	400—1000 元
2005	大悟县新城镇沿河村	1200 元
	麻城市	3000 元
2007	湖北 11 个县市 3299 个村	均值 6564 元(最低 3521 元,最高 8590 元)
2008	枝江市	5838 元
2012	荆州市	54.4% 的村干部低于 4000 元

---

① 向兆清:《建立村级保障激励机制 促进农村基层组织建设——来自湖北枝江市的调查与思考》,《农村经营管理》2009 年第 12 期。

② 傅光明、程晓培:《建立村级组织运转和最低经费保障机制——基于湖北省 11 个县市村级组织经费保障的调查》,《地方财政研究》2009 年第 2 期。

③ 同上。

④ 李玉琴等:《村级财务管理模式探索——基于湖北省大悟等地的调研分析》,《财政监督》2014 年第 11 期。

续表

年份	地点	村干部人均年工资
2013	大悟县河口镇	低于 5000 元
	潜江市周矶镇	低于 5000 元
	丹江口市均县镇	低于 6000 元
2015	广水市陈家河村	10666 元
2016		19780 元
2017	武汉市黄陂区	29400 元
	郧阳区樱桃沟村	主职 45000 元，副职 21600 元

资料来源：2007 年 11 个县市的调查数据来自傅光明、程晓培《建立村级组织运转和最低经费保障机制——基于湖北省 11 个县市村级组织经费保障的调查》，《地方财政研究》2009 年第 2 期。2008 年枝江市的数据来自向兆清《建立村级保障激励机制 促进农村基层组织建设——来自湖北枝江市的调查与思考》，《农村经营管理》2009 年第 12 期。2013 年的数据来自李玉琴等《村级财务管理模式探索——基于湖北省大悟等地的调研分析》，《财政监督》2014 年第 11 期。2015 年和 2016 年广水市陈家河村的数据来自笔者调查，由村委会提供。2017 年武汉市黄陂区的数据由黄陂区委提供，郧阳区樱桃沟村数据由村支书提供。

（二）非生产性支出比重过高

湖北村级集体经济支出当中，非生产性支出比重过高。非生产性支出主要包括招待费、送礼费、钓鱼费、利息支出、培训费、报刊费、管理区收费等[1]。如表 4—12 所示，无论是对湖北全省行政村的抽样调查，还是典型性调查，抑或全省数据，湖北村集体非生产性支出比重都较高，低的有 20%，高的达到了 80%，普遍在 60% 以上。

表 4—12　　　　　　湖北各地村集体非生产性支出的比重

年份	地点	金额（亿元）	占总支出的比重（%）
1999	全省 182 个行政村	—	>67
1999	全省 64 个行政村	—	66—80

---

[1] 杨琳：《村级财务何时走出恶化深渊——对湖北省村级财务状况的调查》，《调研世界》2001 年第 10 期。

续表

年份	地点	金额（亿元）	占总支出的比重（%）
2000	松滋市	0.5489	63.27
2013	黄石市	—	20—60
2010	全省	53.81	47.42
2011	全省	63.87	53.59
2012	全省	75.32	61.51
2013	全省	89.28	64.26
2014	全省	97.83	67.12
2015	全省	94.82	66.88
2016	全省	104.1	69.33
2017	全省	115.4	77.91

资料来源：1999 年 182 个行政村抽样调查数据来自杨琳《村级财务何时走出恶化深渊——对湖北省村级财务状况的调查》，《调研世界》2001 年第 10 期。1999 年 64 个行政村抽样调查数据来自杨同芝、张华林、杨琳《当前村级财务管理中的主要问题及其对策——湖北省村级财务管理现状的实证分析》，《中国农村经济》2000 年第 8 期。2000 年松滋市的数据来自查金祥《改革现行管理模式 积极化解村级负债》，《湖北农学院学报》2003 年第 1 期。2013 年黄石市的数据来自曹祥珠等《农村集体"三资"运行风险的监管实效性研究——关于黄石市村级"三资"运行风险监管调查》，《湖北师范学院学报》（哲学社会科学版）2014 年第 34 卷第 6 期。2010—2016 年全省的数据来自湖北省农业厅农村经济经营管理局统计资料。

　　20 世纪 90 年代开始，生活招待费成为村集体非生产性支出的主要来源之一。如表 4—13 所示，20 世纪 90 年代中期，有的村一年的生活招待费就超过了 4 万元，甚至超过当年行政管理费预算，占实际管理费开支的 70% 以上。根据 2013 年对黄石市村级支出的调查，一些村为了掩盖招待费开支，就采取化整为零的方式，将招待费分别在经营支出、管理费、其他支出等科目中列支①。

---

①　曹祥珠等：《农村集体"三资"运行风险的监管实效性研究——关于黄石市村级"三资"运行风险监管调查》，《湖北师范学院学报》（哲学社会科学版）2014 年第 34 卷第 6 期。

表 4—13　　湖北各地农村生活招待费支出金额及其占管理费的比重

年份	地点	金额（万元）	占管理费的比重（%）
1993—1995	荆门市	1500	—
1995	荆门市某村	4.3384	—
1996—1997	沙洋县叶湾村	4.0181	73.4
1997—1998	荆州弥市镇某村	10.23	—
1998—2001	沙洋县高堰村	12.6247	>70
2000	松滋市	452	23.33

　　资料来源：荆门市的数据来自王良轩、陈爱民《农村财务问题严峻强化管理势在必行——对湖北荆门市农村财务管理情况的调查》，《农村合作经济经营管理》1996 年第 9 期。沙洋县的数据来自贺雪峰《乡村组织及其财政状况——湖北 J 市调查 第六章：村级债务》，村民自治进程中的乡村关系学术研讨会论文，武汉，2001 年 12 月，第 46 页。荆州弥市镇某村的数据来自杨同芝、张华林、杨琳《当前村级财务管理中的主要问题及其对策——湖北省村级财务管理现状的实证分析》，《中国农村经济》2000 年第 8 期。松滋市的数据来自查金祥《改革现行管理模式 积极化解村级负债》，《湖北农学院学报》2003 年第 1 期。

（三）收不抵支

　　税费改革前，由于大部分地区存在"三提五统"的倒挂，再加上各项开支过大，就存在收不抵支的现象。按国家有关规定，"三提五统"提取比例每年不超过上年农民纯收入的 5%，其中，"三提"收取比例不超过农民纯收入的 3%，"五统"收取比例不超过 2%。但是，湖北很多地方从 1996 年开始，"三提五统"收取比例一直倒挂，即"三提"占农民纯收入的 2%，"五统"占农民纯收入的 3%。"三提"一直无法满足村级开支需要。如 1998 年京山县"三提"总收入为 984 万元，而村级实际开支 1450 万元，收不抵支 466 万元。按照有关规定测算，京山县村级管理支出约需要 1185 万元，收不抵支 201 万元①。

　　农村税费改革的实施，减免了农业税以及取消了涉及农民的各种摊派和收费，在减轻农民负担的同时，也减少了农村集体经济收入来源，使村集体收支矛盾和债务危机迅速暴露出来，普遍陷入财政困境之中。

---

　　① 喻昌才、张金江、周本江：《谈村级债务的成因与化解》，《中国农业会计》2001 年第 2 期。

一方面,中央和地方财政转移支付政策性强,数量不多,且不稳定①。比如荆州市江陵县税费改革后农业税附加只有 596 万元,转移支付资金 200 万元,比税费改革前的村提留收入 1350 万元减少了 554 万元。另一方面,大部分村集体经济薄弱或无收入来源,导致维持村级运转最基本的费用出现了较大缺口。2002 年前,湖北全省村级提留,村平均 46812 元,税费改革后,两税附加村平均 16276 元,财力减少很多。湖北全省平均每个村级缺口在 1 万—2 万元,还不包括村级债务消化的资金②。如表 4—14 所示,村均缺口高的仙桃市某村有 3.70 万元,低的麻城市有 0.64 万元。1999 年沙洋县全县和 2007 年石首市全市的村级收支缺口都超过了 900 万元,石首市 80% 的村入不敷出③,运转艰难。随着财政转移支付力度的增加,一直到 2015 年村级运转经费才基本有了保障,但是公益事业和基础设施建设还存在较大资金缺口。

表4—14 　　　　　　　湖北各地村级收支缺口情况 　　　　　　　单位:万元

年份	地点	收入	支出	缺口
1999	沙洋县合计	3099	4071	972
2004	仙桃市某村	6.74	10.44	3.70
2005	江陵县村均	3.8	6.6	2.8
2005	麻城市村均	2.28	2.92	0.64
2007	石首市合计	—	—	909

三　农村集体经济收益

湖北农村集体经济可分配收益随着集体经济的发展呈现出先增后减的趋势,农村税费改革后,随着国家财政转移支付快速增加。湖北农村集体经济收益在全省分布并不均衡,主要集中在经营效益较好的"三村"。农村集体经济收益主要用于公积金和公益金的分配。

---

① 项继权:《"后税改时代"的村务公开与民主管理——对湖北及若干省市的调查与分析》,《中国农村观察》2006 年第 2 期。

② 傅光明、程晓培:《建立村级组织运转和最低经费保障机制——基于湖北省 11 个县市村级组织经费保障的调查》,《地方财政研究》2009 年第 2 期。

③ 同上。

（一）集体经济收益总额

湖北农村集体经济可分配收益总额的变动大致可以分为四个阶段，如图4—21所示：第一个阶段是1987—1995年，可分配收益总额在10亿—20亿元波动，变化不大，可分配收益占集体经济总收入的比重逐渐下降，从1987—1989的25%左右下降到1995年的3.45%；第二个阶段是1996—2001年，可分配收益总额超过40亿元，1999年达到48.85亿元，与这一时期农村集体企业快速发展有关，可分配收益占集体经济总收入的比重基本稳定在5%以上；第三个阶段是2002—2007年，整体在20亿元的水平上，这一时期属于乡镇企业整体改制和农村税费改革的适应期，因此可分配收益水平整体下降，只相当于前一个时期的一半还不到，由于农村集体经济总收入快速下降，可分配收益占集体经济总收入的比重基本稳定在3%以上，2007年迅速提高到10%以上；第四个阶段是2008—2017年，可分配收益总额持续快速增加，从2008年的30.40亿元增长到2017年的66.14亿元，年均增长9.02%，可分配收益占集体经济总收入的比重在波动中呈上升趋势，从2009年的8.32%提高到2017年的34.11%，达到历史最高点。

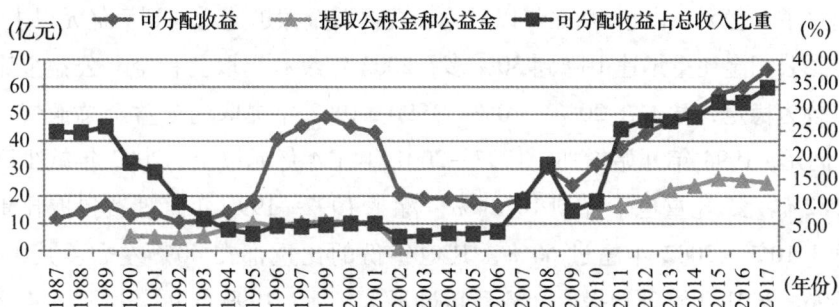

图4—21　湖北农村集体经济可分配收益总额及其占
总收入的比重（1987—2017年）

资料来源：1987—2009年的数据来自历年《中国农业统计资料》，2010—2017年数据来自湖北省农业厅农村经济经营管理局统计资料。其中，1987—2009年的可分配收益是可分配净收益当中的乡村集体所得。

在农村集体经济可分配收益当中，提取公积金和公益金的金额变动可以划分为三个阶段：第一个阶段是1990—1993年，提取的公积金和公益金总额稳定在5亿元左右；第二个阶段是1994—2001年，基本稳定在10亿元左右；第三个阶段是2010—2017年，提取的公积金和公益金总额持续增加，从2010年的14.26亿元增加到2015年历史最高点26.37亿元。

可分配收益在湖北全省的分布是不均衡的。2010年占全省农村总数0.63%的已改制"三村"提取公积金和公益金2.67亿元，占全省公积金和公益金提取总额的18.72%。说明湖北农村集体经济组织可分配收益主要集中在经营效益较好的"三村"。

（二）收益分配结构

20世纪90年代，湖北农村集体经济收益分配当中，公积金比重在90年代前半期随着发展集体经济的热潮不断提高，1994年达到最高点。管理费在20世纪90年代后半期不断增加，比重也迅速提高。如图4—22所示，1990—2002年，湖北农村集体经济可分配收益中，公积金占村提留的比重先升后降，从1990年、1991年不到40%迅速提高到1992年的60%以上，1994年接近70%。主要是因为20世纪90年代初湖北农村集体经济组织普遍开展了以办企业、挖精养鱼池、建林果基地为主要内容的"第二次创业"，1994—2001年公积金提取都在5亿元以上，有的年份超过了6亿元。由于1996年以后管理费提取金额迅速增加到7亿元以上，导致公积金比重迅速下降到30%多，2002年没有提取公积金。公益金比重较为稳定，基本在20%—30%。1990—1993年提取的公益金总额接近2亿元，1994年开始增加，1997—2001年在4亿元以上，2002年减少到0.82亿元，比重也下降到10.24%。除了1992—1995年管理费提取比重低于10%，2002年超过60%，其他年份的比重都在40%左右。其中，1996—2001年管理费提取金额都超过了7亿元，1999年更是达到8.4亿元的历史最高值。

如表4—15所示，2010—2016年湖北农村集体经济可分配收益中，公积金公益金提取比重最高，基本都在45%左右，2017年下降到37.52%。其次是农户分配比重，从2010年的14.31%下降到2017年的8.32%。排在第三位的是其他分配比重，在10%上下波动。排在第四位的是应付福利费提取比例，在7%上下波动，2017年下降到5.06%。最后是外来投资分利，其比重除了2011年和2012年较高，其他年份基本都在2%左右。

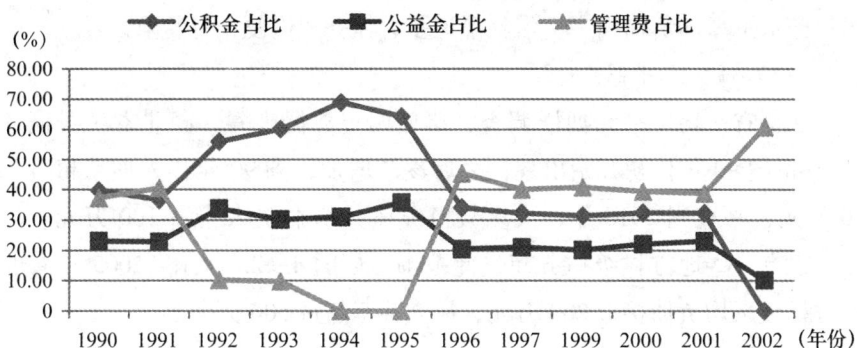

图 4—22　湖北农村集体经济村提留分配结构（1990—2002 年）

资料来源：历年《中国农业统计资料》。

表 4—15　　2010—2016 年湖北农村集体经济可分配收益分配结构　　（单位：%）

年份	提取公积金、公益金	农户分配	其他分配	提取应付福利费	外来投资分利
2010	45.32	14.31	6.64	7.38	2.16
2011	44.39	14.92	9.80	7.25	5.62
2012	43.23	13.42	10.09	6.90	3.95
2013	46.97	10.80	12.13	7.56	1.52
2014	45.91	13.46	7.11	7.70	2.07
2015	45.94	11.05	9.86	6.28	1.44
2016	43.24	10.65	9.31	6.06	1.24
2017	37.52	8.32	11.11	5.06	1.29

资料来源：湖北省农业厅农村经济经营管理局统计资料。

第四节　农村集体经济负债

税费改革前，由于兴办企业、公益事业建设、各类创建达标等，很多村集体背上了沉重的债务。税费改革后，随着"三提五统"的取消，农村集体经济收入大幅度减少，而农村公益事业的投入持续增长，导致旧有债务化解难度增大的同时，又出现了新增债务。

一　村级债务情况

湖北省村级债务从 20 世纪 90 年代初开始出现，之后逐渐增加，呈现出债务水平高、负债面广、借款渠道多、债务成因复杂等特点。

（一）债务水平高

从全省平均水平和抽样调查、典型调查数据来看，湖北省村级债务从 20 世纪 90 年代初开始出现，之后逐渐增加，到 90 年代末期就超过了 50 万元，一直到 2016 年，大多数村级债务基本在 50 万—100 万元。但是，也有一些地方村级债务超过此范围。如图 4—23 所示，2005 年有的地方村级平均负债接近 200 万元，最高甚至超过 500 万元。

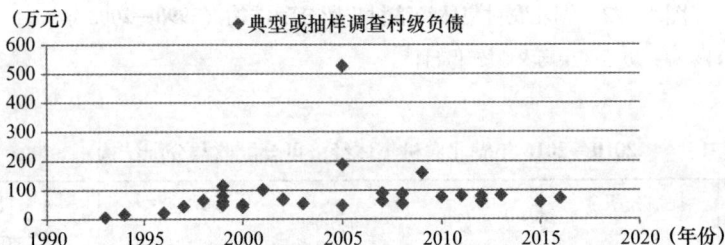

图 4—23　湖北省村均债务额（1993—2016 年）

资料来源：2002 年、2007 年、2010—2013 年、2016 年的数据是全省平均数据，来自湖北省农业厅农村经济经营管理局统计资料。其他年份的数据来自相关论文中典型或抽样调查数据，其中，1994 年 17.4 万元、1996 年 26.3 万元、1997 年 45.0 万元、1999 年 61.5 万元、2001 年 102.2 万元的数据为沙洋县的典型调查数据，来自贺雪峰《乡村组织及其财政状况——湖北 J 市调查 第六章：村级债务》，村民自治进程中的乡村关系学术研讨会论文，武汉，2001 年 12 月，第 46 页。1999 年 115.6 万元的数据为浠水县汪港镇的典型调查数据，来自冯新路、王晓毛、朱太银《500 万元的债务是如何消化的？——湖北省浠水县汪岗镇村级化债减负的调查》，《中国财政》2001 年第 2 期。1999 年 80.26 万元为 64 个村抽样调查数据，来自杨同芝、张华林、杨琳《当前村级财务管理中的主要问题及其对策——湖北省村级财务管理现状的实证分析》，《中国农村经济》2000 年第 8 期。1999 年 49.89 万元为全省 182 个村抽样调查数据，来自杨琳《村级财务何时走出恶化深渊——对湖北省村级财务状况的调查》，《调研世界》2001 年第 10 期。2000 年 43.0 万元为京山县的典型调查数据，来自喻昌才、张金江、周本江《谈村级债务的成因与化解》，《中国农业会计》2001 年第 2 期。2003 年 74 万元为当阳市的典型调查数据，来自《当阳全面清理化解村级债务》，《政策》2003 年第 7 期。2003 年 54.45 万元为掇刀区的典型调查数据，来自罗双平、杨昌文、刘精华《村级债务的成因与化解对策——对掇刀区村级债务情况的调查》，《湖北财税》2003 年第 16 期。2005 年 188.5 万元为襄阳区的典型调查数据，来自陈池波、胡振虎《湖北省乡村债务问题的调查与思考》，《农业经济问题》2006 年第 6 期。2005 年 527 万元为监利县的典型调查数据，来自湖北省财政学会课题组《湖北省县乡债务实证分析与研究》，《中国财政学会 2012 年年会暨第十九次全国财政理论讨论会论文集》，2012 年。

尽管从 2000 年开始，湖北各地纷纷采取了削减高息、清收债权、结对抵冲、划转债务、资产拍卖、核减个人债务、单位协议销债等各种措施化解村级债务，但是由于债权落实难，清收空间小，村级债务化解十分困难。80%—90% 的村级债权是农户欠债和村办企业欠款，多数根本无法收回。欠款农户要么搬迁、去世，无法找到人；要么无偿还能力；要么不愿偿还。欠款企业要么破产倒闭、债务人失踪，没有还款主体；要么经营不景气，缺乏偿债能力。再加上公益事业、村级行政管理、抗击自然灾害等各项支出增加，新增债基本抵消了化债成果。如表 4—16 所示，湖北村级债务增加的同时，债权也在增加。2007 年与 2001 年相比，债务增加额高于债权增加额，导致净负债额仍在增长，村均净负债 2007 年比 2001 年增加 9.4 万元。虽然 2012 年的村均净负债比 2007 年减少 1.6 万元，但是仍然比 2001 年增加了 7.8 万元。

表 4—16　　**2001 年、2007 年、2012 年湖北省村级债务债权情况**

项目	2001 年		2007 年		2012 年	
	总额（亿元）	村均金额（万元）	总额（亿元）	村均金额（万元）	总额（亿元）	村均金额（万元）
债务	114.2	39.7	165.8	63.0	178.1	67.5
债权	81.0	28.2	110.8	42.1	127.1	48.2
净负债	33.2	11.5	55.6	20.9	51.0	19.3

注：数据来源于湖北省农业厅农村经济经营管理局。

从全省的债务总额来看，2002 年增长迅速，达到 200.85 亿元，比 2001 年增长了 75.86%。在经历了几年的化债工作后，2007 年全省村级债务下降到 165.8 亿元。之后村级债务有所反弹，2010—2013 年，湖北村级债务总额都在 200 亿元以上。2016 年有所减少，为 187.4 亿元。

(万元)

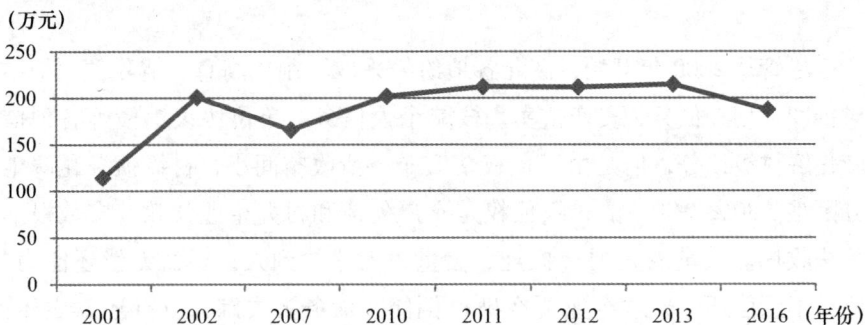

图4—24 湖北省村级债务总额（2001—2016 年）

资料来源:湖北省农业厅农村经济经营管理局统计资料。

（二）负债面广

湖北不仅村级债务水平高，而且负债面广。从全省平均水平来看，2002 年湖北村级债务负债面为 93.1%，2007 年扩大到 97%，2012 年村级负债面缩小到 92.8%，2016 年进一步缩小到 89.7%。如图 4—25 所示，综合全省平均水平和各地调研数据，湖北各地的村级负债面基本都在 80% 以上。

(%)

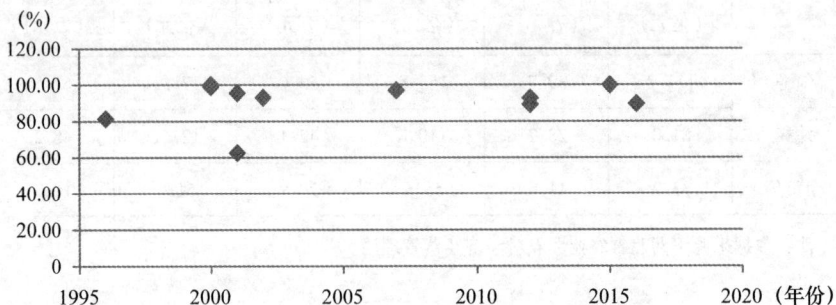

图4—25 湖北省村级债务负债面（1996—2016 年）

资料来源:1996 年 81.35% 为荆门市负债面数据，来自王良轩、陈爱民《农村财务问题严峻强化管理势在必行——对湖北荆门市农村财务管理情况的调查》，《农村合作经济经营管理》1996 年第 9 期。2000 年 100% 为京山县负债面数据，99% 为麻城市负债面数据，来自程胜利《破译村级债务难题 巩固税费改革成果 湖北省总结推广麻城十条经验》，《人民日报》2003 年 6 月 29 日。2001 年 95.6% 为老河口市负债面数据，来自杨国林《包袱是这样卸掉的——湖北省老河口市化解村组债务纪实》，《农村工作通讯》2001 年第 4 期。2001 年 62.5% 为安陆市负债面

数据，来自仰忠泽《安陆化解村级债务千万元》，《政策》2003 年第 7 期。2012 年 89.3% 为荆州市村级负债面数据，来自李程云《农村社会转型期基层党组织建设问题研究》，长江大学硕士学位论文，2013 年，第 16 页。2015 年 100% 为蔡甸区消泗乡负债面数据，来自王涵、石恋《农村集体经济创新发展模式探析——以湖北省武汉市蔡甸区消泗乡为例》，《科技创业月刊》2016 年第 29 卷第 12 期。全省平均村级负债面数据来自湖北省农业厅农村经济经营管理局统计资料。

如表 4—17 所示，2016 年与 2012 年相比，湖北全省村级负债分布呈现出两极化趋势，即无债务的村和债务额 20 万元以上的村比重都在增加，而分布在中间的 0—20 万元的村比重下降。2016 年仍有超过 40% 的村债务额在 20 万—70 万元，接近 30% 的村债务额超过 70 万元。

表 4—17　　　　　　2012 年和 2016 年湖北省村均债务金额分布

债务总额	2012 年		2016 年	
	村数量（个）	比重（%）	村数量（个）	比重（%）
无债务	1900	7.2	2584	11.2
0—20 万元	6798	25.8	4143	18.0
20 万—70 万元	10421	39.5	9637	41.9
70 万元以上	7251	27.5	6660	28.9
合计	26370	100	23024	100

资料来源：湖北省农业厅农村经济经营管理局统计资料。

（三）借款渠道

村级债务的借款渠道随着国有银行商业化改革，退出县域经济，发生了明显变化。前期的借款渠道主要是银行和信用社，随着银行风险管控逐渐严格，逐渐减少了对农村集体经济组织的贷款，村级组织只能通过向单位、个人和其他渠道借款，后期村级借款则转向农村基金合作会和民间高利贷[①]。如表 4—18 所示，2016 年湖北全省来自金融部门贷款

---

① 杨华、丁胜利：《关于湖北省乡村债务问题的调研报告》，《湖北经济学院学报》2005 年第 3 期。

17.9亿元,相比2001年减少了54.92%,占债务总额的9.6%,下降了25.17个百分点;来自单位借款和个人借款的比重都有所提高,分别比2001年提高了9.5个百分点和18.45个百分点。

表4—18　　　　　　　2001年和2016年湖北省村级债务来源结构

项目	2001年		2016年	
	金额（亿元）	占比（%）	金额（亿元）	占比（%）
总额	114.21	100	187.4	100
金融部门贷款	39.71	34.77	17.9	9.6
单位借款	6.06	5.30	27.8	14.8
个人借款	42.20	36.95	103.9	55.4
其他应付款（欠款）	26.24	22.98	37.8	20.2

资料来源:湖北省农业厅农村经济经营管理局。

二　村级债务来源

湖北省村级债务主要来源于五个方面:一是由建设农村基础设施和开展公共服务等公益事业形成的债务,其总额和占比不断提高,2016年湖北兴办公益事业形成村级债务总额82.42亿元,是2001年23.61亿元的3.5倍,占比是2001年的两倍多;二是兴办村级企业和调整农业产业结构等产业发展形成的债务;三是债务产生的利息支出,主要是高利贷利息;四是农村税费改革前村级组织为完成各种税费上缴任务形成的债务;五是村级组织日常管理支出超出收入形成的债务。如表4—19所示,在农村税费改革初期,从全省整体水平来看,产业发展形成的债务占比最高,其次是公益事业形成的债务。从各地情况来看,经济发展处于中等水平的京山县和掇刀区由公益事业形成的债务占比最高,其次是产业发展形成的债务。同时,各地债务来源的差异也较大,掇刀区产业发展形成的债务占比几乎是京山县的两倍,而京山县的利息支出形成的债务占比是掇刀区的两倍左右。

表4—19　　　　　　　　　湖北全省及各地村级债务来源

债务来源	2001年湖北全省		2000年京山县		2003年掇刀区	
	金额（亿元）	占比（%）	金额（万元）	占比（%）	金额（万元）	占比（%）
公益事业	23.61	20.67	6566	38.62	1961	42.04
产业发展	40.31	35.30	3310	19.47	1806	38.71
利息支出	—	—	3018	17.75	439	9.41
上交税费	20.99	18.38	2256	13.27	459	9.84
管理支出	7.65	6.70	1005	5.90	—	—
其他	—	—	848	4.99		
合计	92.56	81.05	17003	100.00	4665	100.00

资料来源：京山县的数据来自喻昌才、张金江、周本江《谈村级债务的成因与化解》，《中国农业会计》2001年第2期。掇刀区的数据来自罗双平、杨昌文、刘精华《村级债务的成因与化解对策——对掇刀区村级债务情况的调查》，《湖北财税》2003年第16期。

（一）公益事业

村级公益事业开支包括农村基础设施建设投资和公共服务开支。农村基础设施建设包括农田水利基本建设、兴办农业基地、修建村级道路、植树造林、安全饮水工程建设、农村电网建设、农村中小学危房维修等。农村公共服务包括：村容村貌整治、公共卫生、计划生育、广播维护、防灾救灾、畜禽防疫、综合治理、治安联防、维稳接访、征兵补助、慰问照顾五保户、优抚、老干部和老党员生活补助、村委会换届选举、党员干部教育培训等。其中，由道路建设、兴修水电设施、义务教育和卫生文化设施建设形成的负债成为公益事业负债的主要来源。如表4—20所示，20世纪90年代，由普及九年义务教育（简称"普九"）达标验收形成的债务[1]是公益事业债务的主要来源。农村税费改革后，道路建设逐渐取代义务教育，成为公益事业负债的主要来源。

---

① 《国务院办公厅转发国务院农村综合改革工作小组关于开展清理化解农村义务教育"普九"债务试点工作意见的通知》（国办发〔2007〕70号）对"普九"债务的界定是：2005年12月31日前，各地以县为单位推进农村义务教育工作，至通过省级农村义务教育"普九"验收合格期间发生的债务，具体包括教学及辅助用房、学生生活用房、校园维修建设、教学仪器设备购置等与学校建设直接相关的债务。

表4—20　　　　　　湖北农村集体经济组织兴办公益事业负债结构　　　（单位:%）

项目	2000 年 (京山县)	2001 年	2010 年	2011 年	2012 年	2013 年	2016 年	2017 年
兴办公益事业负债	38.62	20.67	43.79	41.20	42.59	42.91	43.99	40.89
其中:道路建设负债	8.35	5.27	20.49	19.78	20.78	21.60	25.33	24.75
兴修水电设施负债	14.11	—	7.53	7.53	7.96	7.55	8.67	7.93
义务教育负债	11.19	13.52	8.07	6.62	5.06	4.54	4.56	4.18
卫生文化设施负债	—	1.16	3.21	3.08	3.19	3.42	4.03	4.03

　　资料来源：2000 年京山县公益事业负债结构数据来自喻昌才、张金江、周本江《谈村级债务的成因与化解》,《中国农业会计》2001 年第 2 期。其余全省公益事业负债结构数据根据湖北省农业厅农村经济经营管理局统计资料计算得出。其中, 2001 年湖北卫生事业支出形成债务1.33 亿元,占全省债务总额的 1.16%。

表4—21　　　　　　　　　湖北各地“普九”债务比重

项　目	1996 年荆门市	2000 年京山县	2005 年谷城县	2001 年湖北全省
“普九”债务金额 （万元）	1779	1902	2849	154400
“普九”债务占债务总额的比重（%）	12.4	11.19	12	13.52

　　注：1996 年荆门市的数据来自贺雪峰《乡村组织及其财政状况——湖北 J 市调查 第六章：村级债务》,村民自治进程中的乡村关系学术研讨会论文,武汉,2001 年 12 月,第 50 页。2000年京山县的数据来自喻昌才、张金江、周本江《谈村级债务的成因与化解》,《中国农业会计》2001 年第 2 期。2005 年谷城县的数据来自陈池波、胡振虎《湖北省乡村债务问题的调查与思考》,《农业经济问题》2006 年第 6 期。2001 年湖北全省的数据来自湖北省农业厅农村经济经营管理局统计资料。

　　湖北的“普九”从 1992 年开始全面铺开,1996 年前后开始检查验收。如表 4—21 所示,从 20 世纪 90 年代中期开始一直到农村税费改革后,湖北各地“普九”形成的债务普遍占到债务总额的 1/10 以上,有的地方甚至占到一半以上。用乡村干部的话说就是“修起一个学校,背上一身债务，好心没办好事"①。

在农村税费改革之后，湖北通过"一事一议"发展农村公益事业，大大提高了村集体开展以道路为主的基础设施建设积极性。由于实行项目资金配套制，新增债务不断增加。湖北"村村通"公路建设大多数是"群众打底子、交通部门铺面子"，修建1公里道路村级投入平均都在10万元以上。尽管国家明文规定不允许以村委会的名义贷款进行村庄基础设施建设，但依然有许多村干部以个人名义贷款，导致村级债务不断增加②。如表4—20所示，2016年道路建设负债所占比重高达25.33%，比2001年提高了约20个百分点。

（二）产业发展

由兴办企业和农业产业结构调整投资形成的债务主要集中在20世纪90年代和21世纪初期。如京山县某村1995年6月投资60多万元兴办了塑编厂，工厂仅仅经营了3年零3个月就破产倒闭，由此产生了63万元的债务③。孝昌县邹岗镇校堂村进行农业产业结构调整，修建鱼池负债5万元，购买种子负债3.5万元。该镇因改善农业生产条件形成的债务村均8万—10万元④。如表4—22所示，2001年全省生产性支出形成的债务金额超过40亿元，占比超过1/3。从20世纪90年代中期到农村税费改革初期，全省各地兴办企业形成的债务占比都在10%以上，有的甚至超过了20%。

（三）上交税费

农村税费改革前，农户除了要缴纳农业税、农业特产税和"三提五统"外，还要承担各种集资摊派，农民负担项目越增越多，负担数额越来越大。本应由政府提供的公共服务和公共产品逐渐向农民转嫁，如民兵训练费、修路、挖河、修堤从农民义务投工转变为既投工又投款、投

---

① 杨华、丁胜利：《关于湖北省乡村债务问题的调研报告》，《湖北经济学院学报》2005年第3期。

② 蒋天文：《村级债务风险防范与管控》，《财政研究》2015年第6期。

③ 喻昌才、张金江、周本江：《谈村级债务的成因与化解》，《中国农业会计》2001年第2期。

④ 杨华、丁胜利：《关于湖北省乡村债务问题的调研报告》，《湖北经济学院学报》2005年第3期。

物,人工降雨、人口普查、农业普查等本应由政府提供的公共服务也由农民承担相关费用①。面对各种名目不清、去向不明的统筹提留摊派,在种田效益下滑的情况下,越来越多的农户不愿意或者没有能力交税费提留。如襄阳县不交税费的农户 1995 年为 0.6 万户,2000 年则增至 2 万户②;2000 年沙洋县某镇 24 个村中有 14 个村 50% 左右的农户未交清当年税费③;2002 年天门市不交税费的农户占比 30%,欠缴 2000 多万元农业税④。一方面是难以收齐的农业税费,另一方面是硬性的农村税费任务指标,由农业税费提留摊派形成的村级债务由此形成。

表 4—22　　　　　　　　　　湖北各地产业发展债务结构

项目	生产性支出形成债务		兴办企业投资形成债务		改善生产条件支出形成的债务	
	金额（万元）	占债务总额的比重（%）	金额（万元）	占债务总额的比重（%）	金额（万元）	占债务总额的比重（%）
2001 年湖北省	403100	35.30	243300	21.30	62800	5.50
1996 年荆门市	—	—	3074	21.35	—	—
2000 年京山县	3310	19.47	2117	12.45	1193	7.02
2003 年掇刀区	—	—	677	15.5	—	—
2005 年襄阳区	—	—	23300	30	—	—

　　资料来源:2001 年湖北省的数据来自湖北省农业厅农村经济经营管理局统计资料。2000 年京山县数据来自喻昌才、张金江、周本江《谈村级债务的成因与化解》,《中国农业会计》2001 年第 2 期。2003 年掇刀区的数据来自罗双平、杨昌文、刘精华《村级债务的成因与化解对策——对掇刀区村级债务情况的调查》,《湖北财税》2003 年第 16 期。2005 年湖北襄阳的数据来自陈池波、胡振虎《湖北省乡村债务问题的调查与思考》,《农业经济问题》2006 年第 6 期。

---

　　① 高政:《对农村提留统筹费的调查与思考》,《中国农村经济》2000 年第 11 期。
　　② 杨华、丁胜利:《关于湖北省乡村债务问题的调研报告》,《湖北经济学院学报》2005 年第 3 期。
　　③ 贺雪峰:《乡村组织及其财政状况——湖北 J 市调查 第六章:村级债务》,村民自治进程中的乡村关系学术研讨会论文,武汉,2001 年 12 月,第 48 页。
　　④ 郭怀沔、王少君:《村级债务是制约农村经济发展的泥坑》,《人民政协报》2003 年 7 月 11 日第 C2 版。

如表 4—19 所示，2001 年湖北全省由上缴税费形成的债务额为 20.99 亿元，占全省债务总额的 18.38%。其中，乡村统筹形成债务 10.11 亿元，占比 8.85%；国家税收形成债务 7.84 亿元，占比 6.86%；部门收费、罚款形成债务 1.98 亿元，占比 1.73%。京山县和掇刀区由农业税费提留摊派形成的债务占比都在 10% 以上。税费改革后，一些本应由农民自己承担的农村合作医疗保险、农村政策性保险等费用，仍然变相地沿用税费提留征收的模式，通过下达任务到村。在部分农民因各种原因没有缴纳相关费用的情况下，这些费用征收成为税费改革后债务的新根源。

（四）行政管理

管理支出包括生活招待费、干部工资和奖金、建办公楼、征订报刊等。因为日常支出的刚性和惯性，村级管理人员超编以及财务管理混乱，管理支出始终居高不下，支出大大高于收入，形成村级债务。比如少数村干部违规购买养老保险，用公款配置大哥大和装住宅电话，超标报销差旅费和补助费等[1]。2001 年湖北全省村级债务中，管理支出形成债务 7.65 亿元，占债务总额的 6.70%。其中，村组干部报酬形成债务 5.27 亿元，占比 4.61%；生活招待形成债务 1.77 亿元，占比 1.55%。

（五）利息支出

利息支出是各项原始支出的衍生支出，高息性质使其成为村级债务的一大"毒瘤"，高额利息成为债务增长的重要因素。1996 年银行对村一级收紧放贷后，村集体只能向乡镇一级农村合作基金会和民间高利贷借贷，支付高额高息。村集体债务有 50% 以上为高息借贷，借款年利率一般为 20% 左右[2]，最高的达到 36%[3]。由于村集体经济薄弱，不能及时还款，逾期债务比重大，有的"陈年老债"甚至存在了近 20 年[4]，导致息转本，利滚利，村级债务像"滚雪球"一样越滚越大。如表 4—23 所示，2000 年前后湖北各地利息支出比重高的地方超过 40%，低的地方也接

---

① 杨琳：《村级财务何时走出恶化深渊——对湖北省村级财务状况的调查》，《调研世界》2001 年第 10 期。

② 蒋天文：《村级债务风险防范与管控》，《财政研究》2015 年第 6 期。

③ 杨琳：《村级财务何时走出恶化深渊——对湖北省村级财务状况的调查》，《调研世界》2001 年第 10 期。

④ 蒋天文：《村级债务风险防范与管控》，《财政研究》2015 年第 6 期。

近 10%。

表 4—23　　　　　　　湖北各地利息支出形成债务的比重

年份	1999	2000	2000	2000	2001	2003
地点	湖北 182 个行政村	松滋市老城镇碑亭村	沙洋县	京山县	沙洋县某镇	掇刀区
利息支出比重（%）	32	45.5	19.9	17.75	47	9.41

资料来源：1999 年 182 个行政村抽样调查数据来自杨琳《村级财务何时走出恶化深渊——对湖北省村级财务状况的调查》，《调研世界》2001 年第 10 期。2000 年松滋市老城镇碑亭村的利息支出比重是占净负债的比重。2000 年沙洋县的利息支出比重是扣除了近 2000 万元高息后的比重。2000 年京山县的数据来自喻昌才、张金江、周本江《谈村级债务的成因与化解》，《中国农业会计》2001 年第 2 期。2001 年沙洋县某镇的数据来自贺雪峰《乡村组织及其财政状况——湖北 J 市调查 第六章：村级债务》，村民自治进程中的乡村关系学术研讨会论文，武汉，2001 年 12 月，第 47 页。2003 年掇刀区的数据来自罗双平、杨昌文、刘精华《村级债务的成因与化解对策——对掇刀区村级债务情况的调查》，《湖北财税》2003 年第 16 期。

三　村级债务形成的体制机制原因

村级债务的形成就是在农村集体经济组织缺乏收入来源的情况下，支出大大超过了收入而形成的。在依靠农村形成原始资本积累的阶段，各级政府对农村经济不断索取，导致村级债务形成。在鼓励乡镇企业发展的政策性扩张和自上而下的政绩性需求下，国家通过自上而下的达标升级和政绩考核，使乡村干部完成对农村经济资源的索取。同时，在这种行政体制下，缺乏村民监督的环境也为村干部以村集体经济发展和公益事业建设为借口，进行寻租或个人敛财，从而导致村级债务膨胀。因此，从根本上说，中央集权的财政体制和行政体制是形成村级债务的制度性原因。

（一）财政体制

1994 年分税制改革改变了中央和地方的财政收入分成，财政收入逐渐集中到中央和省级层面，县、乡一级的地方财力不足。中央财政收入占全国财政收入的比重从 1993 年的 22% 上升到 2002 年的 54.9%，省级财政占比从 1994 年的 16.8% 提高到 2000 年的 28.8%，县、乡政府的财政收入占比从 61.2% 下降到 16.3%①。

在财政收入向上集中的同时，事权仍然由县乡基层政府承担，导致财政支出严重超出可用财力，迫使其负债运转。村级组织作为最基层的组织，在农村税费改革前，通过"三提五统"承担了乡镇一级的公共事业支出；农村税费改革后，村账乡管农村财务制度的实行为乡镇汲取村级资源创造了条件②。再加上中央和省级财政支持的地方建设项目都要求地方政府配套，财政转移支付制度也在一定程度上增加了村级组织负担。

（二）政府干预

不论是农村集体经济发展，还是村级公益事业发展，上级政府部门对村集体经济组织进行了不恰当的行政干预，成为具有强烈"父爱"色彩的强势角色③。

20 世纪 90 年代初期，湖北部分地区农村集体企业取得了较好的经济效益，成为村级公益事业的重要收入来源。同时，国家大力支持乡镇企业发展，湖北省也将乡镇企业发展提升到战略层面，出台了多项优惠扶持政策。1994 年 11 月 5 日中共中央发出的《关于加强农村基层组织建设的通知》提出，"选准一条发展经济的好路子"是实现以党组织为核心的农村基层组织建设"五个好"目标的关键。在政策性扩张的刺激下，湖北各级政府把兴办集体企业的指标分解到村，农村集体经济组织普遍开展了以办企业、农业产业结构调整为主要内容的"第二次创业"，"村村点火，遍地冒烟"。在行政命令指挥下兴办的村办企业，有的是为了获得扶持资金，有的是政绩工程，往往缺乏可行性研究，规模小、产品附加值低、缺乏市场竞争力，几乎所有的投资项目都出现了亏损，企业破产。同时，在行政命令的要求下开展的瓜果蔬菜种植、水产养殖等农业产业结构调整多以失败告终。政府忽视社会经济发展规律和违反市场规律的经济干预行为，导致村级借贷资金无力偿还，形成了村级债务。

---

① 杨华、丁胜利：《关于湖北省乡村债务问题的调研报告》，《湖北经济学院学报》2005 年第 3 期。

② 郭怀沔、王少君：《村级债务是制约农村经济发展的泥坑》，《人民政协报》2003 年 7 月 11 日第 C2 版。

③ 徐勇：《城乡一体化视域中的农业农村发展新思维——评〈从行政推动到内源发展：中国农业农村的再出发〉》，《中国行政管理》2014 年第 10 期。

20 世纪 90 年代以来,上级政府通过各种达标升级与政绩考评相结合的行政体制,干预村级公益事业发展。在缺少上级财政转移支付的情况下,迫使村集体超越经济实力提供道路桥梁、水利电力、农村教育、计划生育等公共产品和公共服务。村集体只能通过向农民集资和向社会借贷解决资金问题,导致村级债务的 1/4 左右是为了应付各种达标检查而形成的①。

本章小结

湖北农村集体经济的发展受政府政策和宏观经济环境的影响,呈现出高开低走的局面。20 世纪 80 年代到 90 年代,受到政府鼓励乡镇企业发展政策的影响,农村集体企业数量迅速增加,带动集体资产投资和集体固定资产增长,在一定程度上增加了集体经济收入。但是,在政府部门大量的扶持政策和宽松的信贷政策下,农村集体企业建设成本低,推动了乡办和村办集体企业进行粗放低效的数量扩张。这为农村集体经济发展埋下了隐患,成为 20 世纪 90 年代出现村级债务的主要原因。进入21 世纪,湖北农村集体经济在经营领域出现了集中化趋势,集体经营收入集中在极少数村集体,大多数农村集体经济组织只有极少的经营收入甚至没有经营收入。

农村税费改革取消了"三提五统",湖北大多数村集体出现了运转困难,省级财政不断加大转移支付力度,使补助收入和其他收入在村级收入中的比重不断提高。由于财政转移支付主要是用于村集体的公益事业,税费改革后,湖北村级固定资产投资也主要集中在非生产领域,经营性固定资产比重不断下降。

尽管从 2008 年开始,湖北各级政府出台了支持村级集体经济发展的政策,但是 2016 年仍然有将近 1/3 的村集体经济组织当年没有经营性收入。对于农村集体经济发展,政府的政策似乎没有发展乡镇企业时那么盲目和冒进了。总体上来说,以农村税费改革为分界点,湖北农村集体

---

① 贺雪峰:《乡村组织及其财政状况——湖北 J 市调查 第六章:村级债务》,村民自治进程中的乡村关系学术研讨会论文,武汉,2001 年 12 月,第 50 页。

经济收入来源从依靠自己创收到依靠财政转移支付。在农村集体经济组织还不具备相应的组织机构条件和管理水平时，盲目推动集体经济组织开展经营，也许会适得其反。

从 20 世纪 90 年代中期开始，财力上收和事权下放的矛盾，再加上不恰当的行政干预，湖北各地因发展公益事业、产业结构调整、上交税费、行政管理、利息支出等形成了巨额的村级债务。在债权虚化、软化和集体经济"空壳化"的双重因素下，村级债务逐渐固化。村级债务成为当前农村社会不安定的重要根源，有些地方由债务问题引起的上访案件甚至超过了 1/3。不少村干部感叹说："债务问题一日不除，村无宁日，民无宁日。"

第 五 章

湖北农村集体"三资"管理

改革开放以来，湖北农村集体"三资"逐渐由乡镇代管，实现了管理的制度化和规范化，提高了农村集体资产保值增值能力。但是仍然存在一些无法完全解决的"顽疾"和矛盾。与此同时，村民的自我管理自我监督从形式上制定了制度，成立了机构，却作用有限。

第一节　村级财务管理

湖北村级财务管理权限逐渐从村一级集中到乡镇一级，尽管在一定程度上实现了财务管理的规范化，抑制了农村腐败，减轻了农民负担，保护了集体资产，但是仍然无法根除村级财务管理中存在的坐收坐支、设立"账外账"、开支随意等顽疾。主要是因为目前农村管理财务制度背离了村民自治制度的基本原则，上级部门监管不到位，财务管理制度仍存在漏洞，财会人员的整体素质不高。由于一直存在问题，政府部门会不定期地开展清理整顿。随着相关制度的出台和完善，农村财务管理逐渐进入规范化管理的轨道。

一　村级财务管理向乡镇集中

改革开放后，湖北村级财务管理制度不断改革，从"集中办公"制度到"村账站管"制度，再到"委托双代管"制度，村级财务记账和现金管理逐渐集中到乡镇一级，基本遵循了"一委托四不变"的原则。湖北各地积极探索村级财务管理的有效办法，国家相关制度的出台进一步明确了改革方向，形成了一种上下互动的财务管理制度改革机制。

（一）村级财务管理制度演变

改革开放以来，湖北农村集体经济财务管理工作逐渐从村集体向乡镇集中，经历了集中审核—集中账目—集中出纳的过程。1985 年湖北农村账务实行改革，对村集体经济组织财务会计制度进行统一，并规定村组会计要定期到乡镇经管站集中办公，由乡（镇）经管站统一审查入账凭证，村级一切收支必须经过审核后才能入账。1996 年湖北全面推行"村账站管"，由乡（镇）经管站按村设立账簿，集中做账，管账不管钱；村级组织采用收支报账制，管钱不管账。2003 年湖北在农村集体经济组织推行"委托双代管"制度，在集中管理村级账目的基础上，进一步集中管理村级组织现金。

1. "集中办公"制度

1985 年开始实行集中办公制度，各村会计到乡镇集中办公，记好账目，编制报表。分小组联审互评后，由县（市）经管局或乡（镇）经管站复审验收，及时掌握各村的经济收支情况、好的典型、存在的问题。同时，县市经管局借助集中办公对村会计进行辅导。

2. "村账站管"制度

"村账站管"是由乡（镇）经管站的专业会计对各村集中做账，审核入账凭证，实行原村会计职能。每村取消村会计，只有出纳，定期向乡镇经管站对口报账，用钱需报批。"村账站管"制度实现了村级财务的钱、账分离，即经管站管账不管钱，村委会管钱不管账①。在乡（镇）经管站审核入账凭证的过程中，重点是"两审一控"，即审批村农民负担款物提取、财务收支计划、基建项目，审计财务收支、债权债务，控制管理费和非生产性费用支出②。结合"两审一控"，"村账站管"建立了一系列配套制度：财务预决算制度、财务一月一结制度、费用包干制度、共同生产费管理制度、专款专用制度、现金定期盘点制度等。尽管湖北在 1996 年全面推行"村账站管"，但是到 2000 年，严格实行该项制度的村并不多。2000 年对湖北 31 个县（市）64 个村的抽样调查发现，只有

---

① 张其华、冯少军：《一项减轻农民负担工作的重要举措——湖北省村账站管的调查》，《农村合作经济经营管理》1999 年第 1 期。

② 同上。

14 个村严格实行了乡（镇）经管站代记代管村账，仅占比 22%，绝大多数的村只是由经管站指导和审核账目，而不代记账目①。

3."委托双代管"制度

"委托双代管"制度是村级资金、账务都由乡（镇）农村会计服务中心代管，因此，村会计、出纳都被取消，村只设一名报账会计。相比"村账站管"，"委托双代管"制度中乡镇既管账又管钱，村委会不管钱也不管账。"委托双代管"制度的管理更加全面，包括对村级收支的合理性进行核算、管理经济合同并保证其有效性。"委托双代管"制度建立了"收支两条线"制度、备用金管理制度、票据使用管理制度等配套制度。"收支两条线"制度规定收入直达财政经管站专户，上级拨付资金直接到达村级专户，村级现金收入也要存入专户，支出按年度收支计划审批使用；备用金管理制度是在核定限额内实行"报销费用拨补备用金"，即村级支出额度限定在备用金额度内，先支出再报账，专业会计根据报账额度开具"付款通知书"，再到总出纳处补充备用金②；票据使用管理制度规定村级组织"定期限量"从财政经管站领取③，实行票款同行。2003 年，湖北全省共有 625 个乡（镇）组建了农村会计服务中心，占乡镇总数 55%，18892 个村与中心签了委托"双代管"协议，占总村数的 68%④。截至 2009 年底，湖北省 1227 个乡（镇、场、街、办）的 26241 个行政村中共有 25296 个村实行了村级会计委托代理，村级会计委托代理覆盖率达到 96.4%⑤。到 2016 年，所有的村都实行了村会计委托代理制。

（二）财务制度演变的特点

改革开放以来，湖北省农村财务制度改革有两大特点：一是在上下

---

① 杨同芝、张华林、杨琳：《当前村级财务管理中的主要问题及其对策——湖北省村级财务管理现状的实证分析》，《中国农村经济》2000 年第 8 期。

② 潘林：《我国农村集体经济财务管理研究》，硕士学位论文，长江大学，2012 年，第 21 页。

③ 张楠：《理财新举措，村财"双代管"》，《中国财经报》2006 年 6 月 22 日第 3 版。

④ 财政部办公厅：《免征农业税后县乡财政改革与对策（四）湖南、湖北两省化解乡村债务的主要做法》，《农村财政与财务》2005 年第 7 期。

⑤ 财政部基层财政干部培训教材编审委员会：《农村集体经济组织"三资"管理》，中国财政经济出版社 2011 年版，第 5 页。

互动的过程中逐步改革；二是村级财务与乡（镇）经管站或农村会计服务中心是委托—代理的关系，村级组织对本村财务拥有决定权、收益权、监督权。

1. 上下互动

村级财务管理向乡（镇）集中的过程，既是一个自上而下的过程，也是一个自下而上的过程。国家相关部门针对农村财务管理出台了多项制度，湖北各地也在不断探索村级财务规范化管理的新路子，湖北省级部门结合国家出台的政策以及各地的探索不断对全省村级财务管理制度进行改革。

改革开放以后，国家相关部门专门针对农村集体经济组织财务管理进行了制度规范，其会计制度和财务制度随着农村集体经济管理的需要几经修订。1982年8月，财政部、农牧渔业部等相关部委根据几年来农村实行联产承包责任制的情况，制定颁发了《农村社队会计制度》。1984年修订并颁发了《村合作经济组织会计制度（试行）》，促使湖北在1985年对农村账务实行改革，推行集中办公制度。

1991年5月，财政部颁发了《村合作经济组织财务制度（试行）》，促使湖北在1992年开始在洪湖、仙桃等地进行"村账站管"试点。1995年12月国务院下发了《关于加强农村集体资产管理工作的通知》，提出"财政部门与农业部门要进一步加强农村集体经济组织财务、会计制度的建设"。1996年修订后的《村合作经济组织财务制度（试行）》规定"村合作经济组织收益分配方案要报乡（镇）业务主管部门审查，经成员大会或成员代表大会讨论通过后执行"，但同时第八章专门针对民主理财进行规定，赋予民主理财组织对村合作经济组织财务全面至高的监督权力。同时，1996年修订的《村合作经济组织会计制度（试行）》规定"财务管理薄弱的村合作经济组织，可以委托乡（镇）经营管理站代为记账、核算"，为湖北全面推行"村账站管"奠定了制度基础。为顺利实施"村账站管"制度，国务院于2000年3月3日下发了《中共中央、国务院关于进行农村税费改革试点工作的通知》，指出："用农业税附加方式收取的村提留属于集体资金，实行乡管村用，由乡镇经营管理部门监督管理。"财政部、监察部于2000年9月7日下发了《关于试行会计委派制度工作的意见》，明确了会计委派制度是加强会计监督和管理的有效形式,是从源头上预防和治理腐败的重要措施,即由政府部门或产权单位作为所有者,向国有单位或集体企业委派会计人员,受委派人员代表委派部门监督被委派单位的会计行为和经济活动,并在业务上受被委派单位领导,通过会计核算参与其内部管理,被委派单位中就包括农村集体经济组织。

表5—1   **农村财务管理相关制度**

时间	部门	制度名称	内容	范围
1995 年 12 月	国务院	《关于加强农村集体资产管理工作的通知》	提出"财政部门与农业部门要进一步加强农村集体经济组织财务、会计制度的建设"	全国
1996 年	财政部	修订后的《村合作经济组织财务制度(试行)》	规定"村合作经济组织收益分配方案要报乡(镇)业务主管部门审查,经成员大会或成员代表大会讨论通过后执行",但同时第八章专门针对民主理财进行规定,赋予民主理财组织对村合作经济组织财务全面至高的监督权力	全国
1996 年	财政部	修订的《村合作经济组织会计制度(试行)》	规定"财务管理薄弱的村合作经济组织,可以委托乡(镇)经营管理站代为记账、核算"	全国
2004 年	财政部	《村集体经济组织会计制度》	规定"村集体经济组织必须根据有关法律法规,结合实际情况,建立健全货币资金内部控制制度。村集体经济组织应当建立货币资金业务的岗位责任制,明确相关部门和岗位的职责权限"	全国

续表

时间	部门	制度名称	内容	范围
2007 年	湖北省人民政府办公厅、省财政厅	《关于进一步规范全省村级会计委托代理服务工作意见的通知》（鄂政办发〔2007〕39 号）	制定了进一步规范村级会计委托代理服务工作的主要内容，明确了村委会在规范村级会计委托代理服务工作中的主要职责，各级政府加强对规范村级会计委托代理服务工作的组织领导	湖北省
2008 年	财政部	《关于开展村级委托代理服务工作的指导意见》（财会〔2008〕8 号）	明确了代理服务工作的组织管理形式及主要内容，对代理服务工作进行管理和监管，加强村级债务和农村票据管理	全国
2009 年	中纪委、财政部、农业部、民政部	《关于进一步加强村级会计委托代理服务工作指导意见》（财会〔2010〕4 号）	从完善制度建设、规范票据管理、加强队伍建设等方面对加强村级会计委托代理服务工作提出了指导意见	全国
2009 年	湖北省财政厅	《湖北省村级会计委托代理服务工作实施办法（暂行）》（鄂财会发〔2009〕14 号）	规定了代理服务机构组成和职责、会计服务中心工作范围和主要内容、代理服务工作程序和要求、代理服务工作监督管理	湖北省

1999 年湖北远安县就针对坐收坐支问题，开始探索实行"委托双代管"管理办法，为全省推广"委托双代管"制度奠定了实践基础。2004年对 1996 年修订的《村合作经济组织会计制度（试行）》进行重新修订，并更名为《村集体经济组织会计制度》，其中第二部分第三条专门对现金管理进行了规定："村集体经济组织必须根据有关法律法规，结合实际情况，建立健全货币资金内部控制制度。村集体经济组织应当建立货币资金业务的岗位责任制，明确相关部门和岗位的职责权限。"这为湖北推行"委托双代管"制度奠定了制度基础。农村税费改革后，各地相继成立了乡镇农村会计委托代理服务中心，对村级财务会计实行财务、资金的委托代理服务。2008 年财政部出台了《关于开展村级委托代理服务工作的

指导意见》（财会〔2008〕8 号），2009 年中纪委、财政部、农业部、民政部等四部门联合出台了《关于进一步加强村级会计委托代理服务工作指导意见》（财会〔2010〕4 号），进一步完善了委托代理制度。同年，湖北省出台了《湖北省村级会计委托代理服务工作实施办法（暂行）》（鄂财会发〔2009〕14 号）。

2. 一委托四不变

湖北在 1985 年、1996 年和 2003 年对村集体经济组织财务管理制度进行了三次改革，改革存在一些共同点，基本遵循了"一委托四不变"的原则。"一委托"是指农村集体经济组织依托乡（镇）经管站或者依托乡（镇）经管站建立的农村会计服务中心对村级财务进行管理。"四不变"是指：一是村集体资金所有权、使用权、收益权不变，村集体掌握资金的使用投向，享有资金产生的利息；二是资金独立核算不变，以村为基本核算单位，实行"一村一账"，村财务负责人拥有村级财务审批权；三是债权债务管理方式不变①；四是监督机制不变，村集体收支既要接受村民理财小组的监督，又要接受乡（镇）经管站的监督②。"四不变"原则说明无论村级财务管理权限如何上收，都没有改变村集体经济组织管理体制。"委托双代管"制度将村集体的现金管理权上收到乡（镇），但也没有改变村级资金的所有权、审批权、使用权和收益权。

二　取得的成效

湖北农村财务管理制度的这三次改革使财务管理工作逐渐规范，在一定程度上缓解了村级财务混乱的局面，抑制了农村腐败，减轻了农民负担，保护了集体资产。

（一）财务管理逐渐规范

湖北农村集体经济财务管理制度改革的过程就是财务管理逐渐统一和规范的过程。1985 年开始对财务会计制度进行统一，统一采用"借贷"

---

① 张其华、冯少军：《一项减轻农民负担工作的重要举措——湖北省村账站管的调查》，《农村合作经济经营管理》1999 年第 1 期。

② 黄春：《加强农村财务管理的有效途径——湖北远安县推出村级财务"双代管"新思路》，《农家顾问》2001 年第 1 期。

记账法，使用全国统一的会计科目及核算方法。1996 年在全省全面推行的"村账站管"开始对会计和财务票据、账本、财务档案、财务公示制度等方面进行统一，各县（市、区）统一制作了原始单据，或是使用税务财政监制的票据，使"白条"等自制单据完全消失①，有些地方还统一规定了村级财务公示的时间、内容、程序，提高了村级财务公示的透明度。

2003 年实行的"委托双代管"制度对村级资金账户进行统一，逐步建立了"七个统一"的代理服务工作运作模式。一是统一账簿设置，各村在代理服务中心都设置了总账、现金日记账、银行存款日记账、收支和往来明细分类账，并实行分户代理记账。二是统一财务核算，按《村集体经济组织会计制度》规定进行会计核算，定期与村报账会计对账，做到账账、账款、账实相符。三是统一收款收据，按规定统一使用财政局监制的收款收据、小额支付单等专用收据，其他收据一律停止使用，不得入账。四是统一现金管理，由乡（镇）服务中心集中开户代管村级资金，根据村委会资金业务量大小、地理位置及交通状况，向村委会发放一定数量的备用金用于日常零星开支。五是统一报账时间，村级财务实行集中报账制度，规定一个时间段作为村级报账会计集中报账。六是统一审核审计，乡（镇）代理服务中心对村级发生的每一笔业务、每一张凭证进行统一审核，重点审查开支是否合理、手续是否规范、凭证是否真实合法；每年由县财政局对村级财务收支状况统一审计，重点遏制村级集体经济组织增加新的债务。七是统一档案管理，乡（镇）财务服务中心对各村的会计凭证、账簿、财务会计报告等会计档案整理立卷，装订成册，按有关规定妥善保管一定年限后移交给村委会，确保村级财务资料客观翔实。

（二）抑制了农村腐败

长期以来，湖北农村财务管理腐败现象普遍，村两委干部违纪违法成为农民上访的主要原因，占全省各类信访总量的一半左右。农村财务制度改革在一定程度上促进了村民主理财小组开展民主审计和民主监督，提升了村级财务公开水平。组织监控与群众参与相结合的制度形成了外

---

①　杨中华：《远安县管理村级财务实行"一管五台"》，《农家顾问》1998 年第 5 期。
① 杨中华：《远安县管理村级财务实行"一管五台"》，《农家顾问》1998 年第 5 期。

部监督和内部约束的双重制约, 对村干部挥霍浪费、以权谋私等腐败行为产生了一定程度的震慑和抑制作用, 使农民集体上访和发案率明显减少①。如仙桃市查处涉及农村干部贪污、挪用公款等违纪违法案件, 由1995 年的 105 件下降到 1997 年的 35 件, 洪湖市也由 107 件下降到 34 件, 都下降了 70%。远安县群众来信、来访反映村组干部经济问题的事件由1997 年的 12 件下降到 2000 年的 3 件。

但是, "村账站管" 和 "委托双代管" 对农村腐败的抑制, 往往具有短期性。制度时效一过, 各种应对制度的对策就会抵消制度的效果。正是因为村财乡管制度在预防农村腐败方面不理想, 才有了最近几年我国社会中出现的 "小官巨腐" 现象②。

(三) 减轻了农民负担

湖北农村财务制度改革的一个重要目的就是减轻农民负担, 因此 "村账站管" 的重点内容之一就是 "两审一控"。湖北农村财务制度改革有效遏制了村级组织不合理开支和向农民的不合理收费, 精减了村级财务人员, 大大减轻了农民负担。

一是控制了非生产性开支。"村账站管" 开始实行财务预决算制度, "委托双代管" 进一步巩固完善了该制度, 对 "定项限额" 预算方案以外的非生产性开支严格管控。实行 "村账站管" 后, 1997 年潜江市王场镇招待费支出比 1996 年减少了 38.7 万元, 天门市招待费开支减少 1000 万元, 洪湖市非生产性开支减少 1035 万元。"委托双代管" 制度的推行使湖北全省 2004 年村级非生产性支出比上年减少了 8000 余万元③。

二是抵制了乱集资、乱摊派、乱收费行为。实行 "村账站管", 农户凭合同交款, 村按合同收费。其他任何单位和部门向村和农户收费、摊派, 经管站拒绝审批。由于采取这些有效的办法, 1997 年荆州市、洪湖市、罗田县分别抵制了 1200 万元、1500 万元和 220 万元的不合理收费, 钟祥市农民用电减少不合理收费 205 万元, 1999—2000 年远安县共退回

---

① 张其华、冯少军:《一项减轻农民负担工作的重要举措——湖北省村账站管的调查》,《农村合作经济经营管理》1999 年第 1 期。

② 周珂:《村财乡管的法理悖论及改革路径》,《法学论坛》2017 年第 5 期。

③ 财政部办公厅:《免征农业税后县乡财政改革与对策 (四) 湖南、湖北两省化解乡村债务的主要做法》,《农村财政与财务》2005 年第 7 期。

不合理开支 32.16 万元①。

三是精减了村级财务人员。实行"村账站管"后，取消了村会计，只设出纳一职，财务人员大量减少。天门、仙桃、洪湖三个市分别减少村级财务人员 972 人、665 人、874 人，每年分别减少开支 290 万元、220 万元、100 万元②。

（四）保护了集体资产

湖北农村集体资产管理不善，长期被拆借、占用，资产流失现象严重。农村财务管理制度改革，使村级账目更加规范，特别是明确了债权债务关系之后，结合村级债务清理工作，依法收回了各种欠款，遏制了集体资产流失。1997 年洪湖市对集体资产进行了审核、清退，共追回210.8 万元集体资产，清收各种欠款 1746 万元，追缴村干部贪污私分款40 万元③。

三　村级财务管理的"顽疾"

湖北农村财政制度改革，对农村财务进行集中管理，从形式上保证了农村财务的规范性，解决了一些农村财务管理混乱的问题，提高了会计核算的质量，使一些违法乱纪经济问题得到查处。但是科学的管理办法在老的管理模式下难以显示其先进性、实效性④，导致村级财务管理的顽疾经过集中治理，虽然有所改善，但是治理过后又"死灰复燃"。

（一）坐收坐支

为了解决"村账站管"中少数村干部一手收钱，一手花钱的坐收坐支问题，湖北实行了更加严格的账目、资金"双代管"制度。但是依然存在村级收入不及时存入乡（镇）财务中心账户，个别村干部截留收取各项费用，坐收坐支的现象。钱账分离制度无法真正落实，账面资金与实有货币无法同步。2000 年湖北远安县有 89% 的村存在随意占用资金的

① 庄辉俊：《正本清源除顽疾——湖北省远安县探索出"双代管"村级财务管理模式》，《中国财政》2001 年第 10 期。

② 张其华、冯少军：《一项减轻农民负担工作的重要举措——湖北省村账站管的调查》，《农村合作经济经营管理》1999 年第 1 期。

③ 同上。

④ 查金祥：《改革现行管理模式 积极化解村级负债》，《湖北农学院学报》2003 年第 1 期。

问题①。

(二) 设立"账外账"

为了逃避上级部门和群众监督,湖北仍有一些地方在乡(镇)经管站统一账目之外设"账外账"。村干部使用非法票据收款,将单据放在手中几个月,甚至几年,形成了大量的"包包账""口袋账"②。有的村在银行多头开设账户,如2000年湖北远安县2/3的村存在多头开户现象,且存款、现金科目不分③。"双代管"制度实施后,仍存在村级收入未缴专户,集体资金账外循环较为突出。

(三) 随意性开支

虽然湖北农村财务制度改革建立了财务预决算制度和费用包干制度,但是仍然没能杜绝乱开乱支、贪污、侵占、挪用村集体资金财产的现象。

1. 预决算制度流于形式

在财务预决算制度执行过程中,普遍存在编制程序不规范的现象。一些村收支预算编制未经理财小组、村民代表决议通过,不经过乡镇财务主管部门审定。有的村即使召开了村民代表大会,村民就预算草案提出了意见,村委会也没有采纳。有的地方制定的预算指标不切实际,支出预算普遍偏高,或者村委会不按照预算执行,甚至有的村根本没有制定预算。导致财务无控制措施,随意性大,超预算使用现象严重。比如2000年对湖北31个县(市)64个村的抽样调查发现,各村1999年支出额平均超过年初预算49.41%④。

预算制度流于形式,主要是因为村干部和村民都没有执行该项制度的动力。一方面,村干部出于私利,不愿意村民过多关注和参与村级预算,对村民隐瞒其参与预算讨论、审议和监督的权利,甚至阻止村民参与预算管理。另一方面,广大村民对本村预算的参与意愿和参与程度都

① 庄辉俊:《正本清源除顽疾——湖北省远安县探索出"双代管"村级财务管理模式》,《中国财政》2001年第10期。

② 杨同芝、张华林、杨琳:《当前村级财务管理中的主要问题及其对策——湖北省村级财务管理现状的实证分析》,《中国农村经济》2000年第8期。

③ 庄辉俊:《正本清源除顽疾——湖北省远安县探索出"双代管"村级财务管理模式》,《中国财政》2001年第10期。

④ 杨同芝、张华林、杨琳:《当前村级财务管理中的主要问题及其对策——湖北省村级财务管理现状的实证分析》,《中国农村经济》2000年第8期。

很低，有的村民将自身参与预算的直接收益作为是否参与预算管理的前提条件，具有很强的利益理性①。

2. 费用包干制度形同虚设

虽然"村账站管"配套制度当中建立了费用包干制度，村办公费、招待费等包干到人，超额不报，但是仍然存在超额现象。比如1996—1998年湖北某村年均招待费3万—4万元，大大超出1万元的限额②。2000年松滋市新江口镇有14个村生活招待费超包干限额近7万元③。

四　农村财务制度改革的局限性

湖北农村财务制度改革更多是从技术层面对农村财务进行限制和监管，其治理模式并没有发生根本性的变化。一方面"上有政策，下有对策"；另一方面，村民离村级财务管理越来越远，管理成本也越来越高。

(一) 背离了村民自治精神

村财乡管的本质是国家权力向农村延伸。在实行家庭联产承包责任制，取消人民公社制度后，国家权力在村一级处于真空状态。村民自治制度的推行使得国家权力无法干预村级选人用人。在出现村级财务管理混乱的局面后，国家趁机通过村财乡管掌握了村级财权，从而对村干部形成了制约，以便于国家行政力量顺利进入村一级，形成了国家权力对村级自治组织的纵向制约。因此，农村财务制度改革在某种程度上是对村民自治原则的背离。

根据村民自治制度，村级财务管理应该是以村民自我管理、自我监督为主，但是这三次改革的重点都是加强上级对下级的监管。一方面，村干部对改革有抵触情绪，村干部普遍反映乡镇一级管得过死，为争取贷款、项目送礼等很多"合情不合理、合理不合法"的开支无法报账。有些地方在村干部反复提出意见后，没有严格执行村财乡管制度，甚至

① 刘亚丁、杨秀文：《村级预算的民主困境与出路——以山东省利津县C村为例》，《农村经济》2015年第3期。

② 黄凯斌：《财政压力下的村级权力变异——以湖北A市B镇C村为个案》，《湖北社会科学》2002年第4期。

③ 查金祥：《改革现行管理模式 积极化解村级负债》，《湖北农学院学报》2003年第1期。

完全不执行该制度①。另一方面,权利意识强的村民认为,村财乡管侵犯了村民自治的权利,给村民带来诸多不便②;权利意识差的村民,财务管理和监督意识越来越弱,把村级财务管理监督当作乡镇政府的事,而与自己无关③。

(二) 财务监管的体制机制不健全

尽管这三次改革的重点是加强上级对下级的监督,但是这种自上而下的监管制度也存在缺乏执行动力、权力受限、监管成本高等缺陷。

一是乡镇政府缺乏执行财务监管制度的动力,反而有违反制度的动力。在村财乡管的委托—代理关系中,乡镇经管站作为代理方,同时又是监督方,既是运动员,又是裁判员。在行政层级上,乡镇一级政府高于村级组织,是村级组织的管理方。在这种没有监督的权力下,乡镇政府就会按照有利于自身利益的方式执行村财乡管制度。为了降低监管成本,部分地方对村级账务管理要么以村干部意愿为主,降低监管标准甚至完全不管;要么向村一级收取代理记账费用,有的地方收取比例高达10%。为了促进本地经济发展,有的乡镇无视、纵容甚至助长村一级吃请送开支④。同时,为了缓解乡镇财政压力,一些乡镇把村组当作“小金库”和“提款机”,与乡镇财务管理制度不符的账目拿到村账上报销,“村财乡管”变成了“村财乡用”“村财乡占”⑤。

二是经管机构管理受制于当地政府。由于乡镇经管机构人员的调配、工资发放等,实行的是县级经管部门、乡镇一级政府的双重管理。在乡镇一级政府的压力下,乡镇经管人员对有利于当地政府的相关问题不便

---

① 贺雪峰:《乡村组织及其财政状况——湖北 J 市调查 第四章:村组干部》,村民自治进程中的乡村关系学术研讨会论文,武汉,2001 年 12 月,第 24—25 页。

② 周珂,《村财乡管的法理悖论及改革路径》,《法学论坛》2017 年第 32 卷第 5 期。

③ 李玉琴等:《村级财务管理模式探索——基于湖北省大悟等地的调研分析》,《财政监督》2014 年第 11 期。

④ 王良轩、陈爱民:《农村财务问题严峻强化管理势在必行——对湖北荆门市农村财务管理情况的调查》,《农村合作经济经营管理》1996 年第 9 期。

⑤ 宋振远:《新华时评:莫让“村财乡管”变成“村财乡占”》,2002 年 8 月 6 日,新华网(http://www.xinhuanet.com/)。

如实反映，更不便严肃查处①。

三是监管成本太高。一个乡（镇）经管站往往要面对十几个村，在只有三四名工作人员的情况下，无法时时刻刻对村级财务进行监督。即使有些地方采取干部包村、现场办公等多种手段加强管理②，但是管理成本高，管理不到位，导致监管仍然存在漏洞。因此，在具体实践过程中，发展出了监管成本更低的管理方法，即乡（镇）经管站核批部分金额较大的开支或者定期下村指导审核账目。

四是乡镇经管部门没有处理权，制度缺乏威慑力。由于乡（镇）经管部门对查出的问题只能向有关部门反映报告，结果是查得多，处理得少。一般就是违纪违规人员退赔赃款了事，无法对其进行法纪处分。限于法制和管理权限，非党员、非行政监察对象直接逍遥法外③。

（三）财务管理制度存在漏洞

一是支出管理不够全面。由于人力限制，乡（镇）经管部门无法对村级财务实行全面监管，侧重于对农民负担定项限额的管理，而忽视了支出管理。

二是票据审核存在局限性。乡（镇）经管站对村级财务人员提供的原始凭证的审核，往往是从会计记账规范性的角度查看票据是否合法合规、计算是否正确、要素是否齐全④，而无法审核票据背后的合规性，属于表面审核和事后监督。

三是收支项目没有统一口径。湖北全省没有对干部工资福利、日常培训、村级"四费"、各种保险等村级日常收支项目统一口径，各地在执行中考核标准相差悬殊，管理办法五花八门，导致无法对开支的合理性进行界定⑤。

① 王良轩、陈爱民：《农村财务问题严峻强化管理势在必行——对湖北荆门市农村财务管理情况的调查》，《农村合作经济经营管理》1996年第9期。
② 荣文进、刘德学：《湖北仙桃：村级财务管理见实效》，《中国会计报》2012年12月28日第15版。
③ 王良轩、陈爱民：《农村财务问题严峻强化管理势在必行——对湖北荆门市农村财务管理情况的调查》，《农村合作经济经营管理》1996年第9期。
④ 郭春林：《村级财务管理分析框架的构建及完善措施探讨》，《经济问题》2015年第8期。
⑤ 查金祥：《改革现行管理模式 积极化解村级负债》，《湖北农学院学报》2003年第1期。

(四) 农村财会人员整体素质不高

从职业技能水平来看，农村财务管理工作人员业务水平普遍较低。绝大部分农村财会人员学历层次低，没有接受过系统的会计理论知识和操作技能的正规培训，没有会计从业资格证。2014 年湖北当阳市坝陵办事处 17 个村级财务人员中只有 10 人拥有会计执业证书[①]。有的财会人员虽然有一定的业务水平，但长期忽视学习，业务素质停滞不前。有的乡镇每年组织 2—3 天的"以会代训""以会代学"培训，但由于时间短，缺乏正规性，财会人员的业务水平很难得到提高。由于没有及时更新会计业务知识，大多数村会计仍然凭经验和习惯处理业务，个别乡镇仍在使用收付记账法，不按要求处理会计凭证、会计账簿、会计报表，单据混乱，账目不清。推行"委托双代管"制度后，有些地方依托原乡 (镇) 财政所成立了农村会计服务中心。由于原财政所的主要任务是征收农业税，大多数干部职工会计知识薄弱，不熟悉村级财务管理[②]。

从职业道德水平来看，村级财务人员的任用、工资待遇等仍由村干部决定，甚至由其他村干部兼任[③]。所以，出于个人利益考虑，村级财务人员不按财务法规，而以村干部的指示开展工作，对村干部的违规使用资金行为视而不见。

五　非常态化和常态化管理

在湖北对农村财务管理制度进行改革的过程中，全省进行了一次突击式的财务清理整顿，属于非常态化的管理。随着"委托双代管"制度的建立，湖北农村财务管理更加注重规范性建设，进入了常态化管理阶段。

(一) 农村财务清理整顿

针对一些地方农村财务管理制度不健全，民主监督不力，开支失控，

---

① 汪元珍、郑少华:《湖北坝陵:"三资"监管贵在"四个落实"》,《财政监督》2014 年第 4 期。

② 宋顺生、方珍、张浩波:《规范村级财务会计基础工作的措施——湖北英山县会计管理局规范村级财务会计基础工作的实践》,《财会通讯》(理财版) 2006 年第 6 期。

③ 2000 年对鄂东、鄂中、鄂西的 31 个县 (市) 64 个村的抽样调查发现，有 39% 的村存在其他村干部兼任会计、出纳情况。参见杨同芝、张华林、杨琳《当前村级财务管理中的主要问题及其对策——湖北省村级财务管理现状的实证分析》,《中国农村经济》2000 年第 8 期。

集体资产严重流失，村级集体经济空虚等问题，1997 年 11 月湖北省委、省政府下发了《关于全面开展农村财务清理整顿工作的通知》（鄂办发〔1997〕49 号），决定用两年时间，在全省范围内普遍开展一次农村财务清理整顿。这次清理整顿是与全面推行"村账站管"同时进行的。主要是清理整顿 1995 年以来乡（镇）、村、组集体经济组织及其下属企事业单位的财务经济活动，主要包括清理集体财产、集体资产、债权债务、集体经济收益、农民负担资金的提取使用等 5 个方面的内容①。

　　这种运动式的农村财务清理整顿，对违纪违法问题有强大的震慑作用，能够以较快的速度查处问题，进行制度推广。比如，财务公开制度、新财会制度都在这次清理整顿工作中得到推广。但同时，相关的组织成本、人力成本都较高，参与此次财务清理的各级干部 47445 人，群众代表16 万余人②。

　　（二）农村财务管理的规范化发展

　　2004 年起，中央相关部委部署开展了农村集体财务管理规范化建设工作，从健全财务会计制度、规范账务处理程序、建立民主管理机制、加大审计监督力度等方面，提出了相关要求。根据财政部 2004 年 11 月颁布的《村集体经济组织会计制度》的相关规定，2007 年 2 月，湖北省纪委、监察厅、农业厅制定了《关于进一步加强和规范村级财务管理工作的实施办法》，要求村级要建立健全各项财务管理制度，具体抓好四个方面的规范：一是制度的规范，二是财务工作流程的规范，三是会计科目、会计账簿、会计报表、会计档案的规范和管理，四是财务收支审批程序规范。2013 年 6 月 27 日农业部、财政部、民政部、审计署发布《关于进一步加强和规范村级财务管理工作的意见》（农经发〔2013〕6 号）。2016 年，湖北省人民政府出台了《农村集体财务管理办法》（鄂政办发〔2016〕45 号）对预算支出、财务公开进一步规范和细化，详见表 5—2。同年，湖北省农村经济经营管理局出台了《农村集体"三资"监管"十严禁""十不准"》（鄂农经管字〔2016〕7 号）等可操作性强的制度，进一步细化了《农村集体财务管理办法》。

---

　　①　潘湘玲：《清理整顿农村财务 建章立制规范管理》，《政策》1998 年第 10 期。
　　②　同上。

表5—2   村级财务规范化管理的相关政策文件

时间	部门	制度名称	内容	范围
2004 年 11 月	财政部	《村集体经济组织会计制度》	提出健全财务会计制度、规范账务处理程序、建立民主管理机制、加大审计监督力度等方面的要求	全国
2007 年 2 月	湖北省纪委、监察厅、农业厅	《关于进一步加强和规范村级财务管理工作的实施办法》	要求村级要建立健全各项财务管理制度,具体抓好四个方面的规范:一是制度的规范,二是财务工作流程的规范,三是会计科目、会计账簿、会计报表、会计档案的规范和管理,四是财务收支审批程序规范	湖北
2013 年 6 月	农业部、财政部、民政部、审计署	《关于进一步加强和规范村级财务管理工作的意见》(农经发〔2013〕6 号)	提出要强化村级会计基础工作,规范村级会计委托代理,落实村级民主理财,加强农村集体财务审计工作,全面加强村级财会人员队伍建设	全国
2016 年	湖北省人民政府	《农村集体财务管理办法》(鄂政办发〔2016〕45 号)	进一步规范和细化预算支出、财务公开制度,提出建立财务支出预警制度,强化预算约束,坚持"先预算、后支出;无预算、不支出";严禁农村集体经济组织举债用于兴办集体公益事业、发放村组干部报酬补贴;财务公开内容要求横向到边,覆盖农村集体经济组织的所有经济活动,公开形式要求纵向到底,公开到村,支付到个人部分公开到组	湖北
2016 年	湖北省农村经济经营管理局	《农村集体"三资"监管"十严禁""十不准"》(鄂农经管字〔2016〕7 号)	进一步细化《农村集体财务管理办法》	湖北

湖北各地乡镇和村都进一步加强了制度建设。乡镇农村会计服务中心普遍建立完善了村账镇管记账人员的岗位责任制、村级代管资金管理制度、村级财务收据管理制度、报账操作流程、招投标制度、评估制度、资源合同发包管理制度、工程合同管理制度、档案管理制度、村级备用金管理制度。村级层面建立完善了村级民主财务监督管理制度、财务公开制度、合同管理制度。

为了实现农村集体经济财务管理"管办"分离，经管部门职能归位的目标①，湖北有的地方开始探索村级财务会计委托代理的模式，即以政府购买服务的形式聘请第三方社会中介机构代理村级账务。2016 年，湖北黄梅县在部分乡镇开始推行农村会计委托代理购买服务试点之后，大冶、远安、巴东等地也陆续开展了该项试点。

第二节　审计监督

对村级集体经济的审计监督包括自上而下的审计和自下而上的监督，湖北总体上是审计有余而监督不足。

一　"自上而下"的财务审计

湖北对农村集体经济的审计从无到有，逐渐规范。审计内容涉及农村财务、农民负担、经济效益、干部离任等领域。农村集体经济审计取得了良好的监督震慑作用，促进了农村集体经济健康有序发展。但是还存在审计缺乏持续性、制度执行不严等问题。

（一）工作逐渐规范

1986 年，湖北省农村集体经济审计工作开始起步，部分县（市）经当地政府授权，建立农村集体经济审计制度，对农村集体经济组织进行审计监督。根据 1986 年中央关于逐步开展农村集体经济审计工作的精神和 1990 年农业部关于农村集体经济审计工作要在近两年内普遍开展起来的要求，1990 年开始湖北各级经营管理部门把农村集体经济审计作为重点工作之一，在机构设置、人员素质、规章制度和工作质量等方面取得

---

① 《湖北黄梅：2016 年试点购买农村会计服务》，《农村财务会计》2016 年第 1 期。

了明显进展。

1. 审计人员管理逐渐规范

湖北各地农村经济经营管理部门逐渐配备了专职审计人员,并加强对审计人员的管理。如湖北省枣阳市先后在市、乡(镇)两级组建了 26 个审计站,配备专职审计员 44 名,正副审计站长 29 人,聘请兼职审计员 867 人[①]。2014 年 1 月,湖北省农业厅《关于印发〈湖北省农村集体经济审计证发放管理办法〉的通知》(鄂农规〔2014〕1 号)提出,农村集体经济审计证是从事农村集体经济审计工作的资格证书,从事农村集体经济审计工作的人员应持证上岗,未取得农村集体经济审计证的人员不得从事农村集体经济审计工作。县级农村经营管理机构应当建立《农村集体经济审计人员登记簿》,省农村经济经营管理机构应当建立农村集体经济审计人员管理信息数据库。这说明湖北省对农村集体经济审计人员的管理步入规范化的进程。截至 2016 年,湖北共有 74 个县成立了农村经济审计机构,配备 3305 名审计人员,其中 2573 人持有审计证[②]。

2. 审计工作程序逐步规范

随着审计工作的深入开展,各地在实际工作中逐步完善审计程序、制定工作标准和健全岗位规范,使农村审计工作质量有了新的提高。老河口市统一制定审计方案、考核办法、质量标准和审计通知书、审计结论通知书、审计方案表、调查记录表等专用文书[③]。

3. 审计制度逐渐完善

为了解决农经部门的审计制度与检查缺乏系统性等问题,进一步规范农村审计行为,如表 5—3 所示,国家和湖北省相继出台了多项政策文件,明确了农村集体经济的审计主管部门和审计执行机构、审计范围和审计事项、审计程序、奖励和处罚等事项,审计制度逐渐完善。但是到目前为止,我国仍然没有出台专门针对农村审计的法律。

---

① 湖北省枣阳市经管科:《强化审计监督 巩固集体经济》,载农业部农村经济合作指导司、农业部经营管理总站《农村合作经济经营管理资料汇编(1990)》,1991 年,第 69 页。

② 数据来自农业部农村经济体制与经营管理司、农业部农村合作经济经营管理总站编《中国农村经营管理统计年报(2016 年)》,中国农业出版社 2017 年版,第 91 页。

③ 农业部农村合作经济指导司监督审计处:《1990 年全国乡村集体经济审计工作情况综述》,《农村经营管理》1991 年第 7 期。

1995 年湖北省出台的《湖北省农村集体经济审计办法》也只是规范性
文件，没有法律效力，并且个别条款已经不适应当前农村审计工作的
需要。

表 5—3　　　　　　　农村集体经济审计的相关政策文件

时间	发文单位	文件名称	主要内容	实施范围
1992 年 5 月	农业部	《农村合作经济内部审计暂行规定》（农业部令第 11 号）	规定了审计机构是乡（镇）农村经营管理部门审计机构，审计对象包括各类合作经济组织以及合作基金会，审计内容有 12 个方面	全国
1995 年 10 月	湖北省人民政府	《湖北省农村集体经济审计办法》（湖北省人民政府令第 94 号）	对审计机构和审计人员、审计范围和审计事项、审计程序、奖励和处罚等方面进行了规定	湖北
2004 年 6 月	中共中央办公厅、国务院办公厅	《关于健全和完善村务公开和民主管理制度的意见》（中办发〔2004〕17 号）	"县、乡两级农村集体资产和财务管理指导部门，要切实组织好对农村集体财务的审计监督工作"	全国
2005 年 7 月	农业部、监察部、国务院纠风办	《关于做好村干部任期和离任经济责任专项审计的通知》（农经发〔2005〕12 号）	规定了村干部任期和离任经济责任专项审计的对象和重点审计内容	全国
2008 年 1 月	农业部办公厅	《关于印发〈农村集体经济组织审计规定〉的通知》（农办经〔2008〕1 号）	规定了审计范围和任务、审计机关的职权、审计程序、奖惩措施	全国

续表

时间	发文单位	文件名称	主要内容	实施范围
2009 年 6 月	农业部	《关于进一步加强农村集体资金资产资源管理指导的意见》（农经发〔2009〕4 号）	对集体经济组织财务预算和决算、资金的使用和收益分配进行定期审计，对农民群众反映强烈的集体资金、资产、资源问题进行重点审计，对集体资产和资源的运营进行专项审计	全国
2013 年 7 月	农业部、财政部、民政部、审计署	《关于进一步加强和规范村级财务管理工作的意见》（农经发〔2013〕6 号）	专门有一部分是关于农村财务审计监督，规定了审计主管部门、专项和重点审计内容、审计问题处理、审计队伍建设	全国

（二）审计内容

农村集体经济审计工作的主要内容包括农村财务、农民负担、经济效益和村干部审计。

1. 农村财务审计

农村财务主要审计收支发票的合理性和凭证分类的正确性，审计的时间包括入账前审计、月度审计、季度审计。审计工作会建立"两账两簿"，"两账"即每月审计情况登记总账和与会计科目对应的分科目的审计明细账；"两簿"即"作废"条据登记簿和疑难问题登记簿。2016 年湖北对土地补偿费开展专项审计，共审计了 2467 件①。

2. 农民负担审计

从 1989 年开始，湖北对农民负担严格执行 5% 的限额标准。但在执行过程中，少数地方变换手法，有的搞层层加码，有的在合同外搞集资摊派。为此，各地开展了有针对性的农民负担专项审计。主要有四种审

① 数据来自农业部农村经济体制与经营管理司、农业部农村合作经济经营管理总站编《中国农村经营管理统计年报（2016 年）》，中国农业出版社 2017 年版，第 91 页。

计方法：一是年初审计划，看是否超过5%；二是突击审合同，看填入农民合同中的负担总额，是否超过了下达的指标；三是定期审上交，一般是在6月和12月底农民交款的高峰期，审计向农民收款的手续和实收数额；四是全年审开支，看开支的项目用途是否合理。

3. 经济效益审计

主要是对村组的基本建设项目和一些大型开支进行专题审计。50元以上的开支，村委会必须先向审计站写出申请报告，批准后方可实施。月审时审计站严格把关，看有无超标和未经申报的开支。

4. 村干部任期和离任审计

干部离任审计，政策性强，工作量大，内容繁杂，所需的时间精力也大。限于人力物力，干部离任审计只审计当事人在职期间是否有经济问题，其他暂不审计。1989—1900年枣阳全市共审计115人，其中81人审计合格，34人在任职期间有经济问题。枣阳市某镇西村村主任史某在1989年选举时落选，审计站对他任职3年间的村财务进行清理，发现他1989年插手过村财务，贪污公款786元。审计站不仅当即令其退赔，还建议镇纪委，给予了他党内严重警告的处分。2016年湖北共开展了5713件村干部任期和离任审计[①]。

（三）取得的效果

通过开展农村审计工作，规范了农村会计核算，非生产性开支在一定程度上得到了控制。对财务管理中的违纪违法行为形成了震慑。2016年，湖北省纪委监察厅直接督导，在全省开展了为期7个月的农村集体"三资"监管突出问题专项治理。全省共发现违规违纪问题6.3万件，涉及资金20.5亿元，受到党纪政纪处分1300人、组织处理537人、刑事处理25人，为集体经济组织挽回经济损失2亿多元[②]。湖北农经部门审计了18110个单位，审计金额达221亿元。查出违纪单位1593个，占已审单位的8.8%，涉及的违纪资金2647万元；已退赔追缴的资金2505万元，占违纪资金的比重为94.6%。通过审计，查出的贪污案件

---

① 数据来自农业部农村经济体制与经营管理司、农业部农村合作经济经营管理总站编《中国农村经营管理统计年报（2016年）》，中国农业出版社2017年版，第91页。

② 《湖北全面推进农村集体"三资"管理规范化》，《农村经营管理》2017年第3期。

137 件,贪污金额 425 万元,受处分人数 562 人,其中受刑事追究 19
人①。同时对重点村组的大型开支和基建项目开展经济效益评价,加强
经济核算,巩固了集体经济。枣阳市 1990 年通过对村组 62 个基建工程
项目进行专题审计,为集体节约资金 28.37 万元,占原计划开支
的 20%②。

（四）存在的问题

湖北农村集体经济审计监督主要存在随意性大、程序不规范、缺乏
权威性、缺乏问责机制等问题。

1. 随意性大

湖北农村财务审计监督工作往往是根据上级部门的安排、群众的意
见开展的,往往以突击式、运动式的形式开展,而没有形成定期的、持
续的、不间断的审计,审计频率具有随意性。导致审计监督无法实现对
所有行政村的全覆盖,绝大多数村干部在 3 年一届的任期中没有接受过
审计监督。另外,对审计对象的选择随意性大,没有固定统一的标准,
而是根据政府文件确定审计对象。

2. 工作不透明

审计制度执行不严格,有的审计前不拟定审计方案,甚至不下达审
计通知书,而是搞突然袭击,事前没有要求被审计的村将审计的时间、
需要审计的事项在村内公开。有的在审计报告报送前,不征求被审计单
位和群众的意见。有的审计报告表述不清,条理不明,不做审计结论,
群众看不懂。有的被审计单位或个人对审计结论有异议,也不组织复审
等③。有的审计结果甚至不公开,只在相关领导、参审人员内部公开,群
众看不到,无法了解真实情况。

3. 专业性不够

开展定期审计的单位是乡（镇）经管站,不属于内部审计,不同于

---

① 农业部农村经济体制与经营管理司、农业部农村合作经济经营管理总站编:《中国农村
经营管理统计年报（2016 年）》,中国农业出版社 2017 年版,第 89—90 页。

② 农业部农村合作经济指导司监督审计处:《1990 年全国乡村集体经济审计工作情况综
述》,《农村经营管理》1991 年第 7 期。

③ 徐晓敏、陈建萍:《我国农村集体经济审计研究——基于浙江省乐清市农村集体经济审
计调研的思考》,《江西社会科学》2009 年第 2 期。

政府审计，也不是社会审计，其审计性质模糊。经管站既管账又查账，审计主体独立性不强，管理和监督职责不清，审计职能性差①。审计队伍整体素质不高，基本都是乡（镇）经管站人员兼任，没有接受过系统的审计理论学习，不具备专业审计技能，而专职的农村审计人员很少。审计技术手段滞后，仍以事后手工查账为主，较少运用计算机辅助审计，工作效率不高。审计工作仍然停留在表面，无法对虚假的会计资料进行验证。审计范围窄，以财务审计为主，缺乏效益审计、内部控制审计、资产负债审计、资产评估审计。特别是乡（镇）经管站开展农村集体经济审计的法律依据还是1995年制定的《湖北省农村集体经济审计办法》，属于地方性规章，权威性不够。

4. 缺乏问责机制

湖北对于查出的集体经济问题大都是本着重教育轻处罚的原则责令纠正，并退还集体财产等，处罚较轻。而对于拒不执行处罚的单位和个人，农经部门也没有办法强制执行处罚。有的主管部门不落实审计决定和处理决定，进行整改。因此，农村集体经济审计的整体惩处力度不强，缺乏问责机制。

二　"自下而上"的民主监督

湖北各地通过成立村民理财小组，实行村级财务公开，试图充分发挥村民对村级财务的监督作用。但是，效果并不理想。村民理财小组和村务公开更多是形式上的监督，实际作用有限。

（一）成立村民理财小组

目前，湖北所有的村都成立了由农民群众选举产生的5—7名村民组成的村民理财小组，对本村财务进行监督，拥有监督权、审核权、督促纠正权、向上级反映问题等权力。原则上，村民理财小组应定期召开理财会议，审查收支计划，听取村会计报告财务收支情况，参与本村经济决策；审核各项收支单据，以唱票的形式公开审核账目，接受群众监督；监督政府下拨资金、物资的发放；清理村级财务。

---

① 朱朝晖、陈建萍：《农村集体经济审计模式创新研究》，《审计与经济研究》2008年第23卷第6期。

但是，大多数地方的村民理财小组并没有真正发挥应有的职能，形同虚设。首先，在村民理财小组的形成上就缺乏民主性，通常由村支书担任理财小组组长，往往不经过村民代表大会选举就任命村干部的家属、亲戚担任民主理财小组成员，这些被任命的大多数人根本不懂财务[①]。其次，村民理财小组往往忽视事前预防和事中监管，而是实行事后监督[②]。一般都是在月底或者几个月集中审查一次本村的收支情况，要么是在审查时无法了解到开支的具体情况，就只好"睁只眼闭只眼"签字、盖章、入账；要么等检查出来问题时已经"生米煮成熟饭"，无法挽回损失。最后，有的村干部不执行理财小组的决定。尽管有的地方实行了"唱票评据"，但是在实施过程中却逐渐弱化。主要是因为对于为了争取贷款、项目而向人送礼的钱、请客招待费等"合情不合理"开支，尽管村民理财小组不同意报销，村干部最后还是报了。村干部不执行理财小组决定的次数一多，理财小组成员就逐渐失去了监督的动力，时间一长，甚至连开会都不来，村民理财小组就成了摆设，徒有虚名。

（二）实行村级财务公开

财务公开是村务公开的重要内容，也是村民最关心和最敏感的内容。通过财务公开，可以发挥村民监督村级财务的主动性，将财务收支情况暴露在阳光下接受群众监督，解决村民和村委会对于村级财务的信息不对称问题，对村干部起到震慑作用。村务公开一度被当作解决村级财务管理问题的钥匙，而在全国农村大力推进。如表5—4所示，国家和湖北省各级主管部门相继出台了法律、法规、管理办法等对财务公开的内容、时间、形式做了规定。目前，湖北村级财务公开已经实现了全覆盖。

---

① 杨同芝、张华林、杨琳：《当前村级财务管理中的主要问题及其对策——湖北省村级财务管理现状的实证分析》，《中国农村经济》2000年第8期。

② 张坤、郭斌：《"村账乡管"的制度缺陷及其优化机制设计》，《农村经济》2014年第6期。

表 5—4　　　　　　　关于村级财务公开的法律、法规、办法

时间	名称	内容	范围
1998 年	修订的《村民委员会组织法》	用很大篇幅对村务公开的形式、内容做了规定	全国
1998 年 4 月	《中共中央办公厅、国务院办公厅关于在农村普遍实行村务公开和民主管理制度的通知》	专门对村级财务公开的内容进行了界定，主要包括财务计划及其执行情况、各项收入和支出、各项财产、债权债务、收益分配、代收代缴费用、水电费、以资代劳情况以及群众要求公开的其他财务事项	全国
2004 年 6 月	中共中央办公厅、国务院办公厅出台《关于健全和完善村务公开和民主管理制度的意见》（中办发〔2004〕17 号）	提出"要继续把财务公开作为村务公开的重点，所有收支必须逐项逐笔公布明细账目，让群众了解、监督村集体资产和财务收支情况"	全国
2011 年 11 月	农业部、监察部印发《农村集体经济组织财务公开规定》（农经发〔2011〕13 号）	根据农村集体经济发展的新变化重新规定了村集体经济组织财务公开的内容，以及需要专项公开的内容，财务公开的频次等内容	全国
2014 年 8 月	《湖北省农村集体"三资"管理办法》	规定"每季末乡镇'三资'监管代理中心将村财务收支和资产、资源明细情况在村财务公开栏内进行公示，接受村民监督"	湖北

但是从村务公开的实践来看，村务公开的效果与之前的预期之间还有很大的差距。很多地方在形式上建立了村务公开栏，实际上没有起到村务公开的作用。主要表现在公开时间的随意性大，没有计划性，不定期公开，主要是应付上级检查的时候进行公开；公开内容的随意性大，有选择地公开信息，只公布一些常规性的、不重要的财务信息，而对一些重大项目收支不按规定实施专项公开，或者实质性内容公开笼统不具体，甚至搞两套账，公布假信息，从未真正将群众关心的难点、疑点公

开过，缺乏透明度①，群众只能雾里看花。这种情况时间一长，村民对村务公开的兴趣大大降低，村干部干脆以村民缺乏兴趣为由进一步减少村级财务公开的项目和次数②。2013 年对黄石市的调查显示，91.4% 的农村财务公开仅仅是年度财务收支预决算，仅有 8.6% 的村将项目资金收支公开，而其他的没有公开③。

国家制定的村级财务公开制度之所以得不到较好的执行，一方面是因为财务公开的制度体系不完善，只对村级财务公开的内容、流程进行了规范，而没有对不按规定公开制定有针对性的处罚措施。另一方面，国家对村级财务公开政策法规的宣传力度不够，缺乏对村民的财务知识培训，导致村民不知道自己拥有财务公开的监督权，普遍看不懂"两委"公布的财务数据。这使得村级财务管理由村民的"自我管理、自我监督"演变成村干部的"自我管理，自我监督"。

(三) 村民查账受阻

由于通过正式途径无法真正了解村级财务的真实情况，村民只有通过非正式渠道，即日常生活去推断猜测、道听途说。从村干部的日常消费情况，判断其开支与收入不相符；从村里工程项目施工方那里听说其中有问题；从村民传言中了解到村级债务大幅增长。尽管村民为了维护自身的利益希望清查村级账目，但是碍于情面，村民一般都不会在村里当面提出查账，而是通过写匿名信、上访等途径要求上级政府查账。当然也有少数村民借村委会选举，要求清查账目；或者新上任的村委会班子对前任的财务进行清理，避免承担本不应承担的责任。这两种情况还是少数。大多数情况都是村民将清查账目的希望寄托在上级政府身上。而这个愿望往往又无法实现。乡镇会百般阻挠，实在不行就安排自己人去走过场，基本上没有将村组账目全部摊到桌面上让村民来查的情况④。

乡镇不愿意查村组的账，主要有两方面的原因：一是乡镇干部收过

---

① 项继权：《"后税改时代"的村务公开与民主管理——对湖北及若干省市的调查与分析》，《中国农村观察》2006 年第 2 期。

② 贺雪峰：《新乡土中国》，北京大学出版社 2013 年版，第 171 页。

③ 曹祥珠等：《农村集体"三资"运行风险的监管实效性研究——关于黄石市村级"三资"运行风险监管调查》，《湖北师范学院学报》(哲学社会科学版) 2014 年第 34 卷第 6 期。

④ 贺雪峰：《新乡土中国》，北京大学出版社 2013 年版，第 172 页。

村组干部的好处，怕查账把自己牵扯进去；二是乡镇干部默认了村组干部的"损公肥私"行为，希望以此激励村组干部为乡镇办事的热情。村民的查账要求被上级拒绝，或者总是用形式主义应付一下，村民查账进行民主监督的积极性就会消失，这就进一步导致村民理财小组和村级财务公开的形式化。

第三节 农村集体资产资源管理

湖北农村集体资产资源管理制度逐渐完善，实行乡镇代管，集体资产资源在更大程度上实现了保值增值。截至 2016 年，湖北有 37 个县（市、区）被认定为全国"三资"管理示范县，20 个县（市、区）被评为全省"三资"管理示范县①。

一 管理制度逐渐完善

1995 年开始，国务院出台了关于农村集体资产管理的通知，2009 年农业部出台了明确的指导意见。2010 年以后，湖北开始密集出台相关制度，农村集体资产资源的管理制度更加全面细化（详见表 5—5）。各地根据省里规定，结合本地实际，对不规范、有漏洞的制度进行调整、完善，共建立修订各类制度 4407 个②，形成了农村集体资产资源管理的制度体系。

表 5—5　　　　规范农村集体"三资"管理的相关文件

时间	部门	文件名称	内容	范围
1995 年	国务院	《关于加强农村集体资产管理工作的通知》	明确了集体经济组织是集体资产管理的主体，要求集体经济组织建立健全产权登记、财务会计、民主理财、资产报告等制度，把集体所有的资产纳入管理范围之内	全国

---

① 《湖北全面推进农村集体"三资"管理规范化》，《农村经营管理》2017 年第 3 期。
② 涂胜华：《农村集体"三资"监管的湖北探索》，《农村工作通讯》2018 年第 1 期。

续表

时间	部门	文件名称	内容	范围
2009年	农业部	《关于进一步加强农村的集体资金资产资源管理指导的意见》（农经发〔2009〕4号）	提出要建立健全农村集体资金、资产、资源管理制度，强化民主管理和民主监督，推进农村集体经济管理方式创新，切实加强对农村集体资金、资产、资源管理的指导、监督和服务	全国
2010年	中共湖北纪委、组织部、财经办联合湖北省监察厅、民政厅、财政厅、国土资源厅、农业厅、审计厅、林业局	《关于开展全省农村集体"三资"清理和监管代理工作方案》（鄂纪发〔2010〕8号）	提出采取自查登记与清理检查相结合的方式，对村级集体"三资"进行全面清查建档。全省各乡镇以财政所（经管站）为依托，开展农村集体"三资"委托代理服务	湖北
2010年	湖北省监察厅	《关于建立和完善农村集体"三资"电子网络化管理平台的意见》（鄂监察发〔2010〕6号）	以"武汉城市圈"内市县为重点，探索推动"三资"监管服务平台联网	湖北
2014年	湖北省财政厅、农业厅、民政厅	《湖北省农村集体"三资"管理办法》（财农村发〔2014〕10号）	明确了财政、农业、民政和经管各个部门对农村集体"三资"管理的职责，乡镇党委政府是监管工作责任主体，各乡镇要成立农村集体"三资"管理监督委员会，依托乡镇财政所（经管站）设立农村集体"三资"监管代理中心。规定了农村集体资产的种类、资产的购置和处置程序、招投标办法，以及农村集体资源的登记、资源的处置、招投标办法等	湖北

续表

时间	部门	文件名称	内容	范围
2016 年	湖北省农村经济经营管理局	《农村集体"三资"监管"十严禁""十不准"》（鄂农经管字〔2016〕7 号）	明确对于违反规定的要追究有关责任人的党纪、政纪、刑事，并依法没收、追缴或者责令退赔不正当经济利益	湖北

随着制度的出台，管理逐渐规范。2007 年，湖北开始进行农村集体"三资"规范管理试点。2010 年开始在全省开展集体"三资"清理工作，到 2011 年底，共清理资金 126.9 亿元；清理资产 640 亿元，新增集体资产 32 亿元；登记资源面积 1.2 亿亩，清理出未入账集体土地 1225.6 万亩，清理可经营性资源 1215 亿元，新增可经营性资源 25 亿元，新增资源开发、重新发包 6.5 亿元。

湖北加快了农村集体"三资监管＋产权交易"综合信息管理服务平台建设。截至 2016 年，湖北共有 24007[①] 个村实行了会计电算化，占比 93.52%。在实现农村会计电算化的基础上，全省统一开发农村集体"三资监管＋产权交易"综合信息管理服务平台——"湖北农村资产交易管理信息平台"，依托"楚天云"大数据服务中心，实现统一监管职能、统一交易系统、统一信息发布、统一交易规则、统一交易流程、统一收费标准。在"六统"基础上，各交易市场分级办理业务，独立承担法律责任[②]。2016 年，湖北全省 81 个县（市）建立网络平台，1029 个乡（镇）实现县乡联网，占全省乡镇总数的 90%[③]。到 2018 年 6 月份，信息平台共办理交易 828 宗，交易金额 4.59 亿元，溢价 925 万元[④]。

湖北省、市、县、乡均成立相对独立的农经机构，2016 年全省在编

---

① 数据来自农业部农村经济体制与经营管理司、农业部农村合作经济经营管理总站编《中国农村经营管理统计年报（2016 年）》，中国农业出版社 2017 年版，第 88 页。

② 涂胜华：《农村集体"三资"监管的湖北探索》，《农村工作通讯》2018 年第 1 期。

③ 《湖北全面推进农村集体"三资"管理规范化》，《农村经营管理》2017 年第 3 期。

④ 数据来自湖北省农业厅农村经济经营管理局。

职工 7564 人,是农业系统中最健全、工作终端延伸最长的部门①。同时,湖北对经管局长、分管负责人和审计师等农经工作人员开展培训,省级每年培训经管骨干 3000 多人,全省各地每年培训农村集体资产财会人员 1 万余人②。

二 实施乡镇委托代管

根据《关于开展全省农村集体"三资"清理和监管代理工作方案》提出的全省各村将资产资源台账统一交给乡(镇)"三资"监管代理服务中心,湖北各地都建立了农村集体"三资"乡镇代管的机制。到 2011 年底,湖北所有的涉农乡镇都依托经管站(财经所)建立了"三资"监管代理服务中心,99.8% 的村与"三资"监管中心签订了委托代理协议。但少数地方仍然存在"三资"监管不到位、不规范的现象。主要原因包括:

一是责任主体模糊。由于乡(镇)"三资"监管代理服务中心都是依托乡(镇)财政所或者经管站建立的,接受乡镇党委和乡镇政府的双重领导,导致责任主体不明确③。同时,代理服务中心对村集体"三资"既管理又审计,既当运动员,又当裁判员,不能很好地落实监管职能。

二是服务水平不高。一方面是农村集体"三资"代理服务中心的工作人员专业素质普遍偏低,年龄结构老化。虽然对工作人员进行了业务培训,但课程重理论轻实践,培训缺乏持续性,难以保证每年 1 次的频率。另一方面,代理服务中心普遍存在人员数量不足的情况。比如黄石市每个乡镇只有两到三人专门从事农村"三资"管理,监管力量严重不足,导致每个人工作量太大而监管不到位④。

三是乡镇监督职能弱化。由于乡(镇)财政所和经管站没有执法职能,与纪检监察、公安、检察、法院、审计等监督部门缺乏沟通,难以形成监督合力,处罚力度不够。比如有些专项资金及工程项目资金不经

---

① 《湖北全面推进农村集体"三资"管理规范化》,《农村经营管理》2017 年第 3 期。
② 涂胜华:《农村集体"三资"监管的湖北探索》,《农村工作通讯》2018 年第 1 期。
③ 曹祥珠等:《农村集体"三资"运行风险的监管实效性研究——关于黄石市村级"三资"运行风险监管调查》,《湖北师范学院学报》(哲学社会科学版)2014 年第 34 卷第 6 期。
④ 同上。

过财经所，导致其监管困难。

四是重要性认识不够。农村干部群众对"三资"监管的认识上还存在各种各样的误区。乡镇领导和相关工作人员认为村级已经无资产可管，监管集体"三资"是多此一举，导致其责任意识差。村干部认为农村集体"三资"管理属于村民自治的范畴，乡镇进行监管会削弱村级自治权，因此在工作上不够配合。村民认为"三资"管理是乡镇政府部门的事情，放弃行使自己享有的知情权、监督权，有的甚至不知道农村集体"三资"监管工作的主体是谁。

三　建立招投标制度

农村集体资产资源管理中最主要和最突出的问题就是资产资源处置的问题。表现在村干部不按照民主程序招投标，暗箱操作，违规发包；多部门监管，难以形成合力。比如黄石市集体资产资源拍卖，经过村民代表大会进行签订合同的仅占合同总数的 1/4，严格按照"四议两公开"程序规范操作仅为 5.7%[①]。

为了加强对集体经营性资产和资源的经营管理，2014 年 8 月出台的《湖北省农村集体"三资"管理办法》明确提出依托乡（镇）财政所（经管站）设立农村集体经济产权交易中心。之后，湖北相继出台了《湖北省人民政府办公厅关于推进全省农村产权流转交易市场建设的指导意见》《湖北省农村产权流转交易市场建设实施方案》《湖北省农村集体资产信息服务安全管理规定（试行）》《关于湖北省农村建设项目招标投标规则（试行）》等文件，具体指导产权交易中心建设。农村集体经济产权交易中心的重要职能就是对资产、资源及项目建设开展招投标工作，具体包括收集价格信息，形成合理的招投标指导价格区间；规范村级资产资源招投标行为，指导双方签订承包合同；建立村级集体资产资源数据库，准确掌握资产资源存量信息。

截至 2018 年 6 月份，湖北已建成市级、县级农村产权交易市场共 70 个，其中市级 10 个（含 3 个直管市），县级 60 个，95.7% 的乡镇建立了

---

① 曹祥珠等：《农村集体"三资"运行风险的监管实效性研究——关于黄石市村级"三资"运行风险监管调查》，《湖北师范学院学报》（哲学社会科学版）2014 年第 34 卷第 6 期。

招投标制度。截至 2017 年 6 月底,全省各级产权交易中心累计办理交易 10.1 万宗、交易额达到 240 亿元,依托农村产权交易市场办理的土地经营权抵押贷款超过 45 亿元①。2017 年湖北有 9591 个村开展招投标处置集体资产,招投标金额 45.8 亿元,增值 3.47 亿元。但是,目前湖北农村产权交易市场运行还存在制度风险。湖北各地农村产权交易市场还未获得省政府批准,交易服务收费标准未获主管部门批准,交易和评估制度不完善。

第四节　村级债务清理化解

尽管湖北从 1997 年开始就对村级债务进行化解,但是经历了近 20 年的债务清理锁定化解工作,村级债务问题仍然没有解决。这里面既有历史性原因,也有现实的约束性原因。在化解村级债务的同时,农村集体经济发展的资源约束更加严重,村级隐形债务还在不断增加,使得村级债务问题更加隐蔽和固化。

一　政策措施

村级债务的化解工作始于 1997 年,当时还是作为农村财务清理工作的一部分,主要内容是收回欠款和处理外债。国家正式就村级债务化解出台文件是 1999 年的《关于彻底清理乡村两级不良债务的通知》。湖北省在 2003 年针对村级债务化解专门出台了《关于积极稳妥化解村级债务的通知》,提出了 8 种化债方法。随着农村税费改革的推进,村级债务问题日益凸显,因此 2005 年、2006 年是化解村级债务的攻坚期和高峰期,国家和湖北省密集出台文件化解村级债务,防止新债产生。2005 年,湖北省以一号文件的形式出台了《关于化解村级债务的若干政策性规定》,提出了化解村级债务的五条政策性意见。2005 年和 2006 年,国务院出台了 3 份政策文件,详见表 5—6。2005 年国务院办公厅《关于坚决制止发生新的乡村债务有关问题的通知》实质上是对村级债务进行了锁定。2009 年湖北省出台《关于开展全省村级债务审计清理的通知》,清理锁定

---

① 涂胜华:《农村集体"三资"监管的湖北探索》,《农村工作通讯》2018 年第 1 期。

截至 2008 年底的村级债务，明确村级债务的总额、构成和举债用途。

表 5—6 化解村级债务的相关政策文件

时间	部门	文件名称	内容	范围
1999 年 5 月	国务院办公厅	《关于彻底清理乡村两级不良债务的通知》（国办发〔1999〕40 号）	要求妥善处理已经形成的债权债务，制止新的不良债务继续增加，以 2002 年为限，清理债权债务，锁定债务，不允许再发生新的负债，每年按照 20%—30% 的比例化债	全国
2003 年 6 月	湖北省人民政府	《关于积极稳妥化解村级债务的通知》（鄂政发〔2003〕21 号）	提出"对村级（包括村民小组）2002 年底以前形成的各种债权债务和以村委会名义提供担保形成的各种债务，进行彻底清查，摸清真实情况"，并提出削减高息减债、清收债权还债、结对抵冲销债、划转债务降债、盘活资产还债、发展集体经济化债、协议还债、落实减免政策清债等八种化解村级债务的方法	湖北
2005 年 1 月	中共湖北省委办公厅、湖北省政府办公厅	《关于化解村级债务的若干政策性规定》（鄂办发〔2005〕1 号）	提出核实锁定债权债务、一债一策逐项化解、积极稳妥清收村级债权、坚决制止新债、营造良好的化债工作环境等五个方面的政策建议	湖北
2005 年 7 月	国务院办公厅	《关于 2005 年深化农村税费改革试点工作的通知》（国发〔2005〕24 号）	第四部分为"坚决制止发生新的乡村债务，做好乡村债务的核实和化解工作"	全国

续表

时间	部门	文件名称	内容	范围
2005 年 9 月	国务院办公厅	《关于坚决制止发生新的乡村债务有关问题的通知》（国办发〔2005〕39 号）	从纠正乡镇经济管理中不规范行为、加强和完善村务管理、切实减轻基层负担、改革基层干部考核体系、严肃查处违纪违法行为、强化组织领导等六个方面制止发生新的乡村债务	全国
2006 年 10 月	国务院办公厅	《关于做好清理化解乡村债务工作的意见》（国办发〔2006〕86 号）	针对化解乡村债务工作提出了"制止新债、摸清旧债、明确责任、分类处理、逐步化解"的要求，要求全面清理核实，锁定债务数额，坚决制止发生新的乡村债务，并确定化解乡村债务的试点范围和顺序	全国
2009 年	湖北省政府办公厅	《关于开展全省村级债务审计清理的通知》（鄂政办〔2009〕54 号）	通过审计清理掌握村级集体经济组织债务底数，摸清债务结构、类型、用途，锁定旧债，遏制新债发生	湖北
2014 年 10 月	国务院	《关于加强地方政府性债务管理的意见》	明确地方性债务将实行谁借谁还，中央不再兜底	全国

伴随着这些政策文件的出台，湖北化解村级债务的工作逐步展开。2000 年下半年，湖北各县（市）纷纷成立专班化解村级债务。2003 年 6 月 27 日，湖北召开了全省化解村级债务试点工作现场会，省委书记、省长、省委副书记、副省长都出席了，说明省级层面高度重视村级债务化解工作。各地纷纷成立了由乡镇党委书记任组长的化债工作领导小组，把化债工作作为这一时期的中心任务。到 2004 年底，湖北化解村级债务

22.3 亿元，占总债务的 12.57%[①]。2005 年，湖北在全面清理核实村级债权债务的基础上，防止新债出现。共剔除不实债权 50.01 亿元，不实债务 23.46 亿元[②]。2009 年湖北省由省审计厅牵头，省财政厅、省农业厅、省民政厅等相关部门共同配合，对 2003 年锁定债务的真实状况、2004 年至 2008 年底新增债务情况进行了全面审计清理。

二　化解途径

湖北省 2003 年出台的《关于积极稳妥化解村级债务的通知》，提出了削减高息减债、清收债权还债、结对抵冲销债、划转债务降债、盘活资产还债、发展集体经济化债、协议还债、落实减免政策清债等 8 种化债方法。从农村化债的实际情况来看，每个地方具备的条件不同，采用的方法也不同。如表 5—7 所示，老河口以降息停息方式化解的村级债务比例最高，接近 40%；而大冶市通过政策性手段剥离的债务比例最高，达到 45%，降息停息仅消减 0.80% 的债务。总体来说，各地主要通过拍卖资产资源、财务手段化债、清收债权减债、消除划转债务、政策性手段等五种方式消除村级债务。

表 5—7　　　　　　　　　　湖北各地村级债务化解途径

途径	老河口市 2000 年 10 月到 2001 年 4 月		大冶市 2003 年 9 月到 2005 年 9 月	
	偿债金额（万元）	占比（%）	偿债金额（万元）	占比（%）
盘活资产偿债	562	20.78	630.91	4.09
利用资源抵债	—	—	1676.31	10.86
账务结算转债	320	11.83	4238.76	27.46
降息停息消债	1032	38.17	124	0.80
清收债权减债	110	4.07	425.52	2.76
债务协议消债	200	7.40	1270.45	8.23

---

①　财政部办公厅：《免征农业税后县乡财政改革与对策（四）湖南、湖北两省化解乡村债务的主要做法》，《农村财政与财务》2005 年第 7 期。

②　同上。

续表

途径	老河口市 2000 年 10 月 到 2001 年 4 月		大冶市 2003 年 9 月 到 2005 年 9 月	
	偿债金额（万元）	占比（%）	偿债金额（万元）	占比（%）
债务招商化债	—		124.74	0.81
政策剥债	480	17.75	6946.7	45.00
化债总额	2704	100.00	15437.39	100.00

资料来源：老河口市数据来自杨国林《包袱是这样卸掉的——湖北省老河口市化解村组债务纪实》，《农村工作通讯》2001 年第 4 期。大冶市数据来自潘中洋《"坚冰"正在消融——湖北省大冶市化解村级债务纪实》，《中国财政》2005 年第 10 期。

（一）拍卖资产资源

无论是盘活资产偿债，还是利用资源抵债，本质都是利用集体资产资源变现偿还债务。通过拍卖原村办企业设备等固定资产的所有权，村属企业、山场、水面、矿山、果园、渔场、塘堰、荒坡、荒滩等生产经营权，闲置的办公楼或校舍使用权，获得偿债资金。但是由于各地基本上将土地都承包到户，有些村集体已经没有资产资源了，就无法采取这种方式偿债。即使还有集体资产资源的村，由于变现困难，价格低廉，对解决村级债务起到的作用有限。如表 5—7 所示，老河口用资源抵债的比例为零，资产偿债比例为 20.78%；大冶市资源抵债比例为 10.86%，资产偿债比例为 4.09%。

（二）财务手段化债

财务手段主要是账务结算和降息停息两种方法。账务结算就是将债权人和债务人之间的债权与债务相互抵消。降息停息就是将高利贷的利率恢复为银行同期同档利率，已经支付的高额利息冲抵本金。如表 5—7所示，老河口账务结算转债 320 万元，占比 11.83%；降息停息消债 1032万元，占比 38.17%。大冶账务结算转债 4238.76 万元，占比 27.46%；降息停息消债 124 万元，占比 0.80%。

（三）清收债权减债

税费改革前，对债权的清收还可以强力征收农户提留尾欠款。税费改革后，由于缺乏征收政策和手段，农户的税费尾欠要么予以核减，要么停止清收。对单位和其他个人拖欠村集体的合同兑现款、外欠款和各种应收款等款项，一直采取各种措施进行清收。但是由于债权软，能够清收的债权不多，对化债的帮助不大。比如老河口和大冶采取这种方式减债比例都不到5%。

（四）消除划转债务

消除债务主要是通过做债权人思想工作，使其自愿放弃部分债权。老河口和大冶的协议消债占比7%—8%。债务划转主要是将债权人的债权转为股权或承包金，成为村集体经济投入的组成部分。通过债务划转方式消债的比重很少。

（五）政策性手段

政策性手段剥债占到债务化解的比重较高。如表5—7所示，老河口占比接近1/5，大冶占比接近一半。

三　化解的困境

村级债务化解工作虽然取得了一定的成效，但是实质性进展缓慢，化了旧债又添新债。到2010年，湖北之前的一些公益性债务，如"普九"债务已逐渐化解，但经营性债务，如村办企业的亏损很难解决。当阳市虽然2003—2010年化债9000多万元，但是2010年村级账面债务仍有1.6亿元，村均99.53万元[①]。化解村级债务存在困境主要是因为农村集体经济薄弱，缺乏偿债资金。而通过拍卖资产资源的方式偿债，更加恶化了集体资产资源状况，导致农村集体经济发展后继乏力。同时，国家坚决遏制新债发生的政策，逼迫村级组织将发展公益事业形成的债务隐形化，账面无法直观反映村级债务的真实情况，使得债务危机潜伏到更深层次。

本章小结

改革开放以来，湖北农村集体经济"三资"管理逐渐制度化、规范

---

① 刘军：《湖北新农村建设与农户意愿分析——基于湖北谷城县、当阳市的实地调研》，《内蒙古财经学院学报》2010年第5期。

化。但是村级财务"双代管"制度、村集体"三资"的乡镇委托代管制度逐渐脱离了村民自我管理。尽管这些制度看起来违背了村民自治制度，但是在村集体自身管理水平较低的情况下，由政府代村民行使村级"三资"的监督管理职能，也不失为一种权宜之策。"唱票评据"的民主理财制度看起来很完美，但是在执行过程中逐渐弱化，也没有真正起到民主理财的作用。在对农民缺乏相应的教育、农村集体经济逐渐弱化、产权制度还不清晰的情况下，盲目地追求村民自我管理，可能还有些理想化。因此，制度的好坏，一定要经过实践的检验，而不能仅限于从理论的角度去分析。农村集体经济财务、资产资源管理制度必须与农村经济社会发展的实际紧密结合。同时，政府部门也要不断创造有利于村民自我管理的社会基础，最终还是要实现村民亲自管理村集体财务和资产。

尽管湖北从 1997 年开始就对村级债务进行化解，但是经历了近 20 年的债务清理锁定化解工作，村级债务问题仍然没有解决。这里面既有历史性原因，也有现实的约束性原因。在化解村级债务的同时，农村集体经济发展的资源约束更加严重，村级隐形债务还在不断增加，使得村级债务问题更加隐蔽和固化。

第 六 章

湖北农村集体经济发展展望与对策

目前，湖北农村集体经济发展仍然存在很多内部和外部的制约因素。要在未来实现农村集体经济发展目标，必须一一破除这些制约，创造内生发展动力，完善内部管理机制，优化外部发展条件。

第一节　农村集体经济发展的制约因素

湖北农村集体经济发展缓慢，乃至目前出现的困境，从根本上来说是由我国长期以来实行的工业优先和城市优先战略造成的。改革开放之前主要是工业优先战略，通过工农业产品剪刀差获取工业发展所需的资本。改革开放之后国家加快推进城镇化，资金、土地、人才等生产要素都由农村流向城市，特别是通过农村土地价格剪刀差获取城市建设资金。只要国家的发展战略不改变，农村集体经济就无法摆脱这种衰弱的趋势。长期的宏观经济发展战略，积累形成了目前农村集体经济发展的制约因素，主要包括缺乏内生动力、缺乏物质基础、人才匮乏、管理滞后、基础设施滞后、缺乏政策支持等。

一　缺乏内生动力

农村集体经济发展的动力机制来源于其内部产权结构安排不明晰、政经不分、委托代理机制不完善。

（一）产权不明晰

农村土地集体所有制作为公有制的一种形式，与其他公有制形式一样，存在产权模糊的问题。产权模糊主要体现在两个方面：一是产权主

体的模糊性，农村土地名义上的产权主体是村集体或组集体的所有集体
成员，但是由于集体资源资产没有确权到户，集体所有权实际上是虚置
的，形成了名义上的"人人都有"而实际上"人人都没有"的所有权现
状，集体成员普遍抱着"事不关己高高挂起"的心理，缺乏参与村集体
经济发展的经济激励，也缺乏保护集体资源的动力。

二是产权权能不完整，农村集体资产资源的所有权、使用权、收益
权、处置权的产权边界不清楚，农村集体资产资源收益、抵押等经济功
能发挥受限，农民无法从集体经济中受益，就会行使"退出权"。

（二）政经不分

2017 年，农村集体经济组织已经在《民法总则》中被赋予特殊法人
地位。但是真正从村委会和村党支部独立出来的农村集体经济组织占比
很少。2016 年湖北独立的村集体经济组织有 9147 个，仅占行政村总量的
35.63%，还有近 2/3 的村集体经济组织是由村委会代行使其职能；独立
的组集体经济组织有 11348 个[①]，仅占村民小组总量的 5.43%。

虽然 1996 年颁布的《湖北省农村集体经济组织管理办法》规定了农
村集体经济组织登记管理办法，即"设立农村集体经济组织，应当经乡
人民政府审核同意后，向县级（含县级市，下同）农村经济经营管理部
门申请登记，领取《湖北省农村集体经济组织登记证》，取得法人资格"。
但是，并没有明确规定农村集体经济组织如何取得法人营业执照，只规
定"农村集体经济组织设立的企业，应当依照国家有关法律、法规的规
定向工商行政管理部门注册登记"。相比较而言，2007 年出台的《浙江省
村经济合作社组织条例》第十五条明确规定："村经济合作社可以向工商
行政管理部门申请登记注册，取得法人营业执照。具体登记注册办法，
由省人民政府工商行政主管部门商同省人民政府农业行政主管部门参照
农民专业合作社登记办法制定。"一方面，湖北成立了独立的村集体经济
组织的村比重很低，2016 年北京和广东所有的村都成立了村集体经济组
织，浙江仅有 6 个村没有成立独立的村集体经济组织；另一方面，湖北
还缺乏相关法规赋予村集体经济组织开展独立经营的资格。因此，湖北

---

① 农业部农村经济体制与经营管理司、农业部农村合作经济经营管理总站编：《中国农村
经营管理统计年报（2016 年）》，中国农业出版社 2017 年版，第 5 页。

农村集体经济还存在较为严重的政经不分问题。

农村集体经济组织运行过程中政经不分主要体现在两个方面：一是经营管理的行政化倾向。由于农村集体经济组织与村党支部、村委会的人员交叉任职，导致管理手段经验化和行政化，缺乏科学依据，无法严格按照市场化和利润最大化的原则开展独立自主的经营。二是职能定位的社会化倾向。在上级财政转移支付还无法完全满足农村社区公益事业发展的情况下，农村集体经济组织承担着建设管理、公益福利等农村社会事业发展的经费保障功能，导致其经济积累能力弱化，难以进入良性发展轨道。2016 年湖北全省农村集体经济管理费用和公益事业等非生产性支出占总支出近七成的比重。2017 年，湖北全省村集体投入公益建设和公共服务的自有资金达到 15.9 亿元，占当年收益的 34.7%；负债总额 189.8 亿元，新增债务 8.7 亿元，由于公益性支出形成的债务分别占债务总额和新增债务的 51.4% 和 59.3%[①]。因此，农村公益事业支出成为农村集体经济发展的主要负担，阻碍了农村集体经济可持续健康发展。

（三）委托代理机制不完善

农村集体经济组织内部主要是集体经济组织所有成员与经营管理人员之间的委托—代理关系。但是，由于委托人与代理人之间的责权利关系不明，缺乏激励机制和约束机制，在信息不对称的情况下，代理人即村干部存在较大的道德风险，利用职权进行暗箱操作，按照有利于自身利益的标准处置集体资源、资产和资金，无法保证农村集体资产的保值增值，甚至导致集体资产资源流失；代理人隐瞒村集体收入及其分配情况，所有者权益无法得到保障，降低了村民对集体经济合理分配的认同度，以及委托人对代理人的信任度。

二　民主管理水平低

农村集体经济组织的民主管理水平低，一方面体现在缺乏民主管理的制度；另一方面体现在农民包括村干部都普遍缺乏民主管理的意识，这两方面是相辅相成的关系。由于村干部缺乏民主管理意识和出于个人私利的考虑，没有建立民主管理制度的主动性，村民就无法根据制度进

---

① 　数据来自湖北省农业厅农村经济经营管理局。

行民主管理。在缺乏民主实践的情况下，要培养村民的民主意识就会十分困难。村民由于缺乏民主意识，就没有建立民主管理制度的积极性和主动性。

（一）规章制度不健全

由于大部分农村集体经济组织都是由村委会代行使职能，没有设立相应的组织机构，也就没有专门针对集体经济组织设立规章制度。尽管有些农村集体经济组织从村委会独立出来，成立了合作社、公司等经济组织，但是其规章制度不健全，没有建立民主决策、民主管理、民主监督机制，很多集体经济发展的重大决策都是少数人说了算，主观性、随意性大，内部运行无章可循，管理粗放。

（二）缺乏民主意识

村民包括村干部普遍缺乏民主意识和合作意识，有主客观两方面的原因。主观上，家庭分散经营形成的小农意识，使得农民天生就缺乏民主意识和集体意识。民主管理制度的缺乏，共同利益的减少，使得农民后天形成民主意识和集体意识的通道被阻断。客观上，国家对村民权利和民主自治制度的宣传力度不够，对农民缺乏持续有效的教育引导，导致村民对自己的权利义务界定不清，不知道该如何进行民主管理和民主监督。

三 人才匮乏

随着城镇化进程的加快，农村人才严重流失。村干部普遍思想保守甚至消极，学历不高，能力水平十分有限，无法有效领导农村集体经济发展。

（一）思想观念保守

由于村干部也是农民，普遍存在满足于实现个人利益和眼前利益、稳定无风险的保守小农思想观念，工作重心在于维持村级组织正常运转，而对集体经济发展缺乏长远规划，缺乏创业精神。对集体资产资源大多采取发包等比较稳妥的方式处理，但这种方式是不利于集体经济长远发展的。同时，有的村干部等靠要思想严重，发展集体经济存在畏难情绪，寄希望于上级政府部门的扶持。

（二）水平能力有限

"火车跑得快，全靠车头带"。村干部是村集体经济经营管理的直接参与者，其自身素质对集体经济发展十分重要。但是，一方面城镇化加快推进，吸引了大批学历高、有能力的农民脱离农业，走出农村，进入城市。另一方面，农村经济发展缓慢，低水平的干部薪酬对人才缺乏吸引力。目前，湖北大多数村干部年龄偏大、文化水平低，多数在 50 岁左右，最高学历只有高中水平。

由于能力水平有限，村干部往往凭借经验，或者跟风发展，没有经过科学论证，不考虑村集体人才资金状况和项目的投资回报率，就盲目投资。特别是 20 世纪 90 年代乡镇企业快速发展时期，很多村依靠借贷投资的都是一些高消耗、高污染、低效益项目，结果很多项目以失败告终，不仅增加了村级债务，还浪费了资源，破坏了环境。

四　物质基础薄弱

目前，湖北大多数村集体缺乏可用的资产资源，甚至有的村集体还有沉重的债务负担，集体经济发展的物质基础十分薄弱。

（一）"三资"分光用光

村集体可控资源是农村集体经济发展的重要基础，决定了集体经济的发展程度。但是，湖北绝大多数村集体的资金、资产、资源都所剩无几。这主要是三个方面的原因造成的：一是为了调动农户的生产积极性，推行家庭联产承包责任制，将集体"三资"特别是集体土地分得比较彻底，随着人口的不断增长，村集体预留的"机动地"也基本被分光。二是为了解决村委会日常开支，偿还村级债务，大部分村集体对经营性资产、"四荒"资源都进行了变现处理，由于价值被低估，租期过长，其出租价格大大低于自身价值，一次性变现收入无法支撑农村集体经济的长期发展。三是随着农村房屋、道路等基础设施建设，以及城镇化进程加快推进，农村特别是城中村、城郊村和园中村的集体建设用地被大量开发或征用，征地补偿大都是一分了之。2017 年湖北全省被征收征用集体土地 11.1 万亩[①]，亩均补偿费不到 3 万元。留地安置方式运用少，预留

[①] 数据来自湖北省农业厅农村经济经营管理局。

的发展用地指标落地难,被征地后的村集体缺少优良资产和项目支撑。

目前,大多数村集体以农用地等资源性资产为主,价值不高。2016年湖北村级集体资产总额为 909.03 亿元,村均 354.12 万元,比全国村均530.07 万元少 33.19%;村级经营性固定资产原值为 26.18 亿元,村均仅10.20 万元,比全国村均45.96 万元少 77.81%①。与外省比较,湖北农村集体净资产仅相当于广东和浙江的 23.8%、山东的 39.6%、江苏的48.6%、北京的 58.3%。

(二) 村级债务固化

农村集体经济和村级债务是相互关联、相互强化的关系。一方面,在债权虚化、软化和集体经济"空壳化"的双重因素下,村级债务逐渐固化。另一方面,湖北村级债务形成时间长、债务水平高、范围广,严重阻碍了农村集体经济的发展。2017 年湖北村均负债 75.4 万元②。由于村级债务负担重,再加上国家政策明令禁止新增村级债务,导致村集体基本上无法再取得贷款,其他的筹资渠道也很狭窄。缺少资金成为制约村集体经济发展的关键因素之一。

(三) 基础设施落后

尽管在人民公社时期依靠大量的劳动投入,农田水利基础设施条件明显改善。但是,在实行家庭联产承包责任制以后,集体"统"的功能逐渐弱化,再加上实行分税制、取消农业税和"三提五统",农村社区开展基础设施建设的资金更加捉襟见肘,不仅无法新建,更无法维护已有的基础设施。即使湖北在 2011 年冬和 2012 年春专门针对农村塘堰淤塞问题,组织开展了"万名干部进万村挖万塘"活动,但对农村基础设施的改善作用有限。由于道路、水电、通信等基础设施不完善,造成了招商引资难、资源开发难、产品销售难的"三难"现象,严重制约了农村集体经济的发展。即使地处省会武汉郊区的农村也存在基础设施的短板,一项调查显示,72% 的村干部认为目前本村急需解决基础设施建设的

---

① 根据《中国农村经营管理统计年报 (2016 年)》计算得出。
② 数据来自湖北省农业厅农村经济经营管理局。

困难①。

五　缺乏法律政策支撑

党的十六大以后，虽然中央对农村集体经济的重视程度越来越高，也屡次强调要大力发展集体经济，但也只是一些方向性、原则性的指导意见。2016 年《中共中央国务院关于稳步推进农村集体产权制度改革的意见》是近期有关农村集体经济发展的最重要的政策文件，从加强农村集体资产管理、开展集体经营性资产产权制度改革、探索农村集体经济有效实现形式、加强党的领导等四个方面提出了政策意见，从税收、财政、金融、土地等方面提出了农村集体经济的扶持意见，以及加强农村产权保护的法治建设意见。虽然《民法总则》赋予了农村集体经济组织特别法人地位，但是到目前还没有一部农村集体经济组织的专门法律，使农村集体经济在发展中缺乏规范指导。尽管中央非常重视农村集体经济发展，但是各级地方政府仍然是以农民增收为重，忽视集体经济发展，使得农村集体经济在发展过程中缺乏强有力的外部保障。

目前，湖北有关农村集体经济的政策法规体系呈现出时效性差、权威性低、整体性弱三个主要问题。一是时效性差。仅有的两部规章《湖北省农村集体经济审计办法》和《湖北省农村集体经济组织管理办法》都是 20 世纪 90 年代颁布的。农村集体经济在经历了 20 多年的发展后，不论是宏观经济环境，还是集体经济组织自身，都发生了较大的变化。特别是农村税费改革、农村集体产权制度改革等相关改革措施的推进，使得这两部规章的内容已经无法满足当前农村集体经济发展的需要。二是权威性低。最近几年颁布的相关文件都是政策性质的，还没有上升到法规层面。2014 年出台的《湖北省农村集体"三资"管理办法》和 2016 年出台的《湖北省农村集体财务管理办法》都属于部门性文件，只是后者由省政府以通知的形式进行了转发；2017 年出台的《关于完善集体林权制度的实施意见》和《关于稳步推进农村集体产权制度改革的实施意见》虽然是以省委、省政府名义公布的，也只是一般性政策。三是整体

---

① 王涵、石恋：《农村集体经济创新发展模式探析——以湖北省武汉市蔡甸区消泗乡为例》，《科技创业月刊》2016 年第 12 期。

性弱。目前有 6 个主要的政策法规涉及农村集体经济"三资"管理、组织管理和产权制度改革，相对零散；有的已经出台了 20 多年，有的刚刚颁布，时效性不同；有的是规章，有的只是政策，权威性不同。

表6—1 湖北有关农村集体经济的政策法规

类型	出台年份	出台的机构	文件名称	性质
组织管理	1997	湖北省人民政府	《湖北省农村集体经济组织管理办法》（湖北省人民政府令第 114 号）	规章
"三资"管理	1995	湖北省人民政府	《湖北省农村集体经济审计办法》（湖北省人民政府令第 94 号）	规章
	2014	湖北省财政厅、农业厅、民政厅	《湖北省农村集体"三资"管理办法》（财农村发〔2014〕10 号）	政策
	2016	湖北省财政厅、农业厅制定，省政府转发	《省人民政府办公厅关于转发湖北省农村集体财务管理办法的通知》（鄂政办发〔2016〕45 号）	政策
集体产权制度改革	2017	湖北省人民政府办公厅	《关于完善集体林权制度的实施意见》（鄂政办发〔2017〕52 号）	政策
	2017	湖北省委、省政府	《关于稳步推进农村集体产权制度改革的实施意见》（鄂发〔2017〕17 号）	政策

如表6—2 所示，从湖北与浙江、广东的农村集体经济组织管理方面的法规对比来看，《湖北省农村集体经济组织管理办法》（以下简称《管理办法》）还存在以下几个方面的不足：一是时效性差，《浙江省村经济合作社组织条例》是 2007 年修订的，《广东省农村集体经济组织管理规定》是 2013 年修订的，而《管理办法》是 1997 年修订的；二是权威性低，浙江省以条例的形式出台了一部法规对农村集体经济组织进行管理，而湖北省是以管理办法的形式出台了一部规章；三是内容不全，浙江和广东都涉及的股份合作、章程内容、监督机构、财务管理等内容，《管理办法》都没有做出相关规定；四是理念落后，《管理办法》对政府部门的定位还是"管理和监督"，而浙江和广东已经将政府部门的"管理"改为"指导、服务、扶持"，湖北的农村集体经济组织要取得经营资格必须通

过设立企业的方式进行工商登记，浙江和广东的农村集体经济组织可以凭机构代码设立银行账户，浙江的农村集体经济组织可以直接向工商管理部门申请登记。

表6—2　湖北省与浙江省、广东省关于农村集体经济组织的法规对比

规章名称	《湖北省农村集体经济组织管理办法》	《浙江省村经济合作社组织条例》	《广东省农村集体经济组织管理规定》
颁发时间	1997 年	1992 年	2006 年
修订时间	1997 年	2007 年	2013 年
性质	规章	法规	规章
政府职责	管理和监督	指导、扶持、服务和监督工作	指导、监督和服务
股份合作	无	"各级人民政府应当按照依法、自愿、民主、公正的原则，鼓励和支持有条件的村经济合作社进行股份制改革"	对实行股份合作制的农村集体经济组织统一名称
章程内容	无	九项	十项
经营资格	"农村集体经济组织设立的企业，应当依照国家有关法律、法规的规定向工商行政管理部门注册登记"	"村经济合作社凭证明书办理组织机构代码证，按照有关规定刻制印章、开立账户、领购票据等。""村经济合作社可以向工商行政管理部门申请登记注册，取得法人营业执照"	"农村集体经济组织凭组织证明书办理组织机构代码证，按照有关规定在银行或者农村信用社办理开立账户等手续"
监督机构	无	"社监会是社员大会的监督机构，对社员大会负责"	农村集体经济组织设立"3—5 人的民主理财监督小组或者监事会"
财务管理	无	第五章对财务管理进行规定，包括会计委托代理、民主理财、审计监督	"实行资产与财务公开制度，接受农村集体经济审计部门的审计，接受组织成员的监督"

第二节 农村集体经济发展展望

一 发展愿景

农村集体经济繁荣是实现乡村振兴目标的应有之义和重要组成部分。未来湖北农村集体经济要实现农村集体产权归属明晰，形成股份合作等多种运行模式，建立健全的内部委托—代理机制，农村集体资产全面盘活，有效配置农村劳动、资本、技术等要素资源，最终实现土地资源资本化、所有制结构混合化、集体经济组织成员股东化、管理阶层专业化、农村劳动力职工化、农民生活方式市民化、农村社区管理社会化的高级阶段的企业化村庄①，集体经济发展活力持续增强，农民财产性收入明显增加，为湖北实现城乡协调发展、全面建成小康社会、巩固党在农村的执政基础提供重要支撑和保障。

二 发展原则

（一）遵循市场经济规律的原则

中国特色社会主义市场经济的发展，使得农村集体经济的宏观环境发生了重大变化。与之相适应，农村集体经济组织作为市场主体，其基础性价值规范变成了市场经济的功利原则②，计划体制下的"身份型集体"变成了"利益型集体"。因此，不论是集体产权制度改革还是经营管理，农村集体经济组织都要遵循市场经济规律，从而激发集体经济发展的活力。

由于农村集体产权制度改革的重要原因之一就是要素相对价格的变动。因此，农村集体产权制度变迁要遵循市场主导的客观规律，通过建立完善的要素价格市场形成机制，使生产要素的价格充分反映其价值，

---

① 黄中廷：《新型农村集体经济组织设立与经营管理》，中国发展出版社 2012 年版，第 164 页。

② 王岩：《市场经济条件下集体主义的互补机制研究》，《马克思主义研究》2004 年第 1 期。

从而诱导农村集体产权制度变革①。

在经营管理方面，为了保证与市场经济充分衔接和融合，农村集体经济组织应构建完善明晰的产权制度，建立现代企业制度，形成完备的利益分配制度，健全资产管理和财务公开制度②，实现产权制度和组织形式的全面创新。在产业选择上，也应该根据市场需求，按照因地制宜的原则，"宜工则工、宜农则农、宜商则商"。

（二）政府引导原则

政府对农村集体经济发展进行正确有效引导，关键是要把握好引导的内容和方式。政府引导的根本目标就是为农村集体经济组织创造一个良好的发展环境，使其能够按照市场经济的原则，在市场经济中不断发展壮大。政府引导的核心手段就是法治建设，通过制定农村集体经济组织的专项法律，并且完善其配套法律法规，保障农村集体经济组织成为一个独立、完整的实体经济组织，其经营管理不受地方政府和村委会的干扰，具有完备的经营能力。另外，政府还可以通过财政税收、金融、土地等政策的倾斜，运用经济手段引导农村集体经济尽快融入市场，并尽快成为有竞争力的市场经营主体③。

"政府引导"最容易变成"政府主导"的环节就是农村集体产权制度改革。由于制定了明确的目标，国家力争用5年左右时间完成经营性资产股份制改革，湖北到2020年要基本完成集体经营性资产股份合作制改革。在改革过程中，特别是临近目标期，为了完成任务，就会以政府命令的形式，强制推行"一刀切"的改革。这样容易使改革丧失其本质内容，而变成了一种形式。

（三）尊重农民意愿的原则

尊重农民意愿是避免"政府引导"变成"政府主导"而必须要遵守的原则。2015年11月中共中央办公厅、国务院办公厅印发《深化农村改革综合性实施方案》中明确提出，要"把实现好、维护好、发展好广大

---

① 郭强：《农村集体产权制度的创新过程解析与发展路径研究》，博士学位论文，中国农业大学，2014年。

② 李明刚：《和谐社会与新型农村集体经济构建》，《毛泽东思想研究》2007年第2期。

③ 郭强：《农村集体产权制度的创新过程解析与发展路径研究》，博士学位论文，中国农业大学，2014年。

农民的根本利益作为深化农村改革的出发点和落脚点"。因此,无论是农村集体产权制度改革,还是探索农村集体经济有效实现形式,都必须确立农民的改革主体地位,维护农民的民主权利,保障农民的话语权、知情权、参与权、表决权,充分尊重农民的意愿。相比强制性制度变迁,诱致性制度变迁往往能够产生更强的制度激励效果。因此,农村集体产权制度改革应该是农民自觉自愿的诱致性制度变迁,得到大多数集体成员拥护和肯定。农村集体经济实现形式多元化和多样化的性质决定了,在探索农村集体经济有效实现形式的过程中,要结合湖北各地的实际情况,充分尊重农民群众对集体经济的探索和创造,形成各具特色的而又充满活力的农村集体经济实现形式。

(四) 开放原则

开放性是市场经济的本质特征之一。农村集体经济作为社会主义公有制的一种实现形式,在市场经济条件下必然要形成多层次和多元化的投资主体和利益主体。因为要实现农村集体经济的发展壮大,不仅要在农业内部实现规模化和产业化,更要延伸农业产业链条,实现农村一、二、三产业的融合发展。而大多数农村集体经济组织的可用资本极其有限,经营管理能力也普遍不高。这就需要加强与家庭农场、农民专业合作社、龙头企业、中介组织、产业园区等各个市场主体的合作,广泛吸引国内外金融资本、工商资本等资本主体参与农村集体资产资源的开发运营。最终形成以集体经济为主体,融合国有资本、私营资本、外资等各类资本的多元产权结构。这是最有发展前途的新型集体经济组织形式,是新型集体经济的发展方向。

(五) 规模化原则

土地是农村集体经济最重要的资源。土地的规模经营和农业产业化经营是实现农业发展"第二次飞跃"的重要标志,也是集体经济组织充分发挥作用的关键时期。因此,土地集中规模运营是农村集体经济有效实现形式的核心。"三村"的集体土地在城镇化、工业化进程中需要依靠规模化运营,以农业生产为主的集体土地更加需要依靠规模化经营。针对目前单家独户流转土地中存在的问题,集体经济组织应该充分发挥整合、引导、协调、沟通的作用,实现集体土地的统一高效经营。在以行政村为单位开展规模化经营无法满足需要时,还可以加强各个集体经济组织之间的联合，组建集体经济联合体。以集体经济联合体为市场主体参与竞争，是我国农村集体经济制度未来发展变迁的重要趋势之一①。

第三节　构建发展动力机制

2013 年中央一号文件明确提出，建立归属清晰、权能完整、流转顺畅、保护严格的农村集体产权制度，是激发农业农村发展活力的内在要求。归属清晰的产权是实现要素平等交换的重要前提，为农村集体经济发展提供了动力②。

一　明晰集体股权

农村集体经济产权改革的核心就是要使集体资产的产权归属清晰，由过去的农村集体资产成员共同共有，转变为由成员按份共有，即明确农民在集体财产中所占的份额，使其权益量化有保障。以"清理资产、清人分类"为主的"两清"工作是明晰集体产权归属的重要基础，也是开展集体经营性资产股份合作制改革的重要前提。

（一）明确农村集体资产范围

明确集体资产范围是实现农村集体产权"归属清晰"的前提，是农村集体产权制度改革的基础③。农村集体资产包括现金、有价证券、经营性资产、公益性资产和资源性资产。要通过开展清产核资摸清家底，将农村集体所有的资产进行产权核实，明确所有权，才能明确集体资产范围。

目前，湖北开展农村集体产权制度改革的核心工作就是对集体资产开展清产核资，从 2017 年开始，计划到 2019 年 6 月底结束，历时两年半。2018 年 5 月，根据《农业部　财政部　国土资源部　水利部　国家林业局　教育部文化部　国家卫生计生委　体育总局关于全面开展农村

---

① 李行、温铁军：《中国 60 年农村土地制度变迁》，《科学对社会的影响》2009 年第 3 期。

② 黄延信：《深化农村集体产权制度改革的几个问题》，《农业经济与管理》2013 年第 5 期。

③ 同上。

集体资产清产核资工作的通知》(农经发〔2017〕11 号),湖北下发《省农业厅 省财政厅 省国土资源厅 省水利厅 省林业厅 省教育厅 省文化厅 省卫生和计划生育委员会 省体育局关于全面开展农村集体资产清产核资工作的通知》,明确了湖北开展清产核资工作的时间表:2018 年 4 月底前完成相关准备工作,各地制定本地区清产核资工作方案和工作细则,对工作人员进行培训;2018 年 12 月底前完成组织实施工作,村、组不同层级农村集体经济组织成立清产核资工作小组,全面清查核实集体资产,并填写《农村集体资产清产核资报表》,乡镇一级和县级农业(经管)部门做好数据审核工作;2019 年 3 月底前完成数据汇总,市级和省级农业(经管)部门会同相关部门对数据进行审核校验,并报送农业农村部录入农村集体资产监督管理平台;2019 年 6 月底前对全部工作进行总结验收,总结集体资产清产核资工作经验和典型做法,建立健全农村集体资产清产核资资料档案。截至 2018 年 6 月底,湖北全省有 4242 个村完成清产核资,核实资产 329.3 亿元,完成率仅有 20%①,与"到 2018 年底 80% 的村完成清产核资"的目标还相差较远。

在清产核资过程中,有两个关键环节,也是工作的难点:一是准确评估资产和资源的价值,二是准确界定产权归属。因此,湖北省农村经营管理部门应当会同相关部门制定科学的农村资产资源评估标准和资产资源评估管理办法,并对负责清产核资的相关人员进行培训,指导建立权威的清产核资组织。产权界定按照"谁投资,谁受益"的原则:凡是来自县级及以上政府的资产,以账面值界定为国有;凡是来自镇政府的资产,以账面值界定为镇集体经济组织所有;凡是来自社会各方的资产,以约定的比例为社会方所有;凡是村集体经济资产按原值界定②。

(二)确定农村集体成员身份

明确农村集体成员身份就是要确定农村集体资产归谁所有,这是农村集体产权制度改革的难点。可以遵循以下几个原则:一是尊重历史,承认现实。成员资格界定应涵盖各个阶段的不同群体。二是权利义务对

---

① 数据来自湖北省农业厅农村经济经营管理局。
② 张占耕:《农村集体产权制度改革的重点、路径与方向》,《区域经济评论》2016 年第 3 期。

等。成员享有的权利应与其对集体经济组织承担的义务、做出的贡献相当。三是群众认可，程序公开。成员资格界定的唯一标准是村民群众的满意和认可，认定程序要合法、公开，避免多数人借民主名义侵犯少数人的合法权益①。在尊重历史、权利义务对等、群众认可原则的基础上，认真核实户籍关系和农村土地承包关系，了解成员身份，确认成员和农村集体之间的关系。截至 2018 年 6 月底，湖北全省有 2914 个村完成清人分类，确认成员 40.5 万人，完成率仅有 10% 左右，距离"2018 年底 70% 的村完成成员确认"的目标还有较大差距。

二　合理设定各类股权

合理设定集体股、个人股、筹集股等各类股权，就是通过制度确定股息红利的分配办法，是建立农村集体经济组织内部分配机制的重要基础。但这并不是意味着村集体经济组织成员只能分配收益，而不能承担亏损。股权包含着农村集体经济组织成员要共同承担集体经济组织经营的风险。如果出现亏损，不仅要停止分配红利，还要按股份风险股的比例抵补亏损部分；如果出现破产，首先要用集体资产偿还股东股金。

（一）合理设定集体股比例

由于集体股存在产权模糊的弊病，一般情况下不建议设定集体股。但是如果集体经济组织成员讨论决定，同意设立集体股，也可以设立。集体股的设立与农村集体经济组织承担的社会公益职能有关。如果国家财政转移支付以及公益金、公积金提留还无法满足农村社区公益事业发展的需要，而农村集体经济收益可以对其进行弥补时，就可以设立集体股。集体股的比例将随着农村集体经济发展壮大和国家财政支出的增加而逐渐减少，直至完全取消。目前已经完成"村改居"的集体经济组织，其原有的社会性负担基本由国家财政承担，就可以不设定集体股。

（二）完备个人股股权

赋予集体成员完备的个人股股权，是农村集体产权制度改革的核心

---

① 黄延信：《深化农村集体产权制度改革的几个问题》，《农业经济与管理》2013 年第 5 期。

和关键①。只有把集体资产折股量化到每个集体成员，才能充分保护农民的集体经济组织成员权利，赋予农民更多财产权利。赋予集体成员完备的个人股股权，就是赋予农民对集体财产的占有权、收益权、抵押权、担保权、继承权等完整的所有权，从而实现对集体资产的完全控制与管理②。

清人分类是确定个人股的关键。只有集体经济组织的当前成员才具备个人股的分配资格。具体的股份额则要根据农民对集体的贡献、集体经济组织的性质等因素决定。

（三）逐步增加筹集股比例

筹集股就是来源于农村集体经济组织外部的资金资产形成的股份。村集体组织成员、非集体经济组织成员的个人、家庭农场、农业专业合作社、龙头企业、涉农部门等，通过入股集体经济，与农村集体经济有机结合，实现农村集体经济产权主体的多元化，推动集体资产保值增值。通过设立个人现金股，吸收个人的现金投资；通过设置社会法人股，吸收具有经济实力和技术专长的社会法人投资入股③。

三 因地制宜推动股份合作制改革

由于农村集体产权制度改革的动力主要来自要素价格特别是土地价格的变化。因此，湖北应根据不同时期、不同地区经济发展程度，按照先后顺序、有快有慢，进行分类引导。湖北农村集体经营性资产股份合作制改革首先就是从城中村、城郊村、园中村等高度城市化的农村社区开始的，主要是因为"三村"的集体经济普遍较为发达，土地要素价格在城镇化的带动下迅速升值，集体经济组织成员的改革意愿强烈。

但是，由于有的干部对农村集体产权制度改革的认识不到位，没有充分认识到开展产权制度创新、发展集体经济的现实紧迫性和重大意义；

---

① 张占耕：《农村集体产权制度改革的重点、路径与方向》，《区域经济评论》2016 年第 3 期。

② 郭强：《农村集体产权制度的创新过程解析与发展路径研究》，博士学位论文，中国农业大学，2014 年。

③ 黄中廷：《新型农村集体经济组织设立与经营管理》，中国发展出版社 2012 年版，第 160 页。

有的干部出于自身利益的考虑，担心清产核资查出问题，建立股份合作社会使自己的利益受损；有的村干部则希望跳出"农门"，无心谋求集体经济的长远发展。湖北农村集体产权制度改革"雷声大、雨点小"，积极行动的地方少，导致进程较慢。截至 2018 年 6 月，湖北全省有 1540 个村完成股份合作制改革，仅占全省行政村总数的 6.11%。为此，湖北应通过召开现场会、印发简报、媒体报道等多种渠道和方式，将产权制度改革的重要意义、积累的试点经验、产生的良好效益，向各级领导干部和群众进行宣传，推动改革进程。

目前，在已经成立社区股份合作社的"三村"，政府要引导其建立适应市场经济要求的资产管理体制和分配机制，逐步向现代企业转型。对于以工业和第三产业为主要经营业务的经济发达村，重点在合作制的基础上引入股份制，进行公司化改造，建立和完善公司内部治理结构。对广大农区的经济欠发达村，重点推进土地等资源性资产的股份合作，社区内农户以土地、资金入股，社区外经济主体以资金、技术入股，组建土地股份合作社，发展规模经营。

第四节　完善内部管理机制

完善农村集体经济的内部管理机制，首先需要实现政经分离，逐渐剥离农村集体经济组织的社会职能。如同国有企业改革剥离企业办社会职能一样，这是公有制经济发展壮大必须要走的一步。在农村集体经济组织从村委会独立出来以后，要逐步构建公司制的治理结构，并加强内部民主管理，探索集体资产资源的运营经营模式。

一　推动政经分离

在市场经济条件下，必须用市场化手段促进农村集体经济发展，其中一个关键环节就是将农村集体经济组织构建为一个市场主体。这就需要逐渐从机构、职能、机制等三个方面进行构建：成立独立的具有法人地位的组织机构；剥离其社会服务功能，只保留其经济功能；形成公司制治理机制。

（一）成立独立的组织机构

机构上的独立是实现政经分离的组织基础。这里的"独立"有两层含义：第一层就是形式上的独立，在主管部门进行登记，取得法人资格；第二层含义就是在工商部门登记或者直接获得机构代码，确立市场主体地位，开展对外经营活动。只有完成第二层意义上的独立，农村集体经济才真正地在组织机构上实现了独立。目前，全国大多数地区，包括湖北的农村集体经济组织只有通过成立公司或合作社，在工商部门登记，才能取得市场经营资格。只有浙江和广东等地是直接凭证明书给农村集体经济组织发放组织机构代码证，在金融机关开设账户，认可其市场主体地位。

（二）剥离社会服务职能

在农村集体经济组织成立独立的组织机构，开展市场经营的基础上，要逐渐剥离其社会服务职能，在职能上实现政经分离。只有彻底剥离社会服务职能，农村集体经济组织才能减轻经济负担，形成健全的财富积累机制，保证集体资源资产保值增值。随着国家和湖北国民经济的发展，中央和地方政府财政实力增强，需要转变城乡分割的二元化经济社会发展秩序。和城市公共产品一样，农村社区的公共产品也应该由政府提供，为农村集体经济组织剥离社会服务职能奠定重要的经济基础。农村公共产品要按照"归属清晰、权责明确"的原则，由各级政府部门提供：农村义务教育、农田水利设施等公共产品由中央财政承担，村级基层组织公共管理、农村社区范围内生活基础设施、农村居民医疗养老等公共产品由地方财政承担。农村集体经济组织只行使土地集体所有权，负责经营管理集体资产资源，确保集体资产保值增值，成为自主经营、自负盈亏的市场主体。村民自治组织只负责农村社区公共管理和提供公共服务，不能干预集体经济组织的经营管理活动，也不得随便使用集体经营收益。

（三）建立公司化的内部治理结构

农村集体经济组织建立公司化的内部治理结构，实行民主决策、民主管理、民主监督，才能从内部运行机制上确保实现政经分离。健全的委托—代理机制和有效的约束激励机制是公司化内部治理结构的核心。这就需要建立包括股东大会（社员大会或成员大会）、理事会（社管会或社委会）、监事会（社监会或理财监督小组）的"三会"治理结构，以及包含出资者所有权和监督权、法人财产权和代理权的"四权"制衡机制。其中，股东大会（社员大会或成员大会）是最高权力机构，行使委托人的权力；理事会（社管会或社委会）是执行机构，行使管理代理人的职能；监事会（社监会或理财监督小组）是监督机构，行使监督代理人的职能。其中，理事长（社管会主任或社委会主任）是执行代理人的核心，其产生方式既可以是农村集体经济组织内部公推直选，也可以是从外部引进；其人选既可以是村社能人，也可以是参与集体经济的龙头企业负责人，甚至是引进的职业经理人。

农村集体经济组织要在以人为本的基础上，按照物质奖励和精神奖励相结合的原则，建立股权激励、薪酬激励、福利激励、才华激励、荣誉激励的完整激励体系。无论是否属于农村集体经济组织的成员，所有的职工在激励制度面前都应该是一视同仁的。农村集体经济组织要通过内部规章制度和监督机制对代理人进行有效约束，建立健全基本制度、管理制度、技术规范、业务规范、个人行为规范等[①]规章制度体系。通过农业龙头企业、农民合作社、金融机构等社会资本入股集体经济，形成对集体经济组织执行代理人的监督约束。

二　完善管理机制

在经营管理方面，新型农村集体经济与传统农村集体经济的一个最重要的区别就是，是否真正实行了民主管理。虽然党组织是新型农村集体经济的领导核心，但是其意志也需要通过法人治理结构来体现。

（一）加强党对集体经济的领导

基层党组织在农村集体经济发展中处于领导核心地位，是发展农村集体经济的重要组织保障和战斗堡垒，是带动集体经济发展的"火车头"。党员干部具有骨干带头作用，可以为集体经济发展凝心聚智。其中，村党支部书记是核心中的核心，是农村集体经济发展的"领头雁"。一方面，要加强对村支书的"两推一选"，将农村优秀人才选拔到村基层党组织。结合村"两委"换届，选优配强村党支部书记，全面向"空壳

---

① 黄中廷：《新型农村集体经济组织设立与经营管理》，中国发展出版社 2012 年版，第191 页。

村""薄弱村"派出第一书记，实行"定制书记"。另一方面，要加强对村支部书记的培训。镇、村两级党组织要以建设服务型基层党组织为抓手，树立以党建引领经济发展、以广大农民为中心的理念，切实将发展农村集体经济作为当前发展的第一重任。

（二）建立现代化的管理机制

新型农村集体经济必须建立现代化的管理机制，包括民主化管理机制、企业化管理机制、专业化管理机制、精细化管理机制以及多元化管理机制。民主化管理机制就是要确保股东一人一票的民主决策权，股东选举股东代表，理事会、监事会对股东代表大会负责，切实保障股东的知情权、参与权、决策权和监督权。企业化管理机制就是按照现代企业的要求，确立主导产业和经营战略，建立成本核算机制。专业化管理机制就是采取市场化的劳动用工制度和人事管理制度，落实岗位责任制，建立完善的激励约束机制。精细化管理机制就是以企业战略为导向，制定具体的实施措施，明确管理责任。多元化管理机制就是构建多元化的融资渠道，采取多元化经营战略。

（三）树立市场化的思想意识

不论是农村集体经济组织的成员还是经营管理者，都必须树立竞争意识、民主意识、合作意识、法治意识和改革意识。竞争意识就是要将农村集体经济组织作为市场竞争主体，努力使自己提供的产品或服务成本低于社会平均成本，根据消费者需求确定生产经营方向。民主意识就是集体成员要成为经营决策的主体，实现决策过程由"一言堂"向"群言堂"转变，保证一人一票，严格按照章程进行民主管理。合作意识就是集体经济组织成员要有共同的目标追求，树立大局意识和全局意识，能够舍小我、求大我。法治意识就是严格按照国家法律、法规、政策制定集体经济组织章程，开展经营管理活动，自觉接受相关政府部门的监督。改革意识就是要不断改革农村集体资产的经营体制和经营方式，根除集体经济运营过程中的种种弊病。

三 探索农村集体经济有效实现形式

对于农村集体经济组织来说，无论是开展资产运营，还是直接经营资产，每种实现形式都各有利弊。因此，湖北各地在探索农村集体经济有效实现形式的过程中，一定要根据本村的资产状况、经营管理人才情况选择适合本村的形式，而不能盲目跟风，或者上级政府下达指令采取"一刀切"。

（一）资产运营形式

资产运营形式就是农村集体经济组织将集体土地、固定资产以入股、出租等形式交由企业、合作社等经营主体开展经营，村集体收取分红或租金收入。在这种形式中，农村集体经济组织对集体资产的管理成本较低，也摆脱了经营管理人才匮乏和启动资金不足的制约，同时将市场风险部分或全部摊给了市场经营主体。

由于利益和风险是紧密联系的。这种形式在分摊了一部分风险的同时也降低了集体经济组织的收益，不利于农村集体经济组织的自身积累和长远发展。另外，由于存在信息不对称，在市场主体掌握财务信息的情况下，村集体分红可能无法保证公正性和真实性。资产运营形式对市场主体的依赖性强，一旦资产市场价格下跌，或者市场经营主体因经营不善而出现亏损或倒闭，集体经济收入就会减少甚至无法保障。

（二）资产经营形式

资产经营形式，就是农村集体经济组织直接利用本村的土地生产农产品、开采加工矿产资源、利用仓库等固定资产开展运输物流等对外产业经营，提供服务，获取经营利润。这种形式是由农村集体经济组织内部掌控集体的资产，从而可以让村民与村集体共享集体资产经营的剩余价值，增强农村集体经济自我积累和自我发展能力。但是，这种形式对农村集体经济组织的人才、资金、技术、管理要求较高，很多农村集体经济组织还没有能力开展直接经营，如果盲目开展经营，反而会导致集体资产流失，成员利益受损。

对于地处农村腹地的村集体来说，可以通过创办农业生产经营合作社、专业合作社等服务实体，提供代耕代种代收、统防统治、烘干储藏、集中运输、劳务等综合性有偿服务，发展多种形式的兴农、助农专业服务队伍，促进村集体增收。

四　加强集体"三资"管理

建立健全农村集体资金、资产、资源管理制度，规范和完善农村集体经济民主监督与管理，健全财务管理制度，严格财务运行监督，确保集体资金、资源、资产的安全与完整。

（一）加强村级财务管理

加强村级财务管理的根本就是回归"村财村管"，真正实现村民自治。这就需要农村集体经济组织严格落实各项财务管理制度，并真正做到财务公开，保障权力在阳光下运行。

1. 严格健全落实各项财务管理制度

《农业部 财政部 民政部 审计署关于进一步加强和规范村级财务管理工作的意见》（农经发〔2013〕6 号）提出："要探索创新工作方式，采取有效措施，逐步提高村级组织会计核算和财务管理的独立自主能力。"因此，村级财务管理的落脚点还是其独立自主管理。各级政府部门特别是农村集体经济主管部门，要加大对村级财务工作的指导力度，帮助其制定完善的财务管理制度，加强对村级财务人员的培训和教育。

根据 2006 年 10 月中共中央纪委监察部、财政部、农业部下发的《关于进一步规范乡村财务管理工作的通知》精神要求，建立和完善农村集体经济组织的财务管理制度，主要包括：民主管理和财务公开制度、现金银行存款管理制度、债权债务管理制度、资产台账制度、票据管理制度、会计档案管理制度、村干部任期届满经济责任和离任审计制度、一事一议筹资筹劳制度、土地补偿费监督管理制度等；建立内部控制制度，主要包括：货币资金内部控制制度、销售和收款业务内部控制制度、采购和付款业务内部控制制度、存货内部控制制度、对外投资业务内部控制制度、固定资产内部控制制度、借款业务内部控制制度等，同时要建立财产清查制度。建立村级财务收支预决算制度，严格收支审批，努力控制非生产性开支。建立村级资产台账、资产评估、租赁承包以及集体资源招投标、合同管理等制度，确保农村集体资源效益最大化。

乡镇政府要转变观念，牢固树立农民是农村主人的意识，督促农村集体经济组织建立并落实国家规定的各项财务制度，并及时对村级财务的执行状况进行监督和检查[1]。对于村级财务的具体经办人，相关部门要针对村干部和乡村两级财务人员进行有针对性的培训，使其熟知相关财

---

[1] 周珂：《村财乡管的法理悖论及改革路径》，《法学论坛》2017 年第 32 卷第 5 期。

务法律法规、有关政策、岗位职责、村级财务流程等，提高他们的法律
意识和责任意识①。

2. 加强村级财务公开与监督

夯实村级财务管理的基础是要提高广大农村群众对财务管理的认
识②，让村民充分知晓自己的财务监督权力，增强对村级财务管理进行监
督的意愿。这就需要加强法制、舆论宣传工作，将法律、法规和政策信
息充分地传递到村民那里。各级新闻媒体要通过电视、广播、报纸、网
络等媒介，广泛宣传和报道有关村务公开、民主管理的法律法规、方针
政策及具体操作办法，使其家喻户晓、深入人心③。同时，国家有关部门
也要加强宣传和培训，大力培育村民的民主意识。主管部门要将国家关
于村级财务公开的相关法律、法规张贴在村民集中居住点的醒目位置，
并将其核心内容以标语形式刷在墙上，让村民一看就懂，一看就记得住。
让村民了解到自身的权利，且能够主动地去了解信息，利用自己的合法
权利去保护自身利益。同时，对村干部形成一种无形的震慑，让其感受
到权力是受到监督的，必须及时、真实地公开相关信息。

赋予村民查看村级账目的权利。村民可以随时查看自己关心的收支
信息，从而掌握村级财务监督的主动权。这种有选择的信息查找，或者
叫选择信息监督法，不仅可以降低信息公开的成本，而且能够时刻保持
对村干部的监督，有效约束村干部的行为④。

利用信息化手段，将村级财务信息及时传达给村民。只要村级银行
账户余额发生变化，第一时间通过短信的形式发送到民主理财小组成员
的手机上，以后甚至可以直接扩大到村民代表、全体村民。使村级财务
信息更加公开、透明，村民能够对村级财务实施全程动态监督、及时询
问并获得反馈，大大提高村民的知情权和参与权。

加强对村级财务的专业审计。限于政府审计机构人员的数量和专业

---

① 郭春林：《村级财务管理分析框架的构建及完善措施探讨》，《经济问题》2015 年第
8 期。

② 同上。

③ 张坤、郭斌：《"村账乡管"的制度缺陷及其优化机制设计》，《农村经济》2014 年第
6 期。

④ 贺雪峰：《新乡土中国》，北京大学出版社 2013 年版，第 173—174 页。

性，应逐步引入注册会计师等具备系统的专业知识和经验的民间审计人员，开展有较强针对性的第三方审计，并向全体村民公布审计结果，以增强审计的公正性和专业性。

（二）提高"三资"管理水平

全面清查核实村级资源性资产、经营性资产和公益性资产，并实行市场化运作，制定出农村集体经济发展规划，探索农村集体经济的有效实现形式，不断提高资产的保值增值水平。

1. 资源性资产

对于资源性资产，坚持"靠山吃山、靠水吃水"。充分开发利用村集体所有的土地、山林、水面、矿产等自然资源，特别是要深挖农村土地资源潜力，创办集体经济实体。

农村集体经济组织可以结合国土整治、迁村腾地、农业综合开发、双低改造、退耕还林等项目，充分利用荒山、荒坡、荒田，采用土地股份合作和返租形式，推动土地流转，围绕优势产业创办种植、养殖、加工、社会化服务、旅游等经济发展项目，推动高效农业、设施农业、生态农业、观光农业、生态旅游等农村绿色产业发展，把农民有序、合理地组织起来，形成规模效益，把资源优势转化为产品优势、经济优势。

矿产资源丰富的村，积极兴办集体企业，合理开发矿山资源，并由卖原矿向深加工转变，由粗放型向集约型转变，走精细化发展的路子。

地处城乡接合部、中心集镇或工业园区周边等区位优势明显的村，可利用留用地政策，深挖农村集体建设用地潜力，对集体建设用地特别是农户宅基地进行集约经营和利用，通过招商引资、入股集资等形式，大力发展标准厂房、工业园区、仓储物流、专业市场等物业项目。

2. 经营性资产

对于经营性资产，要盘活流动资产，搞好货币资金和债权债务的清理，弄清村集体账面的现金、存款和债权、债务状况，除维持正常支出和项目支出外，尽量多筹集资金用来发展壮大农村集体经济。要盘活固定资产，搞好固定资产的清理。对村集体的固定资产，弄清资产数量、类型和账面价值，了解这些资产的经营状况以及相关合同、协议等情况，充分利用固定资产发展壮大农村集体经济。盘活农村集体空闲厂房、办公房、会堂等房产，以转让或改建方式，转为其他用途或者置换城镇优势区域房产，经营存量资产，发展集体经济①。赋予农村集体经营性建设用地出让、租赁、入股权能，明确入市范围和途径，加大城中村、城边村、村级工业园等可连片开发区域的土地整治入市力度。

(三) 积极化解农村集体债务

目前，国家对于村级债务的政策是政府部门不再承担化解任务，由各村自行化解。但是，村级债务形成的主要原因是缺失的公共财政和不当的行政干预。参照国有企业不良贷款和国有商业银行坏账的处理办法，政府部门应当承担村级债务化解的主要工作，先化解义务教育债务、公共设施建设债务，对于呆坏账进行政策性核销。对于发展集体经济化解债务的途径，要防止采取低于资产资源价值的长期租赁形式，或者是改变集体建设用地性质获得征地补偿的形式。因为这两种形式都是饮鸩止渴，只顾解决眼前的债务，不利于集体经济长远发展。

在化解债务的同时，还要加强债务的财务管理，有序化债，减少新债。一是制定规划。以 3—4 年为一个周期制定中期化债规划，每年拿出收益的一定比例偿还债务，确保集体经济发展的可持续性。二是公开透明。无论是化解旧债，还是新增债务，都应该制定明确的操作流程，及时向集体经济成员公布相关信息，预算外新增债务必须先向乡 (镇) 主管部门报告。三是建立完善预决算制度。严格执行预算，防止新债产生的短视和随意性。

第五节　优化外部发展环境

政府部门要充分发挥引导作用，从财政、政策、人才、舆论、考核等方面，为培育湖北农村集体经济组织市场主体地位，营造良好的外部环境。

一　加大财政投入力度

加大财政投入，并不是说政府将资金直接投入农村集体经济组织，而是要为农村集体经济发展创造有利的环境，为集体产权制度改革提供

---

① 张寿龙：《论当前农村集体经济发展中的问题与对策》，《经营管理者》2016 年第 32 期。

经费保障，逐步加大对农村公共品的财政投入力度，减轻集体经济负担。因此，在目前湖北农村集体经济收入有限的情况下，加大财政投入力度对集体经济的发展十分关键。

（一）为农村集体产权制度改革提供经费保障

目前，湖北农村产权制度改革的保障力度还远远不够。据省农业厅农村经济经营管理局估算，全省农村集体产权制度改革需要约 6 亿元经费。但是，目前工作经费主要靠县级自筹，缺口达 4.5 亿元。县、乡两级的农村经营管理机构职能弱化，机制不顺，人员短缺。因此，要从省级层面对改革给予经费保障，理顺基层农村经营管理机构的体制机制，加强对工作人员的培训。

（二）逐步加大农村公共品的财政投入力度

财政投入农村社区公共产品，通过减轻集体经济负担的方式，加快实现政经分离，助推集体产权制度改革，增强集体经济的发展后劲。在城乡统筹的背景下，城乡公共产品都应该由公共财政提供。各级政府对农村公共产品的供给起主导作用，农村集体经济组织起辅助性作用。按照农村公共产品的受益范围，明确划分中央和各级地方政府的责任范围。中央政府主要负责义务教育、基础设施等基本公共支出项目。地方政府再根据本级财政实力，提供附加公共产品。

积极利用现有项目资金推动集体经济发展。对美丽乡村建设、扶贫开发、林权制度改革、高标准农田、水土治理、农村环境综合整治、"四好农村路"建设等农业农村支持项目的资金进行整合，用于改善农村社区生产生活基础设施，为集体经济发展创造良好的基础设施条件。同时，明确政策将农村小型水利、乡村道路、农田整治、生态环保、废旧利用、公益岗位等交给农村集体经济组织实施，鼓励农村集体经济组织作为乙方承接施工项目，村集体提供的相关服务由政府优先购买。一方面可以使得项目和服务更加满足村民的需求，保证项目施工和服务质量；另一方面可以作为集体经济组织的经营项目，增加集体收入。随着改革的深化，逐步探索村级社会化服务项目、收费项目，由农村集体经济组织实施，增强农村集体经济发展活力。

二　加强政策支持

在现有扶持政策的基础上，多管齐下、综合施策，增强政策的精准性和有效性，着力在培植农村集体经济组织"造血"功能上下功夫。健全完善财税、金融、国土、工商和农口部门相互协作支持农村集体经济发展的长效机制，各部门在许可范围内对农村集体经济发展给予优惠政策支持，形成集聚资源要素的强大合力，使得湖北农村集体经济能够在较低水平上启动。

（一）税收优惠政策

目前农村集体经济组织可以享受到的税收优惠，主要是农民专业合作社和农产品加工销售方面现有的税收政策。据湖北集体产权制度改革试点地区测算，集体经济组织在资产经营和收益分红中，需缴纳的税费占收益的30%以上。根据市场经济原则，农村集体经济组织作为一类市场主体，应该是和其他市场主体享受同等的税收政策。但是对于新型农村集体经济组织的福利保障功能，应该予以税收优惠支持，实行税收返还或减免股份分红税[①]。

（二）金融扶持政策

湖北要逐步建立农村集体经济组织的金融支持体系。首先，全面开展对农村集体经济组织的授信评级，根据授信等级对集体经济组织发放贷款。其次，完善信贷担保体系，缓释金融机构信贷风险。政府以支农惠农财政资金设立专门的农村集体经济信用担保金，同时引导保险、信托、行业协会等市场主体对农村集体经济组织贷款进行担保，鼓励农村集体经济组织以土地承包经营权进行反担保。最后，结合农村集体经济实际创新金融产品，放宽贷款抵押物范围，直接抵押物包括农村集体建设用地、土地承包经营权、集体林权、大型农机、复垦增加的增减挂钩指标等，质押物包括集体建设用地开发项目收益权、财政支农直补账户、应收账款、股权、注册商标和无形资产等。

---

① 张占耕：《农村集体产权制度改革的重点、路径与方向》，《区域经济评论》2016 年第 3 期。

（三）土地改革政策

目前，湖北只有宜城市开展农村土地制度改革三项试点，黄陂区正在开展农村土地承包经营权有偿退出试点，其他地区的农村土地制度改革尚未启动。农村集体经济的核心是农村土地的集体所有制。发展集体经济就是要在保障农民的土地承包权和农房所有权基础上，充分挖掘农村土地集体所有的制度优越性。

对于农户承包地，农村集体经济组织可以通过集中统一流转，成立土地股份合作社，向经营主体收取一定的土地流转服务费。在这个过程中，农户分散的土地通过土地整理，实现了集中连片，同时新增土地增加了集体可经营资源。农户以土地面积入股土地股份合作社，实现了承包地的确权不确地。因此，农村集体经济组织集中流转土地需要进一步深化土地承包经营权制度改革，以承包经营权证为基础，推动承包地确权不确地。

农村集体建设用地是农村集体经济组织，特别是地处城镇郊区、工业园区的农村集体经济组织实现快速发展的重要资源。湖北应逐步推进农村集体建设用地入市改革，使农民分享城镇化发展成果。在国家对《土地管理法》《城市房地产管理法》等法律法规进行修订的基础上，省级层面要对农村集体建设用地确权颁证，明确集体所有权。在农村产权交易平台上将农村集体建设用地纳入交易对象管理。根据周边国有建设用地市场价格，由政府出台指导价，建立农村集体建设用地的基准地价、基准租金体系，完善入市价格形成机制，最终实现与国有建设用地同权同价。

（四）工商注册政策

根据湖北省 1997 年颁布的《湖北省农村集体经济组织管理办法》，农村集体经济组织必须设立企业，在工商部门登记，才能取得市场主体地位。因此，各地为了发展农村集体经济，只能成立公司开展对外经营活动。比如老河口市采取"1＋3＋X"的模式，"1"就是指各村成立 1家村级集体经济股份公司，"3"就是发展集体经济的 3 种资源，"X"就是吸纳各种社会资本入股。公安县在全县推广村集体成立土地股份合作社、劳务合作社和资本合作社。但是，农村集体经济组织成立公司一方面要受到《公司法》有关股东人数和出资方式规定的限制，另一方面改变了农村集体经济组织的所有制属性，不利于其享受国家专项扶持政策。而农村集体经济成立农民专业合作社要受到《农民专业合作社登记管理条例》有关合作社业务范围的限制。因此，建议湖北参照浙江和广东等省份制定《湖北省农村集体经济组织条例》，直接将农村集体经济组织认定为市场主体，为成立独立的农村集体经济组织运行机构、推进农村集体经济组织规范化建设提供法律保障。

三　加大人才支持力度

农村集体经济发展，不仅需要本村人才，还需要外来人才。对于本村人才重点进行培养，外来人才重点在于吸引。

（一）加大村干部培养选拔力度

村干部是农村集体经济发展的带头人，是选择集体经济发展道路的关键性人物。因此，要加大基层领导干部，特别是村组干部培养选拔力度。一方面，加强村组干部的培养，整合组织、农业、人社等相关政府部门力量，保证每年对村组干部进行2—3次培训，培养村组干部的组织能力、经营能力和技术能力。加大村干部思想政治教育，提高他们的理论水平和党性修养；加强市场经济理论知识培训，帮助村干部理清发展思路，增强他们发展集体经济、带领群众致富的信心和本领。

另一方面，要加强对村组干部的选拔力度，从乡土能人、返乡创业者、外出经商能人、农村新型经营主体、大学生村官、复员退伍军人、民办教师、退休干部等人才中选拔村组干部，特别是年轻干部。选拔熟悉现代农业、旅游开发、电子商务等经济领域人才进入镇、村领导班子。

（二）加强对村民的教育培训

对农民教育的一个重要内容就是主人翁意识的教育。农民主人翁意识是发展集体经济的精神基因。要进一步强化农民主人翁意识，充分发挥农民的主体性，让发展壮大集体经济变成农民的自觉行为。鼓励农民围绕发展集体经济大胆探索、大胆实践，进一步激发广大农民的潜能。

对农民主要开展农业技术培训、实用技能培训、经营管理知识培训、民主管理培训、传统文化教育等。通过农业技术培训，培养一批种养能手。通过实用技能培训，培养一批手工艺能人。通过经营管理知识培训，培养一批市场经营主体，特别是农村集体经济组织管理人员。通过民主管理培训,培养一批拥有民主管理意识和民主管理能力的村民。

(三) 吸引人才回乡创业

当前湖北各地结合乡村振兴战略的实施,大力推动实施"三乡工程",即"市民下乡、能人回乡、企业兴乡"。在"以城带乡""以工补农"的背景下,湖北要紧紧抓住实施"三乡工程"的契机,鼓励和引导农村外出务工经商能人带资金、带项目回乡创业,采取入股、合作等多种模式,参与和带动农村集体经济发展。

四 加大帮扶力度

由于农村集体经济在社会中处于相对弱势地位,因此需要整合社会各界力量,特别是政府部门和公有制经济的力量,对集体经济进行适当的帮扶。除了给予启动资金的直接帮扶以外,重点是给予技术、信息、管理等造血能力的帮扶。

(一) 部门帮扶

政府部门对农村集体经济组织的帮扶,要结合本部门的工作领域和优势,经济部门联穷村、党群部门联弱村、政法部门联乱村。以项目资金为引擎,以自身的人才优势和信息优势,帮助农村集体经济组织加强人才队伍建设,制定发展规划,完善经营管理制度,引进新型农业经营主体等市场主体,开拓市场。

(二) 村村联合

目前,湖北已有一些集体经济强村,发展势头较好。强村带动弱村,相比较部门帮扶更有优势。强村往往带动邻近的弱村,两者拥有相同的气候条件、近似的地理区位状况、类似的资源禀赋,强村可以直接将本村发展势头较好的产业在弱村进行复制,扩大产业规模,形成规模效应。同时,强村与邻近弱村的人文条件相近,强村的管理制度、组织架构在弱村推广也较为容易。弱村在看到强村的发展成果时,也会产生较强的发展欲望,希望得到强村的带动。强村在带动弱村时,要将弱村纳入整体发展规划,制定共同的发展目标,整合资源要素,实现优势互补,拓展发展空间。有条件的镇可以整合各村经济实体,"组团"发展,以镇为单位组建集体资产公司,提升联合发展水平。

五　营造良好的舆论氛围

湖北各级党委、政府要通过报纸、电视、广播、网络、宣传条幅等各类媒体媒介，广泛宣传农村集体产权制度改革和农村集体经济发展的重要性、典型做法、成功经验，为产权制度改革和集体经济发展壮大营造良好的社会舆论氛围。

各级政府要定期对农村集体经济发展情况进行考核，将农村集体经济发展考核评价结果作为基层政府工作考核的重要组成部分，将集体经济发展绩效与干部提拔任用、村干部经济待遇、村级组织资源资金分配相挂钩，提高农村集体经济发展和经济相对薄弱村转化工作的考核比重。实行村干部"固定报酬＋绩效报酬"制度，允许按照当年村集体经济经营性收入新增部分的一定比例提取奖励资金，对集体经济组织负责人进行奖励。对于集体经济发展较快的村，优先考虑将村干部提拔为乡镇公务员。通过政绩考核导向转向集体经济，形成倒逼发展的机制，充分调动各级干部发展农村集体经济的积极性和主动性，促使镇、村两级主动动脑筋、想办法，形成"比学赶超"的氛围，营造集体经济发展的良好氛围。

参考文献

《2017 年武汉市农村土地确权登记颁证综述》，2017 年 5 月 8 日，凤凰网综合（https：//www. tuliu. com/read－55496. html）。

《邓小平文选》第 3 卷，人民出版社 1993 年版。

《湖北黄梅：2016 年试点购买农村会计服务》，《农村财务会计》2016 年第 1 期。

《江泽民文选》第 2 卷，人民出版社 2006 年版。

《列宁选集》第 4 卷，人民出版社 1972 年版。

《马克思恩格斯选集》第 2 卷，人民出版社 1972 年版。

《马克思恩格斯选集》第 3 卷，人民出版社 1995 年版。

《毛泽东选集》（一卷本），人民出版社 1964 年版。

《宜昌市伍家乡开辟建设新思路积极壮大村集体经济》，2011 年 9 月 1 日，三峡宜昌网（http：//yc. cnhubei. com/html/jdxw/20110901－2643. html）。

《中国乡镇企业年鉴》编辑委员会编：《中国乡镇企业年鉴 1978—1987》，农业出版社 1989 年版。

薄一波：《若干重大决策与事件的回顾》下卷，中共中央党校出版社 1993 年版。

财政部办公厅：《免征农业税后县乡财政改革与对策（四）湖南、湖北两省化解乡村债务的主要做法》，《农村财政与财务》2005 年第 7 期。

财政部基层财政干部培训教材编审委员会：《农村集体经济组织"三资"管理》，中国财政经济出版社 2011 年版。

曹锦清、张乐天、陈中亚：《当代浙北乡村的社会文化变迁》，上海远东出版社 2001 年版。

曹祥珠等:《农村集体"三资"运行风险的监管实效性研究——关于黄石市村级"三资"运行风险监管调查》,《湖北师范学院学报》(哲学社会科学版)2014 年第 34 卷第 6 期。

曹阳:《当代中国农村微观经济组织形式研究》,中国社会科学出版社 2007 年版。

查金祥:《改革现行管理模式 积极化解村级负债》,《湖北农学院学报》 2003 年第 1 期。

陈爱娟、薛伟贤:《中国农村经济体制改革中的产权问题》,《西北农林科技大学学报》(社会科学版)2001 年第 1 期。

陈波、王克强:《我国农村经济制度变迁路径分析》,《经济研究参考》 2001 年第 43 期。

陈大斌:《从合作化到公社化:中国农村的集体化时代》,新华出版社 2010 年版。

陈军亚:《产权改革:集体经济有效实现形式的内生动力》,《华中师范大学学报》(人文社会科学版)2015 年第 54 卷第 1 期。

陈敏:《村级集体经济的贫困与发展干预》,硕士学位论文,浙江师范大学,2013 年。

陈天宝:《中国农村集体产权制度创新研究》,博士学位论文,中国农业大学,2005 年。

陈锡文、韩俊、赵阳:《我国农村公共财政制度研究》,《宏观经济研究》 2005 年第 5 期。

陈锡文等:《中国农村制度变迁 60 年》,人民出版社 2009 年版。

陈雪原:《探索农村集体经济有效实现形式的理论思考——以北京市为例》,《南方农村》2013 年第 29 卷第 4 期。

程恩富、龚云:《大力发展多样化模式的集体经济和合作经济》,《中国集体经济》2012 年第 31 期。

崔艺红:《社会主义新农村建设重在发展壮大村级集体经济》,《特区经济》2008 年第 9 期。

党国印:《论农村集体产权》,《中国农村观察》1998 年第 4 期。

邓大才:《村民自治有效实现的条件研究——从村民自治的社会基础视角来考察》,《政治学研究》2014 年第 6 期。

丁关良、蒋莉:《土地承包经营权入股农民专业合作社有关法律问题研究——以浙江省为例》,《山东农业大学学报》(社会科学版)2010 年第 12 卷第 3 期。

董亚珍:《我国农村集体经济发展的历程回顾与展望》,《经济纵横》2008 年第 8 期。

杜国辉:《马克思的集体主义理论视角及特质》,《华南师范大学学报》(社会科学版)2005 年第 5 期。

段龙龙、张樱:《论我国农村集体经济组织公有性质弱化及其应对》,《农村经济》2013 年第 9 期。

方志权:《农村村级集体经济组织产权制度改革的地方实践与对策研究》,《科学发展》2011 年第 5 期。

冯开文:《一场诱致性制度变迁——改革开放以来中国农村经济制度变迁的反观与思考》,《中国农村经济》1998 年第 7 期。

冯蕾:《中国农村集体经济实现形式研究》,博士学位论文,吉林大学,2014 年。

傅晨:《中国农村合作经济:组织形式与制度变迁》,中国经济出版社 2006 年版。

傅光明、程晓培:《建立村级组织运转和最低经费保障机制——基于湖北省 11 个县市村级组织经费保障的调查》,《地方财政研究》2009 年第 2 期。

傅玉峰、李平:《负担沉重,步履维艰——乡镇企业负担透视》,《中国乡镇企业会计》1997 年第 11 期。

高飞:《农村集体经济有效实现的法律制度运行研究——以湖北省田野调查为基础》,《农村经济》2012 年第 1 期。

高军、秦兴万:《农村集体资源管理亟待加强》,《中国财政》2010 年第 8 期。

高政:《对农村提留统筹费的调查与思考》,《中国农村经济》2000 年第 11 期。

顾怡:《当前发展农村集体经济的着力点》,《安徽农学通报》(上半月刊)2009 年第 15 卷第 21 期。

关锐捷等:《新时期发展壮大农村集体经济组织的实践与探索》,《毛泽东邓小平理论研究》2011 年第 5 期。

郭春林：《村级财务管理分析框架的构建及完善措施探讨》，《经济问题》2015 年第 8 期。

郭怀沔、王少君：《村级债务是制约农村经济发展的泥坑》，《人民政协报》2003 年 7 月 11 日 C2 版。

郭强：《农村集体产权制度的创新过程解析与发展路径研究》，博士学位论文，中国农业大学，2014 年。

韩敌非：《农村集体经济发展研究》，硕士学位论文，辽宁师范大学，2014 年。

韩松：《论农村集体经济内涵的法律界定》，《暨南学报》（哲学社会科学版）2011 年第 5 期。

何安华：《土地股份合作机制与合作稳定性——苏州合作农场与土地股份合作社的比较分析》，《中国农村观察》2015 年第 5 期。

何嘉：《农村集体经济组织法律重构》，中国法制出版社 2017 年版。

贺雪峰：《乡村组织及其财政状况——湖北 J 市调查 第六章：村级债务》，村民自治进程中的乡村关系学术研讨会论文，武汉，2001 年 12 月。

贺雪峰：《新乡土中国》，北京大学出版社 2013 年版。

洪耶辛：《试论人民公社定额计酬的改革》，《经济研究》1980 年第 6 期。

洪远朋：《合作经济的理论与实践》，复旦大学出版社 1996 年版。

胡海军：《以租赁、承包经营为主的村级集体经济发展模式分析》，《村委主任》2010 年第 14 期。

湖北省统计局：《湖北统计年鉴 2003》，中国统计出版社 2003 年版。

湖北省委组织部课题组：《发展壮大村级集体经济有效途径问题研究》，2012 年 4 月 10 日，湖北组工网（http://www.hbtmdj.gov.cn/jiceng-dangjian/dangjianyanjiu/4790/）。

湖北省枣阳市经管科：《强化审计监督　巩固集体经济》，载农业部农村经济合作指导司、农业部经营管理总站《农村合作经济经营管理资料汇编（1990）》，1991 年。

黄春：《加强农村财务管理的有效途径——湖北远安县推出村级财务"双代管"新思路》，《农家顾问》2001 年第 1 期。

黄道霞主编：《建国以来农业合作化史料汇编》，中共党史出版社 1992

年版。

黄冈地区农业委员会（陈幼安执笔）：《湖北十月农业合作社史》，载《当代中国的农业合作制》编辑室编《当代中国典型农业合作社史选编》（下册），中国农业出版社 2002 年版。

黄凯斌：《财政压力下的村级权力变异——以湖北 A 市 B 镇 C 村为个案》，《湖北社会科学》2002 年第 4 期。

黄韬：《和谐产权关系与农村集体产权制度分析》，《经济社会体制比较》2007 年第 2 期。

黄文忠：《罗虚戴尔原则和中国集体经济改革方向》，《上海行政学院学报》2006 年第 1 期。

黄锡坤、封斌林：《湖北省乡镇企业的现状、困难及对策》，《华中理工大学学报》（社会科学版）1992 年第 1—2 期。

黄延信：《深化农村集体产权制度改革的几个问题》，《农业经济与管理》2013 年第 5 期。

黄振华：《能人带动：集体经济有效实现形式的重要条件》，《华中师范大学学报》（人文社会科学版）2015 年第 54 卷第 1 期。

黄中廷：《新型农村集体经济组织设立与经营管理》，中国发展出版社2012 年版。

冀县卿、钱忠好：《农地股份合作社农地产权结构创新——基于江苏渌洋湖土地股份合作社的案例研究》，《农业经济问题》2010 年第 31 卷第5 期。

加长春、王洪波、彭玉琴：《发展集体经济 分流农民负担》，《农家顾问》1996 年第 7 期。

江龙海、彭顺强：《洪湖岸边红旗飘——叶昌保和他的"红色村庄"》，2014 年 6 月 4 日，中红网（http：//www. crt. com. cn/news2007/news/HSNH/1464173550B30JI5CJ9FHD5BGGFC68. html）。

蒋天文：《村级债务风险防范与管控》，《财政研究》2015 年第 6 期。

金高峰、张胜荣：《从江苏新农村典型看村级集体经济发展》，《乡镇经济》2009 年第 25 卷第 10 期。

靳书君：《邓小平农村低水平集体化经济实现形式多样化思想探析》，《广西师范大学学报》（哲学社会科学版）2000 年第 S2 期。

孔祥智、高强：《改革开放以来我国农村集体经济的变迁与当前亟需解决的问题》，《理论探索》2017年第1期。

李程云：《农村社会转型期基层党组织建设问题研究》，硕士学业论文，长江大学，2013年，第10页。

李桂华：《关于农村集体经济产权制度变迁的思考》，《甘肃行政学院学报》2006年第2期。

李行、温铁军：《中国60年农村土地制度变迁》，《科学对社会的影响》2009年第3期。

李建忠：《是主观选择还是历史必然——20世纪50年代农业合作化动因的再认识》，《广西社会科学》2008年第7期。

李俊英：《北京郊区村级集体经济制度创新研究》，硕士学位论文，中国农业科学院，2005年。

李明刚：《和谐社会与新型农村集体经济构建》，《毛泽东思想研究》2007年第2期。

李世荣：《把合作经济作为集体经济的重要实现形式》，《中国集体经济》2004年第8期。

李宇江、吴先辉：《抓好改革创新 促进"三农"发展——湖北省襄阳市深化农村集体产权制度改革探索》，《农村工作通讯》2016年第17期。

李玉琴等：《村级财务管理模式探索——基于湖北省大悟等地的调研分析》，《财政监督》2014年第11期。

联合调研组：《推动农村集体经济跨越式发展的有益探索——湖北"三村"集体资产产权制度创新试点调查》，载杨孔平编《土地"三权分置"与农村"二次飞跃"》，中国农业出版社2017年版。

廖长林、陶新安：《湖北农村经济发展战略的历史考察》，《湖北社会科学》2007年第10期。

廖长林：《农村集体经济产权制度改革创新问题研究》，载中共湖北省委农村工作部编《三农研究》（2015年度）。

林毅夫：《制度、技术与中国农业发展》，上海三联书店1992年版。

刘兵：《诱致性制度变迁下的农村经济发展与农村致富带头人》，《商业研究》2004年第8期。

刘军：《湖北新农村建设与农户意愿分析——基于湖北谷城县、当阳市的实地调研》,《内蒙古财经学院学报》2010 年第 5 期。

刘田喜等:《湖北农村改革 30 年》,湖北教育出版社 2008 年版。

刘亚丁、杨秀文:《村级预算的民主困境与出路——以山东省利津县 C 村为例》,《农村经济》2015 年第 3 期。

罗海平、叶祥松:《农村集体经济的性质与内涵研究》,《经济问题》2008 年第 7 期。

麻渝生、苏卫:《农村集体经济组织的演变、问题及对策》,《中共成都市委党校学报》2008 年第 6 期。

马发生:《湖北省乡镇企业产权制度改革中政策与理论问题的思考》,《乡镇企业研究》2000 年第 6 期。

马艳:《中国集体经济的理性分析》,《中国集体经济》2005 年第 1 期。

梅建明、项小军:《湖北省乡镇企业 1978—2002 年发展概况、问题及对策研究》,《武汉科技大学学报》2003 年第 4 期。

[日] 内山雅生:《二十世纪华北农村社会经济研究》,李恩民等译,中国社会科学出版社 2001 年版。

农业部课题组:《农村土地承包经营权流转调查分析》,《农村工作通讯》2009 年第 5 期。

农业部农村合作经济指导司监督审计处:《1990 年全国乡村集体经济审计工作情况综述》,《农村经营管理》1991 年第 7 期。

农业部农村经济体制与经营管理司、农业部农村合作经济经营管理总站编:《中国农村经营管理统计年报 (2016 年)》,中国农业出版社 2017 年版。

潘林:《我国农村集体经济财务管理研究》,硕士学位论文,长江大学,2012 年。

潘湘玲:《清理整顿农村财务 建章立制规范管理》,《政策》1998 年第 10 期。

潘中洋:《"坚冰"正在消融——湖北省大冶市化解村级债务纪实》,《中国财政》2005 年第 10 期。

彭海红:《关于发展我国农村集体经济的思考》,《中共四川省委党校学报》2005 年第 3 期。

彭玉勤:《理财聚财促发展 农民致富奔小康》,《农村财务会计》1995

年第 11 期。

齐力、梅林海：《新型农村集体经济的发展条件现存问题及改革措施研究》，《南方经济》2009 年第 1 期。

荣文进、刘德学：《湖北仙桃：村级财务管理见实效》，《中国会计报》2012 年 12 月 28 日第 15 版。

宋圭武：《农村集体所有制经济实质及农村合作经济发展探讨》，2010 年 12 月 3 日，中国乡村发现网（http://www.zgxcfx.com/Article/23349.html）。

孙津、郭薇：《建设社会主义新农村的真实含义：生产关系和社会形态的创制》，《中国人口、资源与环境》2006 年第 3 期。

谭秋成：《转型时期乡村组织行为与乡镇企业发展》，《中国社会科学》2003 年第 2 期。

涂胜华：《农村集体"三资"监管的湖北探索》，《农村工作通讯》2018 年第 1 期。

涂维亮、陈传新：《资本流动下农村集体经济滞后发展的风险及对策——以湖北荆门为例》，《长江大学学报》（自然科学版）2013 年第 10 卷第 17 期。

王崇文等编：《湖北省农业合作经济史料》（上），湖北人民出版社 1985 年版。

王崇文等编：《湖北省农业合作经济史料》（下），湖北人民出版社 1985 年版。

王德祥、李建军：《农村集体经济实现形式问题探讨》，《农村经济》2010 年第 1 期。

王涵、石恋：《农村集体经济创新发展模式探析——以湖北省武汉市蔡甸区消泗乡为例》，《科技创业月刊》2016 年第 29 卷第 12 期。

王华品：《村级留用地安置模式浅析——以湖北宜昌市为例》，《中国土地》2014 年第 9 期。

王景新等：《集体经济村庄》，《开放时代》2015 年第 1 期。

王良轩、陈爱民：《农村财务问题严峻 强化管理势在必行——对湖北荆门市农村财务管理情况的调查》，《农村合作经济经营管理》1996 年第 9 期。

王岩:《市场经济条件下集体主义的互补机制研究》,《马克思主义研究》
　　2004 年第 1 期。

王振、莫建备:《市场深化与农村集体经济组织的变革》,《社会科学》
　　2001 年第 1 期。

王智聪:《城中村集体经济组织改革模式选择研究》,硕士学位论文,福
　　建农林大学,2009 年。

魏宪朝、于学强:《发展我国农村集体经济组织的几点思考》,《当代世界
　　与社会主义》2008 年第 5 期。

魏宪朝:《改革开放三十年的农村集体经济》,《理论前沿》2008 年第
　　24 期。

吴晨:《基于广东农村集体经济组织变迁的制度逻辑分析》,《南方农村》
　　2010 年第 26 卷第 2 期。

吴毅、吴帆:《结构化选择:中国农业合作化运动的再思考》,《开放时
　　代》2011 年第 4 期。

伍山林:《农村经济制度变迁与农业绩效》,《财经研究》2002 年第 1 期。

习近平:《摆脱贫困》,福建人民出版社 1992 年版。

向前程、李敏昌:《农业合作化运动的基层运作探讨——以湖北省为例》,
　　《科教文汇》(中旬刊) 2017 年第 8 期。

向兆清:《建立村级保障激励机制 促进农村基层组织建设——来自湖北枝
　　江市的调查与思考》,《农村经营管理》2009 年第 12 期。

项继权:《"后税改时代"的村务公开与民主管理——对湖北及若干省市
　　的调查与分析》,《中国农村观察》2006 年第 2 期。

熊彩云:《政府扶持:集体经济有效实现形式的外部推力》,《华中师范大
　　学学报》(人文社会科学版) 2015 年第 54 卷第 1 期。

徐晓敏、陈建萍:《我国农村集体经济审计研究——基于浙江省乐清市农
　　村集体经济审计调研的思考》,《江西社会科学》2009 年第 2 期。

徐勇:《从中国实际出发探讨乡村治理之道的佳作——读〈集体经济背景
　　下的乡村治理〉》,《中华读书报》2003 年 4 月 9 日。

徐元明:《社区股份合作:农村集体经济新的实现形式》,《中国集体经
　　济》2005 年第 4 期。

许经勇:《我国农村微观经济组织形式的演变趋势》,《湖北经济学院学

报》2008 年第 6 期。

许经勇：《中国农村经济制度变迁 60 年研究》，厦门大学出版社 2009 年版。

薛继亮、李录堂：《我国农村集体经济有效实现的新形式：来自陕西的经验》，《上海大学学报》（社会科学版）2011 年第 1 期。

薛继亮：《农村集体经济发展有效实现形式研究》，博士学位论文，西北农林科技大学，2012 年。

闫景铂：《农村集体经济该何去何从》，《中国乡村发现》2008 年第 3 期。

杨国林：《包袱是这样卸掉的——湖北省老河口市化解村组债务纪实》，《农村工作通讯》2001 年第 4 期。

杨华、丁胜利：《关于湖北省乡村债务问题的调研报告》，《湖北经济学院学报》2005 年第 3 期。

杨琳：《村级财务何时走出恶化深渊——对湖北省村级财务状况的调查》，《调研世界》2001 年第 10 期。

杨同芝、张华林、杨琳：《当前村级财务管理中的主要问题及其对策——湖北省村级财务管理现状的实证分析》，《中国农村经济》2000 年第 8 期。

杨中华：《远安县管理村级财务实行"一管五台"》，《农家顾问》1998 年第 5 期。

姚康铺：《对新型集体经济组织劳动者控制权的思考》，载中华全国手工业合作总社编《2005 中国集体经济高层论坛文集》，2005 年。

叶祥松：《新型农村经济组织：农联模式》，上海三联书店 2010 年版。

亦农：《全省农村实现公社化》，《湖北日报》1958 年 10 月 1 日第 1 版。

易应忠、何艳芳：《对湖北省乡镇企业股份合作制情况的调查及信贷管理对策》，《农村金融研究》1994 年第 3 期。

应星：《农户、集体与国家：国家与农民关系的六十年变迁》，中国社会科学出版社 2014 年版。

余葵、胡顺平：《湖北农村集体资产产权制度改革稳步推进》，《农村工作通讯》2012 年第 22 期。

余绍明：《疯狂的"大跃进"》，《江淮文史》2014 年第 6 期。

俞庆仁：《村级集体经济弱化的原因与出路》，《浙江学刊》1992 年第

3 期。

喻昌才、张金江、周本江:《谈村级债务的成因与化解》,《中国农业会计》2001 年第 2 期。

翟新花、赵宇霞:《新型农村集体经济中的农民发展》,《理论探索》2012 年第 4 期。

翟新花:《我国农村集体经济体制变迁中的农民发展》,中国社会科学出版社 2015 年版。

张爱民:《城乡一体化背景下发展壮大村级集体经济模式研究——以湖北襄阳等地为例》,《山西财经大学学报》2014 年第 36 卷第 S1 期。

张红宇:《积极探索农村集体经济的有效实现形式》,《农村经营管理》2015 年第 3 期。

张坤、郭斌:《"村账乡管"的制度缺陷及其优化机制设计》,《农村经济》2014 年第 6 期。

张楠:《理财新举措,村财"双代管"》,《中国财经报》2006 年 6 月 22 日第 3 版。

张其华、冯少军:《一项减轻农民负担工作的重要举措——湖北省村账站管的调查》,《农村合作经济经营管理》1999 年第 1 期。

张润君:《制度结构、制度变迁方式与东西部农村经济发展差距比较》,《开发研究》1998 年第 2 期。

张寿龙:《论当前农村集体经济发展中的问题与对策》,《经营管理者》2016 年第 32 期。

张文茂:《社会主义新农村建设需要改革和发展农村集体经济》,《中国特色社会主义研究》2006 年第 5 期。

张晓山:《促进以农产品生产专业户为主体的合作社的发展——以浙江省农民专业合作社的发展为例》,《中国农村经济》2004 年第 11 期。

张毅、张红、毕宝德:《农地的"三权分置"及改革问题:政策轨迹、文本分析与产权重构》,《中国软科学》2016 年第 3 期。

张占耕:《农村集体产权制度改革的重点、路径与方向》,《区域经济评论》2016 年第 3 期。

张正义:《当前农村村级组织建设的现状——湖北省建始县百村问卷调查与分析》,《湖北社会科学》2001 年第 5 期。

张志强、高丹桂：《农村集体经济组织及其成员权和农村社区组织及其成
　　员权混同的法经济学分析》，《农业经济问题》2008 年第 10 期。

张忠根、李华敏：《村级集体经济的发展现状与思考——基于浙江省 138
　　个村的调查》，《中国农村经济》2007 年第 8 期。

赵智奎：《邓小平的农业集体思想》，《毛泽东邓小平理论研究》2007 年
　　第 5 期。

郑有贵、龙熹：《农村合作经济组织研究》，《古今农业》2003 年第 1 期。

中共湖北省委党史委研究二室：《社会主义改造的基本完成》，《党史天
　　地》1996 年第 1 期。

中共湖北省委党史委研究二室：《社会主义改造的基本完成》，《党史天
　　地》1996 年第 2 期。

中共湖北省委党史研究室编：《中国新时期农村的变革：湖北卷》，中共
　　党史出版社 1998 年版。

中共中央研究室、农业部农村固定观察点办公室：《完善中的农村双层经
　　营体制——对 274 个村庄的跟踪调查》，中共中央党校出版社 1992
　　年版。

周珩：《村财乡管的法理悖论及改革路径》，《法学论坛》2017 年第 32 卷
　　第 5 期。

周其仁：《中国农村改革：国家和所有权关系的变化——一个经济制度变
　　迁史的回顾》，《管理世界》1995 年第 3 期。

周顺明、李元江：《浅谈湖北省乡镇企业的现状及其发展》，《湖北财经学
　　院学报》1984 年第 5 期。

周晓东：《农村集体经济组织形式研究》，知识产权出版社 2011 年版。

周毅：《湖北襄樊樊城区：集体经济发展为何后劲不足》，《人民政协报》
　　2010 年 9 月 6 日 B2 版。

朱朝晖、陈建萍：《农村集体经济审计模式创新研究》，《审计与经济研
　　究》2008 年第 23 卷第 6 期。

庄辉俊：《正本清源除顽疾——湖北省远安县探索出"双代管"村级财务
　　管理模式》，《中国财政》2001 年第 10 期。

邹青：《股份合作社的样本——来自潜江市张金村社区股份合作社的报
　　道》，《学习月刊》2012 年第 5 期。

后　记

　　本人从大学本科开始就在华中农业大学农业经济管理专业学习，一直读到博士毕业。毕业后进入湖北省社会科学院农村经济研究所工作，一直从事农业经济管理领域的研究工作。但是，从来没有关注和研究过农村集体经济。在写本书之前，我对农村集体经济的认识也仅限于改革开放之前的人民公社。那个时期集体的力量得到充分发挥，极大地改善了农业生产基础设施条件特别是农田水利基础设施。但同时，也存在磨洋工、偷懒的问题，农村贫穷落后，农民甚至填不饱肚子。改革开放推行家庭联产承包责任制，极大地解放了农村生产力，现在农产品供给基本上已经不存在问题。改革开放以后，对农村集体经济的关注度和研究就逐渐淡化了。党的十八大以后，党中央特别是习近平总书记十分重视农村集体经济发展问题，各级政府和学术研究机构也重新关注起农村集体经济领域的相关问题。

　　能够承担本书的撰写工作，也属于机缘巧合。在本书的写作过程中，我对农村集体经济有了全新的认识，尽管这些认识还存在一定的局限性。在当前农村改革中，农村集体产权制度改革是一个重要组成部分，让我更加认识到农村集体经济的重要性。由于本人的学术功底不足，再加上时间有限，本书距离理想的标准还有较大的差距。

　　要感谢本套丛书的总编辑宋亚平院长和湖北省社会科学院农村经济研究所的邹进泰所长，给予我承担本次课题研究的机会，让我能够接触到农村集体经济这个全新的研究领域，也为我以后的研究指明了方向。感谢参加评审会的各位专家给我的书稿提出了许多中肯的意见，有湖北省农业厅农村经济经营管理局的张清林局长、华中农业大学的万江红教授和陶建平教授、武汉大学的许炜教授和林曾教授、中南财经政法大学

的丁士军教授、华中师范大学的吴理财教授。其中，要特别感谢湖北省
农业厅农村经济经营管理局的张清林局长，为本书提供了丰富的资料和
结合实际的建议。另外，还要感谢我的同事王金华，承担了总课题的统
筹协调工作，组织课题组成员到湖北省相关省直部门搜集资料，以及主
持召开两次专家评审会。同时，也感谢我的家人对我工作的支持，在我
写作书稿时期承担了更多的家庭责任。

书稿的完成并不代表研究的结束，反而是研究的开始。尽管本书已
经出版，但是本人还将对农村集体经济进行更加深入和更加系统的研究。

2018 年 12 月 17 日于武昌家中